中国（昆明）南亚东南亚研究院丛书

何祖坤　主编

印度女性问题的历史沿革与现代演进

STUDY ON CONNECTIVITY IN BCIM ADJACENT REGION

蒋茂霞　著

中国社会科学出版社

图书在版编目(CIP)数据

印度女性问题的历史沿革与现代演进 / 蒋茂霞著. —北京：中国社会科学
出版社，2017.3
ISBN 978 - 7 - 5161 - 9942 - 8

Ⅰ.①印…　Ⅱ.①蒋…　Ⅲ.①妇女问题 - 研究 - 印度　Ⅳ.①D735.186.8

中国版本图书馆 CIP 数据核字(2017)第 042130 号

出　版　人　赵剑英
责任编辑　任　明
特约编辑　乔继堂
责任校对　王　影
责任印制　李寡寡

出　　　版　中国社会科学出版社
社　　　址　北京鼓楼西大街甲 158 号
邮　　　编　100720
网　　　址　http://www.csspw.cn
发 行 部　010 - 84083685
门 市 部　010 - 84029450
经　　　销　新华书店及其他书店

印刷装订　北京市兴怀印刷厂
版　　　次　2017 年 3 月第 1 版
印　　　次　2017 年 3 月第 1 次印刷

开　　　本　710×1000　1/16
印　　　张　14
插　　　页　2
字　　　数　232 千字
定　　　价　68.00 元

中国(昆明)南亚东南亚研究院丛书
编 委 会

序　言

　　南亚、东南亚地处亚洲大陆南部和东南部，南亚包括印度、巴基斯坦、孟加拉国、斯里兰卡、尼泊尔、不丹、马尔代夫和阿富汗等八个国家，总面积约 500 万平方公里，人口约 17 亿。南亚次大陆作为一个相对独立的地理单元，东濒孟加拉湾，西濒阿拉伯海，囊括了喜马拉雅山脉中、西段以南至印度洋之间的广大地域，是亚洲大陆除东亚地区以外的第二大区域。东南亚包括新加坡、马来西亚、泰国、印度尼西亚、缅甸、老挝、越南、柬埔寨、菲律宾、文莱、东帝汶 11 个国家，面积约 457 万平方公里，人口约 5.6 亿。东南亚地区连接亚洲和大洋洲，沟通太平洋与印度洋，马六甲海峡是东南亚的咽喉，地理位置极其重要。著名的湄公河，源自中国云南境内澜沧江，流入中南半岛，经缅甸—老挝—泰国—柬埔寨—越南，注入南海，大致由西北流向东南。总长 4900 公里左右，流域总面积 81.1 万平方公里。

　　习近平主席在 2013 年访问哈萨克斯坦和印度尼西亚时分别提出丝绸之路经济带和"21 世纪海上丝绸之路"的倡议。这是中国西向开放和周边外交战略的新布局，其战略指向是解决国内区域发展不平衡问题，推动西部大开发与大开放相结合，与沿线国家构建利益共同体、命运共同体和责任共同体。南亚、东南亚及环印度洋地区位于亚欧陆上、海上交通通道的枢纽位置，是"丝绸之路经济带"和"21 世纪海上丝绸之路"（"一带一路"）的必经之地，是对我国西向方向开放具有重大战略意义的周边地区，也是中国落实与邻为善、以邻为伴，睦邻、安邻、富邻的周边外交方针，以及"亲、诚、惠、容"外交理念的重要地区之一。

　　从历史交往和相互关系来看，中国与南亚、东南亚山水相依、人文相亲、守望相助，双方平等交往、相互反哺、互通有无的友好关系史绵延至今最少也有两千余年。在漫长的古代，依托南方丝绸之路和茶马古道等连通中缅印且贯通亚欧大陆的古老国际通道，中国与南亚、东南亚的经贸交往频繁、人员往来不断，在人类文明交流史上写下了一部互学互鉴，交相辉映的精彩华章。一方面，古蜀丝绸最早让南亚知道了中国，公元前4世纪成书的梵文经典《摩诃婆罗多》及公元前2世纪的《摩奴法典》中都有"支那"产"丝"的记载。此外，考古学者还在四川三星堆遗址发现大量象牙，又在云南江川、晋宁等地春秋晚期至西汉中期墓葬中挖掘出大量海贝和金属制品。经考证，上述出土文物很可能是从古代印度输入的。这表明，古代中国与南亚之间的经贸交往不仅内容丰富，而且互动频繁。另一方面，在中国东晋高僧法显、唐代高僧玄奘的西行求经，天竺鸠摩罗什、达摩祖师的东来送法，以及南传上座部佛教从古印度经斯里兰卡传入缅甸，此后再传播至泰国、柬埔寨、老挝、越南、马来西亚和印度尼西亚等地的过程中，佛教文化也随之传入中国和东南亚，并落地生根、开枝散叶。据统计，从公元2世纪到12世纪的一千年间，中国翻译的南亚佛教经典著作多达1600种、共5700余卷。可以说，以"丝绸东去"和"佛陀西来"为典型，中华文明与南亚东南亚文明的交流互动，无论其内容还是规模，在世界文化交流史上均属罕见。

这些多条多向的古代国际通道，不仅是古代中国云南通往南亚、东南亚的交通通道，也是操藏缅语族、孟高棉语族等语言的古代诸民族的迁徙走廊。可以说，至迟自蜀身毒道的开通以来，途经云南或以云南为起点的多条多向通道，使今天我们所说的中南半岛地区和孟中印缅毗邻地区较早产生了互联互通的历史萌芽，促进了中华文明、南亚文明与东南亚文明在漫长古代的整体互动。到了近现代，无论是滇越铁路，还是史迪威公路、滇缅公路、驼峰航线，这些在近现代交通史上曾留下浓墨重彩的交通线路，无一不以云南为起点，而云南也正是凭借这些线路，在大湄公河地区和孟中印缅毗邻地区互联互通史上发挥了特殊作用并占据着重要地位。

改革开放以来，云南省在我国西南边疆省区中率先提出了面向东南亚南亚的对外开放战略。20世纪90年代，在国家加强西部大开发期间，又提出把云南建设成为我国通往东南亚南亚的国际大通道的建议。进入21世纪，云南着力推进绿色经济强省和民族文化大省建设，努力打造中国连接东南亚南亚国际大通道。经过多年的努力，以大湄公河次区域经济合作（GMS合作）、孟中印缅地区经济合作（BCIM合作）为代表，云南省在推动面向东南亚和南亚这两个战略方向的对外开放和区域合作中，走在了全国的前列，并且取得了明显的成效。目前，云南是我国与南亚东南亚等国家和地区开辟航线最多、国家级口岸最多、与周边国家连接的陆路通道最多、民间交流最频繁的省之一；也是泛亚铁路、亚洲公路网的覆盖地区，多条连接东南亚南亚国家的规划路线通过云南走出中国。2013 年，中国—南亚博览会永久落户云南省会昆明，云南获得了加强与南亚、东南亚、西亚及其他国家和地区全面交流合作的新平台。2014 年 5 月李克强总理访印期间，中印两国共同倡议建设孟中印缅经济走廊，加强地区互联互通。云南学者最先提出的孟中印缅地区经济合作构想最终上升为国家战略。

2015 年 1 月，习近平总书记考察云南时指出：随着我国实施"一带一路"战略，云南将从边缘地区和"末梢"变为开放前沿和辐射中心，发展潜力大，发展空间广。希望云南主动服务和融入国家战略，创出一条跨越式发展的路子来，努力成为我国民族团结进步示范区、生态文明建设排头兵、面向南亚东南亚辐射中心。这是对云南发展明确的新定位、赋予的新使命、提出的新要求。由于云南是中国西南方向与周边东南亚和南亚接壤和邻近国家最多的省，也是中国与印度洋沿岸地区开展经济合作最具区位优势的省。因此，云南理所当然担负着落实国家"一带一路"战略和周边外交的重任。

云南省委省政府为贯彻落实中央的决策部署，加强顶层设计，九届十次全会作出了《中共云南省委关于深入贯彻落实习近平总书记考察云南重要讲话精神闯出跨越式发展路子的决定》，主动融入和服务国家发展战略，全面推进跨越式发展。习近平总书记指出，"云南的优势在区位、出路在开放"。云南的优势在"边"，困难也在"边"。如何在沿边开放中倒逼改革，在改革创新中推动孟中印缅经济走廊和中国—中南半岛国际经济合作走廊建设；处理好与邻国的关系，对接各国的发展战略和规划，共商、共建、共享经济走廊；准确研判国际形势和周边情势，都需要云南智库深入调研、长期跟踪地进行国别研究、国际关系和国际区域合作问题研究，提出科学及有价值的决策咨询研究成果。为此，在省委、省政府的关心和支持下，依托云南省社会科学院，正式成立了中国（昆明）南亚东南亚研究院。这是云南省学习贯彻落实习近平总书记考察云南重要讲话精神和党中央、国务院《关于加强中国特色新型智库建设意见》的重要举措。

云南省社会科学院的南亚东南亚研究历史悠久、基础扎实、底蕴深厚、人才辈出。早在 20 世纪 60 年代，外交部落实毛主席、周总理《关于加强国际问题研究报告》批示精神，在全国布局成立国际问题研究机构，就在我院成立了印巴研究室和东南亚研究室，经一代又一代社科专家的积淀和传承，发展成了现在的南亚研究所和东南亚研究所。南亚东南亚研究是我院优势特色学科之一，在国内外享有较好的声誉和影响力，该领域的研究在国内居领先地位。进入 20 世纪 90 年代以来，我院高度重视对我国和我省面向东南亚南亚对外开放、东南亚南亚国别问题和地区形势的研究。在大湄公河次区域合作、中国与东南亚南亚区域合作战略、中国和印度经贸合作新战略、中国与南亚经贸合作战略、孟中印缅地区经济合作、东南亚南亚的历史与现状、中国与东南亚南亚的人文交流合作、印度洋地区研究等领域，推出了一批重要学术成果，培养了一支专业从事东南亚南亚研究的学者队伍。

当前，云南省充分利用边疆省份的区位优势，加快融入"一带一路"国家战略，推进孟中印缅经济走廊和中南半岛国际经济合作走廊建设。在这一背景下，中国（昆明）南亚东南亚研究院推出南亚·东南亚国情研究、"一带一路"和孟中印缅经济走廊等专题研究、中国与周边国家关系研究、环印度洋地区研究等组成的书系，深入对"一带一路"沿线国家的政治经济、历史文化、对外关系、地理生态环境，以及中国与南亚东南亚、环印度洋地区的经贸合作、互联互通、人文交流、非传统安全合作等问题的研究，推出一批成果，使广大读者对"一带一路"沿线国家和我国与周边国家关系有更深入的了解，以期对政府、学界、商界等推动我国与沿线国家设施联通、贸易畅通、政策沟通、资金融通、民心相通，共商、共建、共享丝绸之路经济带和 21 世纪海上丝绸之路有所裨益。

任　佳

2015 年 10 月 25 日

前　言

2007 年，我有幸前往印度尼赫鲁大学访学。其间，我观察到了一些社会现象——某些运输工具拒绝搭载一些男性和女性乘客；女性参与示威游行抗议洋葱价格上涨；一些男性前往街边的茶摊喝茶时，会把鞋脱在店外后赤脚进入店内，且店主给他们使用的茶杯有别于另外一些茶客所使用的茶杯；在拉贾斯坦邦等北方地区，穿着纱丽的女子在见到陌生男性时，通常会用纱丽的一角遮面或覆头；陌生男性故意碰撞单身女性；女性头上顶着很重的水罐……它们触发了笔者对其背后所折射的各种社会问题的思考，继而最终把观察视角落在了印度女性的身上。

在本书的章节划分中笔者借鉴了性别史的方法和赫伯特·斯宾塞（Herbert Spencer）的观点。性别史注重从性别视角来分析两性差异。斯宾塞则认为社会是不断进化的，并有其发展的阶段。因此章节划分时遵循"历史时期（的划分）和历史事件对妇女所产生的影响"这一原则进行，时间设置为"印度独立前"，"1947 年—1974 年"，"1974 年—现在"。其中印度于 1947 年建立世俗民主共和国，于 1974 年出版标志性报告《走向平等》，这在印度妇女运动史上留下了浓墨重彩的一笔。笔者希望通过这种划分方法了解印度妇女在过去是被传统文化、宗教和男权所塑造的群体，要求她们具备温柔美好的道德品格，成为慈爱的母亲和温良的妻子，具有"和平"与"宁静"的象征意义；然而随着社会的变迁发展，现代化、工业化、城镇化席卷全球，人们的物欲、消费欲激增，女性形象在这一动态发展过程中是否仍为他人所塑造？若答案是肯定的，那么影响女性形象的因素是什么？社会化进程中，女性的能动性是被关注还是被忽略？两性在社会化的过程中是否存在显著差异？两性关系较之过去发生了怎样的改变？在正文的写作中，笔者还借鉴了埃米尔·杜尔凯姆（Emile Durkheim）、奥古斯特·孔德（Auguste Comte）和卡尔·马克思的某些观点以及冲突理论、推拉理论等。如在印度社会中，施行萨帝仪式的女性或者为争取民族独立解放运动而牺牲的女性都表现出杜尔凯姆强调的利他主义思想，即个人的发展、追求、利益等于自身已经毫无意义，需让位于社会传统或"大义"，只不过前者（施行萨帝仪式的女性）在很多时候是被动屈从的，而后者（为争取民族独立解放运动而牺牲的女性）则多表现出强烈的自我意愿。又如孔德认为社会学可分为社会静力学和社会动力学，其中社会静力学关注的是社会关系，而社会动力学则关注社会发展的动力、方向等，反映到印度社会中，表现为女性处于动态发展的环境，自身亦是动态发展的，不论其所具有的思想还是其所参与的活动都是如此。需要强调的是文化和文明在这种动态的过程中发挥着重要作用。再如马克思认为人们分属于不同的阶级，因而存在利益矛盾和利益冲突；印度社会按照种姓、权力、宗教、阶层、性别等多重因素被进行了人为地划分，表现为社会的不平等与不公正，这就是冲突理论的直接体现。值得一提的是，尽管文章结构以时间为序展开，但却不属于妇女史范畴。符号互动论认为世界上的事物就如同符号，其能够让我们了解事物本身，也能够建议我们相应的行为，对其的研究要求我们把事物本身置入相应的文化语境中，并仔细观察与之有关联的社会活动，因此本书的写作旨在通过交叉研究，来力图展现各个时间段下与妇女相关的"社会背景或人文环境"、"热门话题或重大事件"、"两性差异"、"伦理道德及宗教习俗"、"印度女性的关注点"、"阶层和种姓利益"、"非政府组织和政府角色"以及妇女参与的"社会经济和政治文化活动"等内容，让女性遭受、参与和创造的"事件本身"来客观反映女性问题的核心，客观描述两性关系，以及客观展现女性自身的能动性和创造性。需要强调的是，女性问题的复杂性正好契合了后现代主义所提倡的研究方法，即任何单一的理论都难以对某种社会现象做出完整性地总结，不同社会现象及其所反映的不同社会问题用不同的理论来解释可能更为客观和贴切，因此交叉研究是必须和必要的。

　　第一章主要展现的是，尽管印度独立前的女性有过发展的黄金时期，但宗教、文化、传统以及父权体制等诸多因素的交互作用，致使印度女性长时间以来处境艰难，缺少自己的话语权，社会地位极其卑下。为合法化英政府的殖民统治，英国人引入了"文明使命"这一概念，且相信基督教和欧洲思想的传播必定会使印度摆脱目前蒙昧的状态并成功转型，女性亦可摆脱悲惨境遇并被成功救赎。在这种西方文明与本土传统观念交互碰撞的背景下，印度的知识分子以及少数女性精英阶层开始反思与探究社会弊端与陋习，以及女性遭受的不公正待遇。从而开始了 19 世纪后半叶那场轰轰烈烈的社会和宗教改革运动，涌现出了大批致力于弊端改革的改革团体和改革人士。遗憾的是，这些改革家因为身处父权特质和宗教文化被过度强调的背景下，故难以与正统印度教及他们所持有的传统理念彻底决裂，也不能完全脱离当时的社会背景和人文环境，因此尽管他们动员了各方面的力量来重新定义两性关系，但定义的过程既不完整也不全面。

第二章的主要内容是，1947 年 8 月 14 日，印度建立世俗民主共和国。后于 1949 年 11 月立宪，承诺保护和加强印度妇女的政治、经济和社会权利。女性公民的权利首次在国家认可的规范性文本中被记录了下来。第 24 届联合国妇女地位委员会会议明确 1975 年为"国际妇女年"。为了准备契合此次会议主题的报告，印度教育和社会福利部委派古哈委员会展开相应调研工作。标志性报告《走向平等》最终于 1974 年提交。报告指出，女性地位并未提升到女性所期望之程度。尽管政府积极举措保障妇女权益，女性自身亦积极主动地参与公共社会文化活动来推动自身角色的转化，然而男性在社会政治、经济、文化等各领域的绝对控制权及排他性必然导致许多有利于女性的具体措施难以落到实处，女性仍被排除在利益范围之外，扮演着从属性和辅助性角色。换句话说，"公民平等"与"性别平等"的承诺仅在法律、法规和政策文件中得以体现。理论和现实之间的差距不可弥合，妇女在实际生活中未能享有真正意义上的平等与公正。

第三章着眼于，随着社会的进步和经济的快速发展，印度女性积极要求政治经济和社会文化赋权，并争取融入印度社会的发展主流，因而"赋权女性"成了 1974 年以后"社会性别主流化"所强调的主题。然而赋权意味着女性将掌控更多的权力资源，意味着男女权力结构及关系将发生变化，这势必将对男性的权威、权力和特权等形成巨大的挑战。这也是缘何女性成功进入经济、文化等领域后，性别歧视、针对女性的暴力、劳动性别分工等现象仍层出不穷的主要原因，表现为男性在社会结构中仍占据主导性和统治性地位，女性价值及角色未获正确定义及定位。换句话说，尽管印度政府为推动女性的可持续发展做出了不懈的努力，然而，印度女性的发展仍面临着诸多问题和挑战。因此，难以确定实现性别平等和社会公正所需要的具体时间，印度政府及社会各阶层的责任依然任重道远。但不可否认的是，教育是助推女性融入知识型社会发展主流以及构建现代女性新身份的重要媒介，女性在寻求赋权之路上有了更多的权利与机会，逐渐脱离了被边缘化和被隔离的命运，两性关系在悄然改变中。

　　最后，笔者要向亲爱的家人及云南省林业职业技术学院的陈军军老师，向云南省社会科学院的任佳、陈铁军、陈利君、李向春、马勇、赵群等专家，云南大学博士生导师赵伯乐教授以及云南省社会科学院科研处袁春生致以崇高的敬意和诚挚的谢意。此外，还要特别感谢杰拉尔丁·福布斯教授，她撰写的《近代印度妇女》向读者详尽地展现了印度妇女史的一个发展过程，这给予了我极大地启发，并成为该书撰写的一本重要素材；同时众多的印度学者丰富的本土知识及良好的文化修养亦给予了我种种帮助。正如同莫提默·J. 艾德勒和查尔斯·范多伦在其著作《如何阅读一本书》中所指出的那样，"我们只能从比我们'更高杆'的人身上学习"。我想对于我来说，杰拉尔丁·福布斯教授及众多研究女性问题的学者就是那些"更高杆"的人。没有他们的支持和鼓励，我难以克服写作中的疑难和困惑，也难有本书的付梓。另外，由于资料欠缺及个人水平有限，本书错误疏漏及不当之处在所难免，敬请读者不吝指正。

蒋茂霞

目　录

第一章

独立前印度女性全息图

19世纪前，尽管印度女性有过发展的黄金时期，但宗教、文化、传统以及父权体制等诸多因素却交互作用，致使印度女性长时间以来处境艰难，社会地位极其卑下。1608年之后，英国东印度公司先后在印度多地设立贸易据点，随着财富的掠夺和积累，东印度公司的政治野心随之膨胀。1857年，印度爆发了民族大起义，终结了东印度公司在印度的统治，至此印度被完全置于英帝国的直接统治之下。为合法化英政府的殖民统治，英国人引入了"文明使命"这一概念，且相信基督教和欧洲思想的传播必定会使印度摆脱目前蒙昧的状态并成功转型，印度妇女等弱势群体将随之得到救赎。在奥格本（W. F. Ogburn）看来，"滞后"或"不适应"或"发展的步履不一致"是一个社会发生社会变革的主因。因此，在殖民统治的体系下，印度人对这种外来的新理念和新制度进行了重塑和重组，在与之激烈交锋后，印度的知识分子开始对社会弊端进行反思与探究。从而开始了19世纪后半叶那场轰轰烈烈的社会和宗教改革运动。然而这些改革家因为身处父权社会，故难以与正统印度教及其所持有的传统理念彻底决裂，也不能完全脱离当时的社会背景和人文环境，因此尽管他们动员各方面的力量来重新定义两性关系，但定义的过程既不完整也不全面。

第一节　独立前印度女性发展概览

在雅利安人入侵印度以前，河流文明已经形成。根据考古挖掘发现，在印度河和拉维河（Ravi）两河河岸已经出现了达罗毗荼人（Dravidian，后称达萨瓦尔那人"Dasas"）文化。那时的妇女与男性一样忙碌，操持煮饭、缝补等各种家务、带孩子以及纺线等，过着井然有序的生活。

公元前 2000 年—前 1500 年，雅利安人翻过喜马拉雅山口，在印度的五大河流域地区定居下来，结束了原有的游牧民族生活，过上了农耕生活。对于崇敬自然力量的他们来说，妇女受到极高的礼遇及赞美，常被喻作黎明、土地、河流、母亲、女神等。正如上古诗歌《梨俱吠陀》（*Rig Veda*）赞美女性如同犁田和河流一样神圣：

"噢，带来好运的犁田啊！祈求你，赐予我们财富和丰厚的收成！"

"愿因陀罗接受这犁田；愿普善（Pushan）带领她向前；愿她满溢着水，让我们年复一年谷物满仓。"

"印度河年轻而貌美——她的车马和衣物充足；她有着大量的黄金，衣物被其饰满！她有着丰厚的粮食、羊毛和草料，全身戴满甜美的鲜花。"①

吠陀时代早期，在雅利安人积极进行领土扩张和政治扩张之时，急需大量人手，而印度妇女在农业（纺织、种植、喂养牲畜）和制造业（弓箭、船、篮子、布料）② 方面起到了积极的创造作用，因而获得了相对独立的经济地位。在这段时期，女性富有学识，有财产继承权，可自主婚姻，可自由参与社会活动，寡妇被允许再婚及享有财产继承权，女性社会地位较高，社会上甚至出现了女祭司、女诗人、女学者等。阿闼婆吠陀（Atharva Veda）就曾强调女性只有在结束教育后，才可开始婚姻生活。古印度法律制定者阿帕斯塔姆巴（Apastamba）曾表述说：

当女性在路上行走时，所有的人都应该为她让路。③

---

① Rig Veda, quoted in The Story of Women of India, Padmini Sengupta, Indian Book Company New Delhi, 1974.

② "Women and society——the development perspective"; edited by Amit Kumar Gupta; Criterion Publications; First Published 1986.

③ "Status of Women in Ancient India"; Prof. Indra, M. A.; Motilal Banarasidass Oriental Publishers and Booksellers; Second Revised Edition.

百道梵书（Satapatha Brahmana）也曾这样描述：

> 愿这些妇女（寡妇）不要承受寡居的苦痛。让这些妇女不再落泪，不再悲伤，穿戴着贵重的饰物进家。①

吠陀后期，随着雅利安人的政治统治逐渐巩固，种姓制度②也开始定型。在此期间，部分被征服地区的人口变成了统治者的奴隶和廉价的手工劳动者。虽然女性在家庭产业中的角色，诸如纺线和编织，没有改变，但由于生理体格的限制，这些被征服地区的人口逐渐取代了女性在制箭、造船、耕作等制造业和农业中的优势地位。致使女性"社会角色"被迫调整，从而只能更多地从事打扫、洗刷、喂养家畜等家务劳动，其经济地位随着社会产出的降低而降低，间接导致女性社会及家庭地位的下降。《梨俱吠陀》这样描述家庭生活，其中女性所承担的家庭义务及社会角色一目了然：

> 看呀，我是赞美诗的著作者，我的父亲是医师，我的母亲在石头上将谷物磨成粉。我们分别有着不同的事务。牛儿走向各处寻找食物，因此各司其职的我们祭拜你，哦苏摩（Soma）！我们为财富而祭拜你。③

这一时期，童婚制度出现，迫使女性在青春期或接近青春期前就嫁为人妇，她们接受教育的机会也随之遭到剥夺。同时社会逐渐父系化，男子受到尊崇，其社会地位进一步强化，男孩较女孩更加珍贵的观念也流行开来。女性形象进一步被固定在生产工具、家庭主妇、夫家财产上，"女性是孕育生命的沃土，男人则是播撒生命的种子"。

---

① Satapatha, Quoted in The Story of Women of India, Padmini Sengupta, Indian Book Company New Delhi, 1974.

② 种姓制度也称瓦尔纳制度，意思是"颜色"。由于雅利安统治者皮肤较白，而被征服的当地人则皮肤黝黑，故而种姓制度源于征服者和被征服者之间肤色的差异。

③ Rig Veda, Quoted in The Story of Women of India, Padmini Sengupta, Indian Book Company New Delhi, 1974.

《五十奥义书》① 这样说:

> 唯然! 人中此始为胎藏。为其精液者,是集自诸体之真元力。在其自身,彼固承载一自我矣。当其注之于女子也,则使之生出,是彼之第一生也。(一)
>
> 是则入乎女子之自体存在,如其一体焉。是故彼于女子无伤。于此外来彼之自我,女子乃孕育之。(二)
>
> 以其孕育之也,故女子必得养焉。孕育之而为胎。男子则养之于产生之前,亦随而养之于后。其养子于产生之前亦随而养之于后也,彼实遂成其自我,为此诸世人之持续也。盖此诸人世之持续也如是。是彼之第二生也。(三)

因种姓制度的存在,为了不出现高种姓和低种姓通婚等道德败坏的现象以及为了保持种姓的纯洁性,婚姻成为责任和义务,女性丧失自由选择配偶的权利。一旦结婚,女性的身心皆属于丈夫,丈夫便是妻子需要供奉的最高主神,离婚和寡妇再婚不被容许,同时女性的经济活动被取消,从而彻底成为男人的附属物。《摩奴法典》这样说:

> 婆罗门和刹帝利虽处困境,但以奴隶女子为正妻,是古来任何史书所不曾记述过的。糊涂到娶最后一个种姓的女子为妻的再生族,很快就使家庭和子孙堕落到首陀罗境地。不娶本种姓女子,而与首陀罗妇女同床的婆罗门堕入地狱;如与她生一个儿子,即被剥夺其为婆罗门的资格。

到了佛教、耆那教兴起时期,印度女性可通过"修行"来实现"精神上的追求和圆满",凭着宗教的庇护,女性可以独身,可以穿上僧袍。未婚嫁的女性、已婚女性、贱民女性或者是贫困无依的女性,甚至是寡妇和妓女,都可以通过苦修来摆脱世俗的羁绊,追求自己精神上的幸福。在这时期,生养女儿不再是家庭的累赘,相反社会上还出现了收养女孩的事

---

① 《五十奥义书》,徐梵澄译,中国社会科学出版社2007年版,第27页。

例。女性在择偶方面较自由，父母在考虑女儿的婚嫁时，会相应地征求女儿的意见，而且嫁娶年龄有所推迟，青春期前的嫁娶在某种程度上遭受歧视。寡妇可以参加某些家庭聚会，且可以享受一定的财产继承权。在家庭中，女性的地位有所改观，他们不再围着家务打转，特别是已婚妇女可以自由布施，而无需向丈夫或者公婆请示布施财物的数量。例如，很多信奉佛教得以解脱的女性是这样唱颂的：

> 哦，女性得到了自由，我是多么自由啊！当我从繁重的家务中出来时，这是怎样一种彻底的自由啊！[1]

戒日朝灭亡之后至 15 世纪前，印度女性迈入了"黑暗时期"（众多学者普遍认为印度历史上存在女性的"黄金时期"和"黑暗时期"，其间女性的角色分别受到颂扬和贬抑），女性地位随着佛教的衰落而衰落。婆罗门的势力再次得到巩固，种姓制度更加严苛。《政事论》中记载：

> 倘若首陀罗自称婆罗门，应把他的眼用毒药弄瞎；倘若强奸了婆罗门妇女，应将他烧死；如果胆敢对婆罗门的"义务"提出异议，国王可使人将沸油灌入他口中或身上；若敢用手或棍子伤害出身高贵的人，就要割断其手。一心杀害婆罗门者，与伪造谕令和通敌者同罪，处以死刑。反过来，婆罗门若杀害刹帝利，只捐赠一千头牝牛和一只牡牛，杀了吠舍要捐赠一百只牝牛和一头牡牛，但如果杀的是首陀罗，只要捐赠十头牝牛和一头牡牛就能赎罪。[2]

在这时期，女性受到严格婚姻制度的束缚，除遵守种姓内婚、童婚、嫁妆制外，女性不再具有自主择偶的权利，寡妇不再被容许离婚及再婚。女性成为取悦男性的主体，其自我意识和独立意识完全丧失。婚姻中，要求女性具有迷人的外表，温软的四肢，体态婀娜如同仙子。值得注意的是，神妓和寺庙舞女现象流行起来。随着穆斯林统治者的侵入，一夫多妻

---

① *The Story of Women in India*; Padmini Sengupta; Indian Book Company, 1974.

② 李亚君：《对印度种姓制度的危害及其存在原因探析》，载《黔西南民族师范高等专科学校学报》，1996 年第 1、2 期（总第 12、13 期）。

制、深闺制和面纱制亦被引入印度次大陆地区，影响印度妇女达数世纪之久，女性地位进一步衰退。尤其是高种姓阶层的妇女，受到更多歧视性规定的束缚。高种姓阶层的寡妇如果不孕、无子或年迈，应该在丈夫离世后，即刻宣布殉夫。高种姓妇女不允许上街，除非乘坐轿子和肩舆。[1] 当然，不可否认的是，在此期间也出现了一些女诗人、女学者、女音乐家、女修辞家和行使统治权的皇室女人，但她们毕竟只是少数，不能充分代表和说明印度妇女的社会发展状况。

15 世纪之后，社会对女性的态度出现了一些改观，女性地位随着其接触梵文等一些教育资源而有所提升，但改善程度值得商榷；即使部分女性个体位高权重，社会对她的评定标准也是以男性所具备的各项特质为基准的。

美伦·尼莎（Mehrun Nisa）是阿克巴大帝一位臣子的女儿，她非常美丽。王子贾汗吉尔（Jehangir）的母亲十分喜爱她，让她与公主们共同接受教育。她接受了《古兰经》的熏陶，学习了美术、骑射、针线活等。最终成为莫卧儿王朝时期一位赫赫有名的女性。

拉兹娅女王（Raziya Sultana）是德里苏丹国的首位，也是最后一位女性统治者。她接受过良好的教育，能熟读《古兰经》，英勇无畏，经常陪伴自己的父亲走上战场。有人曾这样说过：

> 按照男性的观察，拉兹娅女王完美无缺，除了她被生为一名女人之外。[2]

据史料看，这一时期信仰伊斯兰教和印度教的女性地位及生活状况有所差别，伊斯兰教禁止实行童婚制，而童婚却在印度教教徒中兴盛流行；伊斯兰教允许妇女自由解除男女双方的婚姻关系，但不鼓励这种行为。而印度教妇女至死都必须忠诚于丈夫，丈夫是妻子婚嫁后所依附的对象，是妻子所供奉的最高主神；伊斯兰教允许妇女拥有部分财产，而印度教妇女则是丈夫的财产；伊斯兰教不赞成殉夫行为，但统治者为了缓和与印度教

---

[1] Indian Women through the Ages. Quoted in The Story of Women of India, Padmini Sengupta, Indian Book Company New Delhi, 1974.

[2] Great women of India. Quoted in The Story of Women of India, Padmini Sengupta, Indian Book Company. New Delhi, 1974.

教徒之间的矛盾和冲突，对殉夫行为未采取强硬制裁措施。而殉夫行为在印度教教徒中并不鲜见，据说这是印度教妇女为了避免穆斯林男性的劫掠而采取的对丈夫忠贞不贰的行为。

不乏做比较研究的学者认为信仰伊斯兰教的女性所享有的自由度和受尊重的程度远远高于信仰印度教的女性，尽管她们生活于闺房之中。伊斯兰教的先知曾说：

> 你们因妇女而敬畏安拉，并以她们为善；安拉的使者说，众先知的美德之一是喜悦妻室（妇女）。
>
> 一个人来到安拉的使者跟前说："安拉的使者啊！我孝敬谁呢？"
>
> 安拉的使者回答："你母亲。"
>
> 他又问："然后是谁？"
>
> 安拉的使者回答："你母亲。"
>
> 他又问："然后是谁？"
>
> 安拉的使者回答："你母亲。"
>
> 他再问："然后呢？"
>
> 安拉的使者回答："你父亲。"①

尽管如此，为了维护更加有利于男性权威发展的社会模式，也为了减缓与印度教教徒的对立和矛盾，伊斯兰教和印度教的某些风俗和法规有所融合，甚至在莫卧儿王朝时期有帝王或王子纳娶印度教女子为妃之做法（阿克巴大帝就娶了信仰印度教的拉其普特王公比哈里的女儿），因此信仰伊斯兰教和印度教的女性在很多方面就有了共通之处，如她们都是男性的附属物，男性是其生活之主宰；信仰伊斯兰教的女性也可殉夫，以示纯洁和忠诚；印度教女性也进入了男性设置的闺房，在陌生人面前以长长的纱丽遮覆面庞；没有丈夫的同意，不能接待宾客、不能同其他男性自由交谈；只有少部分女性可以接受教育；等等。

莫卧儿王朝时期出现了几位有名的君主，胡马雍、阿克巴、贾汗吉尔、沙贾汗及奥朗则布。奥朗则布在其执政期间，未继续阿克巴大帝的宗教信仰自由与包容政策，相反实行了极端的反印度教宗教政策，他下令摧

---

① http://www.muslimherald.com/Islam/FML/Woman/212317165.htm.

毁和禁止修建印度教寺庙，并在摧毁的印度教寺庙原址上修建清真寺，重征印度教徒的人头税和印度教商人的关税。这些举措激化了社会矛盾，加之王室派系间争权逐利的斗争以及淫靡奢华的生活，最终使莫卧儿王朝走向了衰落。1608 年之后，英国东印度公司先后在印度苏拉特、孟买、马德拉斯、加尔各答多地设立贸易据点，它们成为东印度公司扩张的重要根据地。随着贸易的快速增长，东印度公司已经不只满足于单纯的商业目的，其政治野心逐渐膨胀。1680 年后，东印度公司组建了自己的武装力量，逐步确立了对印度的殖民垄断权。1761 年，第三次帕尼帕特战役（Panipat）在欲称雄印度的阿富汗王国和马拉塔人（Marathas）间爆发。这次战役双方皆受重创，尤其是印度方面这支可有效抵抗西方侵略势力的力量受到彻底摧毁，自此东印度公司逐步蚕食了印度。1857 年，印度爆发民族大起义，莫卧儿末代皇帝穆罕默德·巴哈都尔沙被推为领袖，后因起义失败，被流放缅甸，这次起义终结了东印度公司在印度的统治，至此印度被置于英帝国的直接统治之下。

为了更好地进行国家管理和社会治理，英国人在印度引入了"文明使命"这一概念，随之推行的学校教育、英语教育、职业培训给印度社会带来了深刻的影响，也为部分印度女性带来了福祉。女传教士的闺房教育、女子学校、寡妇学校、培训协会等随之建立并发展起来，印度女性开始接触分门别类的培训课程以及现代知识的讲座，接受了较为系统的教育，如家政学、宗教课程、音乐、缝补、刺绣、手工艺、数学、地理、英语、园艺、儿童保育、保健卫生和营养学等。尽管促使妇女走向现代化成为 19 世纪英属印度政府和社会改革家们关心的主题，但不是所有人都认同两性关系的改变，也不认同女性教育和女性解放是女性发展的必要步骤。因此女性接受教育在 19 世纪中后期仍不是普遍现象。在世纪之交的孟加拉，仅有 11 所古兰经女子学校，学生 142 名。[①] 1840 年，苏格兰教会协会（Scottish Church Society）拥有 6 所学校，共 200 名印度教女学生。19 世纪中期，钦奈的传教士在走读学校和寄宿学校共教授了近 8000 名女学生，她们中的大部分是基督教教徒。[②] 1854 年，女子学校约有 626 所，

---

① Usha Chakraborty, Condition of Bengali Women Around the Second Half of the Nineteenth Century (Calcutta, Usha Chakraborty, 1963)。

② International Handbook of Protestant Education：(International Handbooks of Religion and Education, V. 6)；edited by William Jeynes and David W. Robinson；Springer, Jan. 11, 2012, p. 30.

共有学生 21755 名。① 海马巴蒂·森（Haimabati Sen，1866—1932）就曾
这样回忆自己的受教育经历：

> 外围住宅区是我常去的地方，也是度过我所有时间的地方；在学
> 校的办公时间里，我待在学校的教室。老师非常喜欢我。我非常享受
> 听课。但是我没有权利接受教育。虽然在各个方面我都活得像个男孩
> 子，但就教育而言，我仍然是一个女性。在我们的国家流行着这样的
> 迷信：如果妇女接受了教育，就不得不承受寡居；因此，接受教育的
> 那条路对我而言是彻底的封闭了。但是神在我心中植下一个热切的愿
> 望，那鼓舞着我。②

值得注意的是，这段时期仍然有一些开明的父亲、丈夫以及大家庭
的男性主张女性接受教育，并为此付出了不懈的努力。托茹·杜特
（Toru Dutt，1856—1877）是孟加拉基督徒戈文德·昌达·杜特
（Govind Chunder Dutt）的女儿，父亲允诺给予她及其姐姐最好的教育，
因此 1869 年她们启程前往法国，后转至英格兰学习。最终，托茹·杜
特因其美妙及扣动心弦的文字成为享有盛名的女诗人。阿南迪拜·乔希
（Anandibai Joshi，1865—1887）是马拉地人，9 岁时嫁给哥帕尔拉奥·
维恩亚克·乔希（Gopalrao Vinyak Joshi）。维恩亚克·乔希决定教授自
己的妻子读书习字。1878 年，夫妇二人的第一个孩子死去，阿南迪拜
认为这是医疗护理之责，于是决定学医。1880 年，哥帕尔拉奥写信给
一位在印度的美国慈善家，请求他安排阿南迪拜接受教育。随即，阿南
迪拜被邀请前往美国学习，并被给予全额经费支持。1886 年阿南迪拜
获得费城女子医学院的医学学位。

19 世纪中期，政府对于女性教育持认可态度，查尔斯·伍德爵士（Sir
Charles Wood）在其 1854 年发布的教育急件中这样表示，"开展女性教育，
人们的教育和品德都将获得更大的推动"。1921—1931 年间，女子学校和女

---

① The Oxford Encyclopedia of Women in World History，Volume 1；Bonnie G. Smith，Editor in Chief；Oxford University Press，2008，p. 146.

② "The Memoirs of Dr. Haimabati Sen：From Child Widow to Lady Doctor"；Editors Geraldine Hancock Forbes，Tapan Raychaudhuri；Translated by Tapan Raychaudhuri，ed. Geraldine Forbes and Tapan Raychaudhuri，in press. Quoted in "Women in Modern India"；Roli Books，2000.

子学院的数量从原来的 2.35 万所增加至 3.39 万所；女学生数量也从原来的 140 万名增加到了 310 万名。① 19 世纪下半叶，英属印度各地都出现了改革团体和改革家。他们关注与印度女性休戚相关的萨蒂、一夫多妻、童婚、深闺、禁止女性教育以及神妓等问题，并力图通过办学、请愿、建立组织、慈善以及发文贬斥等多种方式来根除社会陋习，从而提升女性地位。

19 世纪的最后 10 年，出现了一种被认可的改良思想，特别是关于"印度妇女值得同情"的看法几乎贯穿了 20 世纪。1839 年，麦海士·昌达·德布（Mahesh Chundra Deb）给"常识获取协会"（Society for the Acquisition of General Knowledge）做演讲，在谈及年轻已婚妇女的日常生活时说："我能说的是只要认真调查过印度妇女状况的人，都禁不住同情她们所处的愚昧可怜的境遇。不管她们怎样和蔼亲切，也不管她们有着怎样尽责的和孝顺的行为，怎样顺从她们的丈夫，她们却经常遭受严厉的斥责，有时甚至因为无根据的猜忌或暴虐的想法而受到严厉的惩罚。"②

19 世纪晚期和 20 世纪早期，因教育的推动，女性逐步迈出男性为其设置的闺房，与外界有了简单的接触和交流，开始了社交活动并建立了女性自己的社交圈。各种女性俱乐部、协会、理事会及其附属机构等应运而生。1917 年，曼莫喜尼·萨加尔（Manmohini Sahgal）的母亲在拉合尔创办了一家女性休闲俱乐部。1905 年，全国社会会议的女子社会会议（Bharata Mahila Parishad）正式启动。1917 年，在马德拉斯组建的妇女印度协会，其主要从宗教、教育、政治和慈善四个领域开展工作，旨在批判现存的两性关系，让所有人都享有正义和平等。1927 年，全印妇女大会在浦那成立。这些机构培养及训练了一批杰出且有影响力的女性，她们不仅能自由和独立地表达自己的意见，且能代表女性发言及充分表达女性意愿，日后更是成为印度独立运动中的重要力量，是国家建设不可或缺的宝贵财富。其中尤为引人关注的是，一些在印度举足轻重的家族中的女性或者受过教育的精英阶层女性，她们或是一些重要组织的创建人员，或与男性一道并肩作战为印度的独立运动做出了卓越贡献。例如在南亚次大陆历

---

① The Oxford Encyclopedia of Women in World History, Volume 1; Bonnie G. Smith, Editor in Chief; Oxford University Press, 2008, p. 146.

② Mahesh Chundra Deb, "A Sketch of the Conditions of the Hindoo Women" [1839], Awakening in the Early Nineteenth Century, ed. Goutam Chattopadhyay (Calcutta, Progressive Publishers, 1965). pp. 89 – 105. Quoted in "Women in Modern India"; Geraldine Forbes; Cambridge University Press, 1996.

史上扮演重要角色的米安家族，据说其家族称号"米安"为沙贾汗皇帝所授，它是荣耀和政要的象征。米安家族的女性在旁遮普创建了全印穆斯林姐妹大会（Anjuman-i-Khawatin-i-Islam），之后更是在全印姐妹协会（All-Indian ladies Association）以及印度全国妇女理事会等全国性的重要女性组织中占有特殊位置。尼赫鲁家族的女性则与其家族男性并肩而战，成为男性的坚强后盾以及印度独立战争的忠实拥护者。莫提拉尔·尼赫鲁（Motilal Nehru）的妻子斯瓦鲁普·拉尼（Swarup Rani）参与了公众示威游行。贾瓦哈拉尔·尼赫鲁的妻子卡马拉·尼赫鲁（Kamala）参与示威游行及抵制洋货运动，发表演说等，甚至多次担任国大党地方机构的主席和国大党工作委员会委员。对尼赫鲁家族的女性来说，参与纠察、示威游行以及被捕入狱并不是稀松平常的经历。

　　20 世纪初期至 20 世纪中期，教育体系不断调整，以适应越来越多的女性开始接触教育资源的现实，但社会认可的前提是，教育资源仍需与女性的社会性别角色相协调。在培养出女医生、女律师、女学者、女教师等新女性的同时，教育体系也必须致力于培养出受过教育的好妻子和好母亲。可以这样说，掌控权力的男性家长们尽管同情女性的悲惨遭遇、赞成女性接受教育及支持女性通过自强自立来摆脱童婚、萨蒂、一夫多妻等社会陋习，但同时他们更希望这些女性献身于家庭和家人，而非批判及威胁男性们的绝对性的权威。

　　19 世纪末期，在西方文明与本土传统观念交互碰撞的背景之下，印度女性开始觉醒，她们思索女性所遭受的各种不公正待遇，并对此加以探讨分析。20 世纪初期，公众舆论就女性社会地位、女性生活状况、女性教育及女性自由等议题展开讨论，加之受西方妇女声势浩荡的选举权运动之影响，各种与女性相关的组织随之成立，致使越来越多的女性参与到"自我救赎与解放"的队伍中，轰轰烈烈的印度女性运动随之展开。1917年，印度事务大臣埃德温·蒙塔古（Secretary of State for India Edwin Montagu）到访印度。在接待男性个人和团体，并听取其有关政治议题的意见之时，双方均未谈及女性。于是萨洛吉妮·奈都（Sarojim Naidu，1879—1949）于同年 12 月 15 日带领一个女性代表团觐见了蒙塔古，要求女性在帝国统治下的自治国家中享有"公民"地位。① 至此，女性开始了"政治

---

① "Women in Modern India"；Geraldine Forbes；Cambridge University Press，1996.

权利"之艰难征程，直至 1928 年，这也是女性争取政治赋权的第一阶段。

1928—1937 年，是女性政治赋权运动的第二阶段，主要集中在拓展政治赋权的权利范围以及增加女性在立法机构中的代表席位数量。1921—1930 年间，各省逐步赋予印度女性选举权，然而赋权范围有限。在马德拉斯，妇女占到总选民人数的 8.46%；在孟买，妇女占到总选民人数的 5.03%；在联合省和孟加拉，妇女占到总选民人数的 3%；而在旁遮普，妇女仅占到总选民人数的 2.5%。在中央立法议会中，妇女占选民总数的 4.36%。[1] 1935 年《印度法案》出台，共有 600 万女性被赋予选举权，女选民数量的增加使其对男选民的比例达到了 1∶5。1937 年，一般选区（General Constituencies）共选出 8 名女性代表，预留席位选区（Reserved Constituencies）则选出了 42 名女性代表，其中 6 名女性成为省内阁议会成员。

在此过程中，作为妇女权利申述和意愿表达的机制平台，女性组织做出了重大努力。1927 年，哈比拉斯·萨尔达阁下（Rai Sahib Harbilas Sarda）提出了印度教童婚法案，为平息被殖民地区人民对自己劫持权力的愤懑，英政府把《童婚限制法》交付给由莫罗潘特·维萨瓦纳特·约希爵士（Sir Morophant Visavanath Joshi）担任主席的特别委员会。由其裁定《童婚限制法》是否存在通过的必要性。此时，妇女组织充当了组织者和助手的角色，它们组织各地的分支机构召开会议及相关活动声讨"童婚"，并积极协助约希特别委员会完成问卷调查等。《童婚限制法》后获顺利通过。通过此类活动的参与，印度女性开始了捍卫自身权利的斗争。

与此同时，一定数量的印度女性积极配合男性，与他们一道参与了使印度摆脱外来统治者、争取民族独立解放的运动。1905 年，女性通过抵制洋货、纺纱，只购买印度本土产货物等方式来表达对英国人分割孟加拉省的抗议。甚至用自己的身份和女性角色来掩护一些民族主义革命运动，她们藏匿、输送或设法获取武器弹药、庇护逃亡者、散发传单、帮助革命者传递信件和书籍等。杜嘉·德维·沃赫拉（Durga Devi Vohra）是任职于 1928 年拉合尔女子学院的教师，她最初是因为其丈夫巴格瓦迪·查兰·沃赫拉（Bhagwati Charan Vohra）的关系而与革命组织建立了联系。巴格瓦迪与左派青年运动的领导者

---

[1]　"Number of Women Voters in India," GOI, Public Home Dept., file no. 25/3/1929. Quoted in "Women in Modern India"; Geraldine Forbes; Cambridge University Press, 1996.

巴伽特·辛格（Bhagat Singh）过从甚密，并于 1928 年租住了一处房产用于革命活动，包括制造炸弹等。对此，杜嘉·德维给予积极支持。同年 12 月 18 日，巴伽特·辛格枪击拉合尔一位英国警官后，遭到追捕。杜嘉·德维便利用自己的影响力和女性身份，装扮成巴伽特·辛格的妻子，助其逃往加尔各答。后来巴格瓦迪在一次制造炸弹的试验中不幸去世。伤痛并未让杜嘉·德维就此沉寂，相反她却借用女性、母亲和寡妇的三重身份为掩护，实施了枪击白人夫妇、传递信件等一系列革命行动。1920 年，印度国大党接受了甘地的非暴力不合作方案。1928 年，甘地重返政坛后发起了公民不服从运动。至此女性开始在甘地的非暴力不合作运动及公民不服从运动中发挥积极的作用，她们参与"食盐进军"，她们纠察售卖酒和洋布的商店，她们走上街头销售手织布，她们以非暴力的形式游行示威，她们为民族主义运动募集资金，甚至有的妇女在公民不服从运动中以革命斗争的形式来舍身报国。普里蒂拉塔·瓦德达（Pritilata Waddedar）不仅是吉大港南丹卡兰·阿帕那查兰学校（Nandankanan Aparnacharan School）的校长及任课老师，也是一位民族主义革命者。她受独立斗士苏利亚·森（Surya Sen）的指派带领 8 名男性对吉大港巴哈塔里（Pahartali）欧洲俱乐部（其标识牌上写着"狗与印度人禁止入内"）发动了突袭。革命者进入俱乐部后开始扫射，伤了 4 名男性和 7 名女性，射杀了一名姓苏利文（Sullivan）的年老的欧洲妇女。在警察还击的过程中，普里蒂拉塔·瓦德达不幸受伤。在逃离的过程中，普里蒂拉塔吞咽了毒药，死在距离俱乐部约 100 码的地方，年仅 21 岁。她留下了一份名为《革命万岁》的遗嘱：

> 我想知道为什么在为国家的自由事业奋斗的过程中，男性和女性应有差别？如果我们的兄弟能够为祖国的事业而战，为什么姐妹们不能？妇女保卫家园的例子并不鲜见，神圣记忆中的拉吉普特女子在战场骁勇作战，毫不犹豫地杀死自己国家的敌人。史册中对这些卓越女性那具有历史意义的壮举充满着高度评价。那么为什么我们现代印度妇女就应该被剥夺加入这场把我们的祖国从外国权势中拯救出来的高尚战斗中去的权利？如果姐妹们与兄弟们在非暴力不合作运动中能够并肩站在一起，为什么在革命运动中她们不能被赋予此种权利？[①]

---

① Women Revolutionaries of Bengal: 1905 – 1939, Tirtha Mandal, Minerva Associates, 1991.

在这种极力排斥外国统治权力的背景下，以甘地和贾瓦哈拉尔·尼赫鲁（Jawaharlal Nehru）为代表的民族主义运动的领导人在对待印度女性的态度上没有太大分歧，他们虽然都支持妇女参与公共生活来发挥其女性特有的作用及能力，也相信女性身体中积聚着未开发的巨大力量，但却赞成女性在自我权利的追逐过程中，需要效仿的对象是那些传统定义上屈从于男性的完美女性，女性自身的意愿、自我解放、政治经济权利以及积聚的潜能必须统统让位于和服务于民族主义日程，同时反对女性通过与英国政府合作来获取妇女权利及女性地位改善的做法。1930 年 11 月，第一次关于讨论印度迈向自治领地位的圆桌会议在伦敦召开。妇女组织因印度国大党抵制该次会议而未参会。1931 年 3 月，国大党同意参加第二轮圆桌会议，妇女组织亦同意参会。因此，杰拉尔丁·福布斯曾这样表示，"女性领导人想要动员那些不谙世故的姐妹们开展政治活动，但她们知道没有丈夫和父亲的同意，这种动员是不可能实现的。因此，权宜之计就是专注于民族主义问题，并在演讲中忽略女性主义问题"。[①]

与此同时，英殖民政府虽然赞成印度社会改革，但认为如果干涉过多，特别是干涉关乎社会和宗教习俗的事件可能影响到英政府在印度的执政。因此有传教士请求英政府立法阻止荒诞的萨蒂习俗时，英政府的官员表示：这不关政府的事。如果进行干涉，极有可能影响到英政府在当地的执政事宜。也因此，英政府在对待女性自由及权利问题上，其态度与做法让人难以苟同。鲁赫马拜案便是最强有力的证据。案件的当事人写信给潘迪塔·拉马拜说："想想这种审判结果，他们不仅命令我去与这个男人同住，还迫使我支付审议的费用。难道我们不是生活在夸口给予所有人平等权利的英政府统治之下吗？……铁石心肠的婆婆们会诱导她们的儿子把儿媳告上法庭……，因为她们现在十分确定英国政府在任何情况下都不会与印度法律为敌。"对此，潘迪塔·拉马拜写道："政府提倡教育和解放，但是当一位妇女拒绝'成为奴隶'时，政府'却伤害了她的心灵，允许政府法律成为铆接束缚其链条的器具'。让我们惊奇的是一个像鲁赫马拜这样毫无防备的妇女，在面对强有力的印度法律、强大的英国政府、1.29 亿男性、3.3 亿印度教神时，敢于提高声音；所有的这些势力共谋把她粉碎成虚无。我们不能因为英国政府不保护无助的妇女而谴责它；它仅是履

---

① Women in Modern India; Geraldine Forbes; Cambridge University press, 1996.

行它与印度男性们达成的协议而已。"①

印度社会的男权至上及男性在社会政治、经济、文化等各领域的绝对控制权及排他性必然导致女性地位低于男性，女性只能在家庭和社会中扮演从属性角色和辅助性角色。随着印度妇女运动的发展，参与这些运动的女性个人及团体向印度男性传统优势地位发出了挑战，也向不能正确平衡女性权利需求与现实情境的殖民统治者发出了拷问。女性在公众场合发表自己的观点，与其他种姓宗教集团的女性接触，独立地参与及组织公众活动，以及思考和处理女性所面对的问题，这些都促成了外界对女性角色观念以及女性对自身角色观念的转变，女性角色从固守家庭向频繁参与公众生活，从传统向现代，从消极向积极发生着转变。普若米拉·卡普尔（Promilla Kapur）在谈及印度变革时这样说，"变革进程的主要结果就是使女性脱离了传统的社会风气。女性得以进入支付报酬的行业"。

第二节　印度教圣典中的女性形象

宗教意识早已渗入远古初民的思维形式与意识形态中，成为其感知世界的重要认知因素。英国著名宗教学者麦克斯·穆勒在其《宗教的起源与发展》一书中写道："宗教不是新发明，它即使不是和人世一样古老。我们所知的古人的思想感情，几乎都处于宗教的领域之中，或者完全被宗教控制了。无论什么地方，最古老的文献几乎都是宗教的。"② 因此印度教圣典不仅是印度人民日常社会生活方式的直接反映，更是印度宗教意识的体现，其服务于男权社会及其统治阶级。在印度教圣典中描绘的女主人公通常具有英勇无畏的品质，坚强及不屈不挠的意志，对丈夫有着忠贞且无私奉献的精神。而她们对印度女性具有潜移默化的影响作用，成为现实生活中女性争先效仿的对象。帕德米尼·森古普塔（Padmini Sengupta）曾说过，"印度女性的生活、行为、信仰、习惯、风俗和传统构筑在印度女神传说之上。因此即使是在现代印度社会，妇女依然遵循着传统的生活模式"。

---

① The White Women's Other Burder—Western Women and South Asia During British Colonial Rule; Kumari Jayawardena; Routledge, 1995.

② 《印度教与印度文学关系研究》，http://wenku.baidu.com/view/ea6fd0eaaeaad1f346933 fc5.html。

在史诗《罗摩衍那》中，女主人公悉多（Sita）对丈夫的忠贞和贞洁借由大火得以证明。罗摩是甘蔗王族的后裔，英武坚定、通达事理、虔诚大度，是阿逾陀十车王的大儿子。罗摩受邀参加遮那竭国王女儿悉多的选婿大会，因成功拉断神弓，而得到悉多的青睐，两人成婚。因十车王之前对皇后吉吉迦伊（Kaikayi，婆罗多之母，出生于吉迦夜族）有过承诺，因此不得不答应她的恳请，将罗摩放逐出阿逾陀，14 年不允许回来。悉多追随丈夫一起流放，二人与罗摩的兄弟罗什曼一起隐居森林。魔王罗波那的妹妹倾心于罗摩，因不能遂愿，故向兄长哭诉。罗波那放出金鹿，引诱罗摩和罗什曼追逐，趁机用飞车劫走悉多。之后罗摩经历重重险阻，最终解救悉多，二人团聚。但因听到众多关于悉多不贞的传言后，罗摩让悉多接受火的验证。悉多走出了熊熊的火焰而未受伤，其贞洁不容置疑。但当悉多再一次被要求证明其对丈夫的忠诚时，悲痛欲绝的悉多无奈请大地母亲收容自己，而后选择跳入了大地母亲的怀抱。无论悉多受到怎样不公正的待遇以及丈夫如何的心存疑虑和无知，她都未反抗其丈夫的荒诞决定，其默默顺从和忍受的形象已经深植于印度教女性的心中。

《摩诃婆罗多》（Mahabharata）是印度另一部伟大的史诗，女主人公黑公主德劳巴底（Draupadi）尽管经受了男性的羞辱和踢打，却保持了自己的贞洁和清白，且严拒外界诱惑，一直保持着对丈夫的绝对忠诚。福身王因违背誓约遭恒河女神离弃，之后续娶了一名渔家女，二人的儿子奇武生下持国（Dhritarashtra）和般度（Pandu）两子。而持国和般度二人又分别有以难敌（Duryodhana）为首的100 个儿子和以坚战（Yudhishthira）为首的5 个儿子。持国百子和般度五子从小就有矛盾，长大后更是为争夺王位征战不休。之后般度五子参加了德劳巴底的选婿大会，并赢得了比赛。德劳巴底（Draupadi）成为般度五子（five Pandava brothers）的妻子。为了维护自己的权力，难敌引诱坚战玩掷骰子游戏。在游戏中，坚战输掉了财富、王国、他的四位兄弟以及自己。最后德劳巴底亦被用作赌注输掉了。当坚战命令自己的一个兄弟脱去德劳巴底的衣服时，德劳巴底祈求克利须那神（god Krishna）保护自己，克利须那神响应了她的祈求，出面干预了。之后在德劳巴底与般度五子流放森林期间，难敌妹妹的丈夫请求德劳巴底离开她那时运不济的丈夫，德劳巴底更是义正词严地拒绝了。德劳巴底曾这样说过，

丈夫是妻子的神；只有丈夫才能让妻子繁衍子嗣，尽享奢华和舒

适，才能在当世和天堂获取名望。妻子服侍丈夫，为丈夫的康乐举行缚罗多（Vratas）祭祀仪式。在丈夫外出之时，妻子不再装扮自己。

多数学者推测印度女性的"黄金时期"为公元前400年至公元7世纪间，之后女性地位急剧衰落，对此学者们的解释层出不穷，归纳起来不外乎以下几点：战争和外族入侵；穆斯林的统治；种姓制度的形成；对印度教典籍原有教义的曲解。如《摩奴法典》作为印度教的法律权威，是规范印度社会伦理道德的法律条文，其重要性不言而喻。它规定了各种姓人群所应遵循的礼仪、习俗、道德、法律等，意在维护高种姓集团的权力及利益，并成为人民日常行为之准则。而《摩奴法典》在其叙述中剥夺了女性的绝大部分权益，无疑对印度社会对女性的态度以及女性的自身行为规范产生强制性的导向和约束作用。这对印度女性的地位是致命一击，此后印度女性便被束缚在"男人制定规则"的社会体系下，成了男人的附属品。[①]

《摩奴法典》的撰写历经了几个世纪，普遍认为写于公元前200年至公元200年间，为多名婆罗门所撰写。在《摩奴法典》[②] 第一卷"创造"篇中，摩奴回答众大仙关于"原始种姓和杂种种姓"的询问时表示，"无上主将自体一分为二，一半化为男，一半化为女，和女性部分结合而生原人毗罗止。高贵的婆罗门啊，你们要知道，原人毗罗止从事苦行，从自体产生的就是我，即万有的创造者，摩奴"。从这一点来看，《摩奴法典》的制定者把摩奴认为是万有的创造者、人类之始祖，因而其所述之内容便具有了无上的权威性。

《摩奴法典》早期曾对女性表示认可，它这样说，"妇女到处受人尊敬，则诸神欢悦。但是，如果她们不被尊重，则一切敬神事宜都属枉然；凡妇女生活在愁苦中的家庭，不久就趋于衰灭，但她们未遭不幸的家庭则日渐昌盛且诸事顺遂；未给予家中妇女应有的尊重，而被她们所诅咒的家庭，有如为魔术祭所消灭一样，全部毁灭；因而欲得财富者，应尊重其家庭中的妇女，每逢佳节和大祭，要给予她们装饰品、衣服和精致的食品；夫妇相得的每一个家庭中，永久幸福不渝；……"

---

① Charles H. Heimsath, Indian Nationalism and Hindu Social Reform (Princeton, N. J., Princeton University Press, 1964), pp. 114 - 115. Quoted in "Women in Modern India"; Geraldine Forbes; Cambridge University Press, 1996.

② ［法］迭朗善译：《摩奴法典》，马香雪转译，商务印书馆1996年版。

之后，为了巩固男性的统治权力及绝对权威，《摩奴法典》改变了原有的撰写基调，他们不再维持女性的美好角色及受尊重的地位。其笔下女性成了让男性道德败坏的诱因。

在人世间，诱使男子堕落是妇女的天性，因而贤者决不可听任妇女诱惑。因为在人世间，妇女不但可以使愚者，而且也可以使贤者背离正道，使之成为爱情和肉欲的俘虏。

这种女性天性中就存在的不道德因素论，为制定严格的束缚女性自由的社会礼教定下了合理的基调，女性尊严完全丧失。《摩奴法典》教义：

女性是弱小的，必须完全依附于男性，以获得男性的保护，因为她们更容易成为"邪恶"的猎物；一个忠诚的妻子想要和丈夫一同升天，不论生与死，永远不能违背其丈夫；小姑娘、青年妇女、老年妇女，虽在自己家内，也不能根据自己的喜好做任何事；期望得到和丈夫一样幸福居处的有德妇女，无论生前和死后，都不应该做任何足以使他不愉快的事情。妇女可随意以清净的花、根、果为生而消瘦其身体；但在丧偶后，其他男子的名字提都不要提。丈夫死后完全坚守贞节的有德妇女，虽无子，却和这些戒色的男子一样，径往天界。

修编后的《摩诃婆罗多》还这样说：

女人在与男人行乐之时，欺骗了他们；一旦进入女人手中，男人很难再得自由……她们说真的，其实是假的；没有再比女人更加邪恶的东西了；女人是燃烧的火焰；女人集锋利的刀刃、毒药、毒蛇、火焰之特性于一体。①

又如印度有教理问答和谚语这样说：

---

① Mahabharata, XIII 39. 40. Quoted in The Story of Women of India, Padmini Sengupta, Indian Book Company New Delhi, 1974.

问题：什么是邪恶的？答案：毒蛇之心。

问题：比毒蛇之心更邪恶的是什么？答案：女人之心。

问题：什么是最邪恶的？答案：无子、贫穷的寡妇之心。

问题：什么是通往地狱的门户？答案：女人。

问题：什么如同酒一样会施魔法？答案：女人。

问题：聪明人中的智者是谁？答案：未被堪与恶魔相比的女人所欺骗过的人。

问题：束缚住男人的是什么？答案：女人。

问题：看上去像甘露一样的毒药是什么？答案：女人。

谚语："永远不要相信女人"

谚语："女人的忠告通向毁灭"。

谚语："女人是猜疑的漩涡，女人是恶习的居所，女人满身都是欺骗，女人是天堂之路的阻碍，女人是地狱之门。"①

《奥义书》是印度古代哲学典籍，现存数量约有 200 多种，最古老的只有十几种。最早奥义书的成书时间约为公元前 7 世纪至公元前 3 世纪间，最晚奥义书的成书时间甚至可追溯至公元 16 世纪前后。《奥义书》所蕴含的哲学思想和观点深邃且丰富，在世界上都备受赞誉。德国哲学家亚瑟·叔本华（Authur Schopenhauer）曾这样评价《奥义书》："这可能是世界上最有益的，最令人崇敬的读物；它们慰藉了我的生活，甚至也将告慰我的离世。"麦克斯·穆勒（Max Muller）宣称"《奥义书》激起了我对梵文作品的热爱"。印度近代哲学家辨喜（Vivekananda）在谈及民主主义运动与《奥义书》的关系时说，"《奥义书》所揭示的真理在你们面前。把它们拾起来，信守它们，那么印度将被救赎"。②《奥义书》主要围绕婆罗门男性展开，少有涉及女性的篇幅。如

① The High Caste Hindu Woman; Pandita Ramabai Sarasvati; Philadelphia: J. B. Rodgers Printing Co., 1887.

② The Character of the Self in Ancient India Priest, Kings, and Women in the Early Upanisads; Brian Black; SUNY Series in Hindu Studies Wendy Doniger, editor; State University of New York Press, Albany (2007)。

若谈及女性，其所扮演的也是附属和屈从的角色。在《歌者奥义书》①的第一篇第十章，记述了这样一件事和一段对话：在俱卢之境，有一次遇到冰雹之灾。村里的一个穷人向村里正在吃豆的富人乞讨豆子。穷人吃完后，将剩下的带给妻子。妻子已经讨要到许多吃的东西了，但她却要了丈夫带回的豆子，而把别的讨要到的东西扔到一边。次日穷人起床时说："我们能讨到吃的，……说不定他会找我担任主持祭司呢。"他的妻子说："我的主人，你先吃豆子吧！"在这段简短的对话中，我们轻松地发现一些男女主人公的动作与使用的词汇可以较好地表达女性的屈从性角色，"妻子吃丈夫吃剩下带回的豆子""妻子唤丈夫为'我的主人'"等，换句话说，女性的语言、行动和思想皆以丈夫的意志为转移，她们对自身和周遭事物的评价也以丈夫的价值观为基准。

在《大林间奥义书》（*Brhadaranyaka Upanishad*）中，"我"作为原始男性从自己的身体内创造出了一个女人，让她作为"我"的妻子和同伴。在此，女性很明显地来自男性的身体，女性被创造出来的目的是消解男性的孤独和寂寞，换句话说，女性既来自男性，又是为男性而创造。女性的附属地位以及男性作为造物主的优越性彰显无遗。《大林间奥义书》在阐述女子生产后的仪式时，做了这样的描述：父亲来到新出生的儿子旁边，对着儿子的右耳说三遍，"说话，说话，说话"。然后喂给孩子吃点酸奶、蜂蜜和酥油。之后把孩子递给母亲，让母亲给孩子喂母乳。②从这里来看，在宗教仪式上，新生儿要首先接受父亲的言语教导和喂食，才能接受母亲的喂养。仪式中的男女秩序很明显地表现出了父亲在家庭中的优势地位及男女地位的差异。另外《大林间奥义书》在讲述一种男性希望与女性发生性关系的仪式时，"如果女性不同意男性的请求，男性应该首先贿赂女性；如果女性仍然不同意男性的要求，则男性可用棍子或拳头制服女性"。在这儿，女性的意愿没有受到尊重，其在男性财物及暴力下显得苍白无力；女性丧失话语权，只能被迫屈服于男性的无理要求。换句话说，父权文化及其制度的存在，必然要求女性屈从于男性，并限制女性

---

① Translated from Robert Ernest Hume, the thirteen Principal Upanishads, Geoffrey Cumberlege, Oxford University Press（1951）.

② The Character of the Self in Ancient India Priest, Kings, and Women in the Early Upanisads; Brian Black; SUNY Series in Hindu Studies Wendy Doniger, editor; State University of New York Press, Albany（2007）.

生存发展之空间。

第三节　"困在墙壁中"的印度女性

　　虽然印度女性曾有过"黄金时期"，其间女性拥有一定的社会地位和家庭地位。然而纵观印度妇女史，她们在19世纪前的大部分时间都处在黑暗之中：她们因无权接受教育而丧失了自己的话语权；她们无权享受男性所享有的权利和自由。现实中的她们扮演着服侍丈夫及生养孩子的角色，处于从属及受贬抑的地位。她们是一群活在男人意志中、仰仗男人来编织自身喜怒哀乐的群体。父权制和宗教社会对她们的压迫，让她们过着令人窒息的、如同被"困在墙壁中"的生活。福勒夫人（Mrs. Marcus B. Fuller）曾描述过这样一个场景，一个家庭欢迎学成归来的儿子。首次聚餐不是长久分别的孩子与父母共进，而是等到家庭男性成员吃完后，母亲与家里的其他女性才能进食。由这一个细小情节，让我们明白19世纪前的女性受父权社会迫害及思想束缚之深，即使是作为长者的母亲，其身份也低于自己的儿子。

　　直到19世纪，展现印度女性生产及生活状况的历史记录才开始出现，其原因是人为的。根据《摩奴法典》的教义，"妇女少年时应该从父；青年时从夫；夫死从子；……妇女始终不应该随意自主"。在这里，父、夫、子三者已经成为女性生活的主宰，但凡其中任何一者丢下女性，则女性将丧失依附主体，其悲惨生活难以尽数。而印度一直流传着这样一种说法，"女性如若认字读书，则必经受寡妇之命运"，因此忧惧因自己获取知识而丧失其婚后依附主体的她们，断然不会冒险接受任何受教育的机会，而使自己处于无所依、无所养的境地，从而使其丧失话语权成为必然。而让女性远离教育资源又是父权权利维护及男性掌控话语权的有力保障，故男性乐于维持女性蒙昧无知的状态。因此19世纪以来关于女性的历史记录才显得弥足珍贵。它们向我们描述了童婚、强制性寡居、深闺制、一夫多妻、萨蒂、神妓等女性所遭遇的各种问题，成为我们了解19世纪前女性形象及其生活的重要来源。

一　童婚

　　童婚是指女童在青春期前或接近青春期前就嫁为人妇的婚姻习俗。根

据《摩奴法典》，女子的结婚年龄应该是男性的 1/3 左右，即如果男性是
30 岁，则女子的年龄应该在 12 岁；如果男性是 24 岁，则女子的年龄应
该在 8 岁；如果男性是 20 岁，则女子的年龄应该在 7 岁左右，甚至更小。
特别是对高种姓女孩来说，最大的结婚年龄被限定在 12 岁。因此大部分
女性在 15 岁前就已经成为妻子、母亲或寡妇。曾在潘迪塔·拉马拜创建
的寡妇学校就读的一位寡妇学生这样描述自己的经历：

> 我的父母明知我要守寡，却仍然让我嫁人。我的父亲在我两岁零
> 六个月的时候就让我嫁给了一个小男孩，他在 6 个月后就死掉了。我
> 因此成为了一个不讨父亲喜欢的寡妇，……父亲希望我剃头，……父
> 亲死后，我自由了。

据 1881 年和 1891 年的人口普查数据显示，年龄 9 岁以下的寡妇数量
在 1881 年约有 7.9 万名，10—14 岁间的寡妇约有 20.7 万名，15—19 岁
间的寡妇约 38.3 万名；而 1891 年的寡妇数量则达到了 2300 万名，占当
年印度总人口数的 8%。透过这些数据发现，童婚已经成为阻碍女性发展
的桎梏之一。

童婚作为一种社会风俗，有着深厚的宗教基础，受到印度教正统家
庭、宗教人士及宗教集团的维护。即使一个受过西方教育的男性，理想中
希望迎娶一位与自己年龄相仿或年龄差距不大的寡居女性或低种姓女性，
但现实中却依然得遵循父母称为"传统但般配"的结婚模式。因为任何
一点离经叛道的行为都有可能在其所处的种姓集团内部因流言蜚语引发轩
然大波，甚至还会遭遇开除教籍的危险，男性方的姐妹即使有了好姻缘，
也可能会因为兄长或兄弟"不负责任或冲动"的行为而告吹。童婚所维
系的不单是个体的权利，它已经与宗教、大家庭、种姓等诸多问题联系在
了一起。所以即使有个别人不顾一切地希望实现自我的权利，但最后也不
得不背井离乡或者面临死亡的抉择等。在诸多痛苦案例的教训下，人们通
常遵循旧有的习俗或规定。

一个女人一旦出嫁，就意味着与原来的家庭脱离了关系。有一首女性
吟唱的民间歌谣很好地表述了女性婚嫁后与其生养家庭之间关系的疏离：

> 噢父亲，你曾总是那样说，

我的兄弟和我都是一样，

噢父亲，但今天你出卖了我……

在我被放逐之时，

我的轿子（Doli）离开了你的房屋，噢父亲，

我的轿子离开了你的家。

这些嫁妆珠宝不是珠宝，

只是缠绕我脖子的物事，噢父亲。

我的轿子离开了……①

特别是在孩童时代就结婚的女孩，来到了一个环境迥异的家庭中生活，她们失去了亲生父母的照顾和包容，完全臣服于丈夫与公婆以及社会规定的"完美妻子"的标准，每天忙活着清扫、整理房间、煮饭、侍奉夫家之人进餐、喂养牲畜、清洗餐具等家庭事务，即使她们在夫家遭受了百般委屈，也难以再从生养家庭中寻求慰藉。福勒夫人讲述了这样一个关于童婚题材的故事。一个印度女性在自己才9个月大的时候就被嫁给了一个6岁的男童。之后两人如同玩伴一起长大。当女孩成年后，丈夫的父亲对她开展了不适宜的追求，女子对此极为厌恶，直接拒绝了公公。这种行为惹怒了公公，也使公公成了该女子的敌人，他设法使丈夫的心背叛了女子。男人女人之间青梅竹马的喜欢最后成为一方的憎恶。丈夫残酷地对待自己的妻子，用柴薪或任何拿在手中的东西抽打女人。一次，女子的生母难以忍受自己女儿所遭受的毒打，便把女子带走，但不久又忏悔，然后再一次把女儿递交给她的丈夫，并说："当她出嫁之时，对于我来说，她就已经死掉了；让我们看看接下来发生什么吧。"幸运的是，一位远方亲戚担心女子被其丈夫打死，把女子带离了那个家庭。她善良的朋友们提供她栖身之所，从此她再也没有回到那个充满暴力的家庭，过着独居的生活。

女人如果试图逃离宿命安排的婚姻，则必须承受独居或"不名誉"的羞辱。一个女子如果到了12岁还未结婚，则与其有关的人都会受到外界的羞辱和嘲弄。一个男子则可以在5岁后的任何年纪结婚，却不会因此

---

① A field of one's own: Gender and land rights in South Asia; Bina Agarwal; Press Syndicate of the University of Cambridge, The Pitt Building, Trumpington Street, Cambridge CB2 1RP, 40 West 20th Street, New York, NY 10011-4211, USA, 10 Stamford Road, Oakleigh, Melbourne 3166, Australia; First published 1994.

受到外界的排斥和迫害。鲁赫马拜（Rakhmabai）属于木匠种姓，她在 11 岁时嫁给了与其继父有关系的一位名为达达吉（Dadaji）的男性。达达吉曾在岳父家中居住过一段时间，并在那接受教育。之后因为某些个人原因，达达吉从岳父家搬出后住到自己的叔叔家。在这段时间内，两人之间未有夫妻关系。鲁赫马拜婚后仍居住在父亲家中继续学习，之后通过了大学入学考试。在鲁赫马拜的父亲死后，达达吉即上诉法庭，要求鲁赫马拜与自己同住。鲁赫马拜写信给法院表示不愿与达达吉同住。达达吉便向法院提出恢复夫妻同居权的请求。鲁赫马拜胜诉，但是当达达吉再上诉后，法院即命令鲁赫马拜要么与其丈夫一起生活，要么进监狱。最后作为妥协，鲁赫马拜不仅需要支付相关的司法费用，还要支付给丈夫 2000 卢比，使其用之迎娶新妇。而鲁赫马拜在外人看来，已经是一个结过婚的女性，而且仍然是达达吉的妻子，难以再次嫁人。由此可以看出，男人可以抛弃女人，但是当女人对自己所承受的不合理境遇提出抗诉时，则必须付出名誉的代价，甚至还要对男性做出金钱或物质上的赔偿。

即使是高种姓家庭，童婚这种现象也较为普遍，因为社会上流行着"让女儿早早出嫁，那是父母的功德；女童越早出嫁，则其父母将在天堂中获取更加丰厚的报酬"的看法。因此，高种姓女性的地位因更多束缚性的规定而受到贬抑，其女性角色甚至成为家庭"帮工"，需要照顾家庭的各种所需。一旦女性丧失了依附主体，可怜悲惨的境遇将缠缚她一生。一位印度女性在 10 岁时，嫁入了一个婆罗门家庭。丈夫是一位 16 岁的青年，公公则是一位婆罗门祭司。女孩的长相不讨丈夫喜欢，每当女孩走近服侍丈夫进食时，丈夫总是用手狠狠地敲打女子的头顶。虽然女子才 10 岁，但是男方家的人却希望她承担家中所有的活计，打水、做家务、清洗碟盘、清扫房屋及牛厩、挤奶、洗衣等，但不论做什么，丈夫的一位姑母总是挑刺。男方家的亲戚甚至说，女孩为恶灵所附，会给家中带来厄运。于是女子的境遇因为恶意的诽谤而变得更为悲惨。尽管公公是位祭司，但却没有表现出一位道德高尚之人所应表现出的德行。女子被公公吊在屋檐角，他们对其进行肆无忌惮的抽打和辱骂。有时为了防止女孩挣脱，甚至在地下摆满了尖尖的树枝。有时女子也会被公公拴住脚踝，倒吊起来，然后在女子头部垂落的地方，放上一盆炭火，不时地在炭火上撒上辣椒，刺鼻呛人的味道几乎让女子窒息。在女子 14 岁时，丈夫去世。然后，女子便过起了寡居生活，她的头发被剪掉，鲜亮的衣服和首饰被拿走，一天只能进食一顿饭。①

七八岁大的女童嫁给一个 60 岁左右的老头、在母亲膝上玩耍的婴幼童嫁给一个已经成年的男性等童婚例子并不鲜见，因此有众多针砭时弊的文章对童婚进行了抨击，认为它是社会上一种罪恶的风俗，是国家所遭受的最严重的诅咒，它不仅剥夺了女性享受教育资源的机会，同时也是导致妇女遭受肢体和性暴力、辱骂、死亡（要么在生产时死去，要么被迫殉死，要么因家暴或性暴力致死）或守寡的罪魁祸首之一。如果童婚问题不加以解决，印度整个民族将面临退化和腐朽。潘迪塔·拉马拜（Pandita Ramabai）曾讲述过这样一个她亲眼见证的事件：在她 9 岁时，父亲家附近有这样一个家庭，其成员构成是 30 岁的丈夫、16 岁的妻子和上了年岁的婆婆。在拉马拜的眼中，这位婆婆就像一个巫婆，总是随意责打、辱骂自己的儿媳。一天，一只猴子偷走了儿媳纺好的纱。为此，婆婆不断责骂儿媳，甚至念叨着让儿子扇打儿媳。拉马拜后来说，"亲眼目击了这一切，她尖锐的哭号声撞击着我的心脏，30 年过去了，我似乎还可听见那哭声"。②

二 寡居

强制性寡居指的是利用强制措施或约束性条款或语言、行为、道德标准等，迫使丧偶妇人寡居或促使丧偶妇人选择寡居。有一位印度改革家曾经表示，丑陋的头发、阴郁的服饰和疲倦的外表让寡妇看起来是属于男女两性之外的存在，是动物世界另类的存在。一位从儿童时期就开始守寡的寡妇这样哀号自己的命运：

哦，世界之父，难道不是你创造的我们吗？或者，是其他的神创造了我们？难道你只关心男人？都不想想我们女人？为什么你要把我们创造成男人和女人？受压迫者的哭声响彻世界，为何你都不看看受害者，就关闭了你的正义之门？……哦，天啊，救救我们吧，……，慈爱天父，我们对你的祈求是把诅咒从印度女性身上移

---

① The Wrongs of Indian Womenhood; Mrs. Marcus B. Fuller; Fleming H. Revell Company (1900).

② Ibid..

除。……慈爱天父的救赎下，我们可以品尝到生活的欢愉。①

在 19 世纪改革前，丧偶的妇人面临着两种境遇，要么选择登上火葬用的柴堆，与丈夫的尸体一起焚化，即所谓的萨蒂，要么选择寡居。女性如若选择萨蒂，则意味着其道德高尚，被尊崇为贞节烈女，受人顶礼膜拜。死后可以与丈夫共同生活 3500 万年之久。因此有的女性或自愿或被迫选择了殉死之路，她们要么是为了守节，要么是为了死后可以与丈夫同赴天界，要么是为了逃离现实社会对寡居妇女的迫害，但也有女性是被绑缚着登上了火葬的柴堆。如若女子选择寡居，则意味着女性放弃了通往天国的有效路径，身上的不洁再难根除。她们通常被认为是导致丈夫离世的直接原因，继而成为死去丈夫亲戚、婆母和朋友的情感宣泄口。她们必须忍受寡居所带来的种种非难与不名誉，所经受的生活将更加困苦和艰辛。她们没有亮丽的饰物，必须穿上粗糙及素色的布料过着节制性的生活，她们维持简单的饮食习惯，远离家庭的宗教节庆聚会，不能再在前额妆点喜庆吉祥的发际红。女性的生活欲望以及生理欲望被全然压制。包德哈亚那（Baudhayana）这样记述，"寡妇在祭奠亡夫的第一年中，不能享用蜂蜜、肉、盐等，同时必须睡在地上"。② 人们通常用一些"光头或削发之人"等侮辱性的词语来称呼寡妇，因为只有削发，其丈夫才不会被绑缚着进入地狱，也只有削发，才可减少女性勾引其他男性的机会，保持寡妇的忠贞和纯洁，而仍然留有头发的寡妇将被视为无耻及不名誉之人，她可能令其家族和死去的丈夫蒙羞。在印度的德干（Deccan）地区，高种姓寡妇被要求每两个星期理一次头发，而该地区一些低种姓集团亦模仿高种姓集团寡妇削发的风俗，在其集团内部的寡妇之间实行这种削发制度。呈特萨尔拉奥（Chentsalrao）曾经这样说："自己迷惑于这是怎样一个非人道和残酷的体制。男人们惧怕杀死一只蚂蚁，切开一个鸡蛋。相反却如此残酷的对待一个寡居的妇人。"③

---

① The High Caste Hindu Woman；Pandita Ramabai Sarasvati；Philadelphia：J. B. Rodgers Printing Co. ，1887.

② Baudhayana，II - 2 - 4 - 7；Quoted in "Status of Women in Ancient India"；Prof. Indra，M. A. ；Motilal Banarasidass Oriental Publishers and Booksellers；Second Revised Edition. P108.

③ The Wrongs of Indian Womenhood；Mrs. Marcus B. Fuller；Fleming H. Revell Company（1900）.

寡妇通常被视为所有生物中最不吉祥的生物，如若外出游历之人开始行程之时，见到寡妇穿过其欲行之路，则一定会推迟行程时间；如若起床后第一眼见到的是寡妇，则一天都被认为不吉利。苏巴拉克希米写道："我记得那些富裕家庭里的正统老人们如何希望新郎的娶亲队伍要么在早上9点前、要么在早上10点后出行。那样将不会碰到那些上学路上的寡妇们。"①

潘迪塔·拉马拜说："寡居是对女子前世所犯罪恶的惩罚；其罪恶指的是前世对丈夫不忠、违抗丈夫或杀害了丈夫。若寡妇有儿子，其罪恶可因自己是高贵之人之母而有所缓解。"② 若寡妇生下的是女儿，或者寡妇无子女，则所处社会集团不仅侮辱责难寡妇，且死去的丈夫也被称为不能进入天堂之人。在这种情况下，社会风俗、宗教信仰及宗教教义对人们思想的束缚已经远远超越了生身父母之爱，父母也担心出嫁之女守寡后，会做出什么不名誉的举动，令自己及其家族蒙羞。福勒夫人曾说过这样一件事：一个守寡的女孩为邻居家热闹的节庆仪式所吸引，便蹦跳着想要去凑热闹，但却被人用力拉开。她哭喊起来，但迎来的不是父母的安慰，而是父母的拳脚及咒骂，"你前世犯了重罪，今生才守寡。与其让你前去伤害别人，不如把你的羞耻藏在墙角里"。

极少有人同情寡居女性的遭遇，他们将那一日一餐的简餐、简朴的生活方式、邪恶的代名词、不被允许参与宗教仪式等都视为理所当然。在这种境遇下，孩童时即成为寡妇的女性，一生再无期盼；而有部分寡妇妄图逃离现实环境，寻找新的庇护所。然而邪恶不祥的身份让她们很难找到一份可以维持日常生活开支的工作，因此在饥饿和死亡面前，她们中的很大一部分选择了通过充当交际花和提供性服务等不名誉的方式活着；有部分寡妇希望通过修道寻求精神上的寄托以期死后进入天堂，然而她们通常会被宗教人士所欺骗，被要求服侍"修道者、苦行僧或祭司"，从而被迫变成这些男性的玩偶；还有的年轻寡妇则直接成为男人们的"猎食"对象，要么成为这些男人的情妇，要么被这些男人带走卖到妓院，要么被圈养起来，成为这些男人权钱交易的牺牲品。对被追逐的她们来说，其命运不外

---

① By Sister Subbalakshmi, n. d. enclosed in a letter from R. Tagore, Eur. Mss. , B 1 83, IOOLC. Quoted in "Women in Modern India"; Geraldine Forbes; Cambridge University Press, 1996.

② The Wrongs of Indian Womenhood; Mrs. Marcus B. Fuller; Fleming H. Revell Company (1900).

乎——或者悲哀地屈服于"猎捕者";或者在美人迟暮或丧失利用价值后,被驱逐离开依附寄居的人或场所,成为上街乞讨的乞讨者;有的运气好点,可能因为生养子女而在家中获得一席之地。有一部印度电影《水》,暗示了年轻女性成为"猎物"之后的宿命。在一个村中的寡妇屋中住着各个年龄阶段的寡妇,小的是不知世事的孩童,老的则是即将走完人生旅程的年老妇女。其中的主人公是一个年轻貌美的女子,她与富有的男主人公相爱了。当她积聚起所有的勇气打算和男主人公离开寡妇屋时,才发现一直以来对她进行身心摧残的人是男主人公的父亲。没有别的出路,她只好选择结束自己的生命。

强制性寡居的实施对象主要是高种姓集团的女性,因为她们是印度教最忠实的信奉者,因而更易为宗教圣典的条款和社会习俗所束缚。许多婆罗门寡妇可以找到工作,到人家去帮厨或者帮佣。但是如果寡妇再婚的话,她们将被视为不守妇道和不守贞洁,难以再就业。对此,男性甚至不惜借用宗教法典来欺骗恐吓她们。《摩奴法典》这样说:"……对于一个有德的妇女,本法典中,任何地方都没有规定嫁二夫的权利。……妇女由父亲,或经父亲同意由弟兄赐给某人,应该在他生时敬谨伺候他,在他死后,不应该行为不贞或疏于对他应有的祭供而有愧于他。不忠于丈夫的妇女生前受诟辱,死后投生在豺狼腹内,或为象皮病和肺痨所苦。……在思想、言论和人格上如此持守高尚的妇女,今世取得崇高的声誉,死后得与丈夫同处。"反之,不背叛丈夫,思想、言论和身体纯洁的妇女,和丈夫同升天界,被善人称为节妇。与此同时,男性却不会因为再婚遭受种姓宗教集团的质疑和批评,《摩奴法典》说,"知法的再生族,看到遵守这些规定的和自己同种姓的妻子先死时,应该用祭火和祭具焚烧她。如此用祭火完成先妻葬仪后,他可再结婚,重燃婚礼之火"。

迎娶寡妇的男性主要来自未接受教育团体或较低种姓集团,鲜有良好身世背景的男性迎娶寡妇。如果一个不允许寡妇再婚的种姓集团中的男性迎娶了一位寡妇,他将面临孤立、辱骂,或被种姓集团驱逐等种种考验,鲜有人能够抵御住这种外界的压力,通常得不屈服于社会现实和宗教风俗。潘迪塔·拉马拜说过:"我曾见过富有学识以及享有良好声誉的男性立誓自己如若成为鳏夫,将再婚,但他们不会迎娶一个小女孩,而是会与一名寡妇结婚。但在他们的首任妻子离世后,他们便忘记了自己承诺的誓言,与年幼的女孩结婚了。社会用开除教籍威胁他们,亲朋好友在哭泣声中请求他们，其他人则用金钱和美女诱惑他们，其目的都是让他们放弃迎娶一位寡妇。几乎没有人能抗拒这一切。"①

三 深闺

《摩奴法典》这样说，只有行乞者、唱颂者和婆罗门有权与已婚妇女说话。这即是宗教典籍剥夺女性话语权以及把女性困于深闺之中，限制其人身自由的雏形。苏达·马宗达（Shudha Mazumdar）曾这样来回忆自己的童年生活：

> 我的家是一个十分安静的住宅，花园被高高耸立的墙壁围住，我几乎看不到外面的世界。除了父母亲的一些亲戚外，我们鲜有来访者。偶尔，每逢婚庆圣典或婴儿降生，我会和母亲乘坐一驾密闭严实的有篷马车去访问母亲的亲朋。

因"男尊女卑"和"男贵女贱"观念的存在，女孩在降生之初，便遭受了父权社会及父权制的压迫与歧视。父亲和父系大家庭里的亲戚对女孩的降生表示不悦及不满。母亲在家庭中的地位高低与出生婴儿的性别密切相关，如果生下的都是女儿，她将丧失丈夫的宠爱，不得不穿上粗糙的衣物，吃着简单的食物，被当作家里的苦力使唤，甚至可能被丈夫抛弃。因此母亲亦不敢挑战父权权威，只能仰人鼻息，有时女儿的降生甚至会迫使母亲丧失母性，对女儿的降临亦表现出不欢迎的姿态。而女孩自己只能卑微地活着，她享受不到家中男孩身上所享有的一切美好事物。从六七岁时，女孩就开始默默地承揽着家务，照顾着家中比自己年幼的弟妹，孩童的天性在这种男女区别对待的差异下消失殆尽。在拉其普特人居住的区域，包括印度北部、西北部和印度的中部地区，邻里和朋友会聚在一起共同祝贺家中婴儿的降生。如果家中出生的是男婴，人们便会在欢快的音乐声中翩翩起舞，并品尝美味的甜品；而如果家中出生的是女婴，她会被父亲当众叱喝为"无关紧要的人"，期待的人群便随之安静地散去。有一首北印度的歌曲是这样唱的："哦，天啊，这是如何一种传统啊？男孩降生

---

① The Wrongs of Indian Womenhood；Mrs. Marcus B. Fuller；Fleming H. Revell Company (1900).

时，鼓声阵阵；当我降生时，却只听到铜盘的敲击声。"① 潘迪塔·拉马
拜在《高种姓印度教妇女》一书中也写道：如果家中的男孩是在一个女
孩的降生之后死亡或女孩出生后不久死亡，则女孩的出生会被父母、亲戚
和邻居视为对男孩的诅咒，是导致男孩死亡的最直接的原因。然后家人会
给女孩取一个不讨喜的名字，且任何人都可以责罚、轻视、压制、打骂
她。令人难以理解的是，一些父母并不把女孩视为丧失孩子后的一种慰
藉，相反辱骂女儿道："无赖丫头，为什么不是你替我们亲爱的儿子死
去？你的到来把他挤了出去。为什么你不变成一个男孩？你死去，让你的
兄长活着，对我们来说是最好的！"②

随着女孩日渐长大，她不可以再随意外出，即使要外出，也必须戴上
面纱并在家人或监护人的陪同下外出，大部分的时间里，女孩必须待在闺
房中。成婚后，女孩离开父亲家的闺房而进入了夫家的闺房，在这完成着
丈夫家中姻亲交代自己的各种活计。一般来说，闺房是一个外人难以触碰
到的世界，通常设置在后院，而前院则是男性活动的场所。为保持闺房后
院的私密性，房间的光线都较为幽暗。在北印度，女性所在区域如若出现
家中男性，包括公公、丈夫的兄弟、丈夫的姐夫或妹夫时，女性必须戴上
面纱或跑出这一区域以示对对方的尊重，而南印度的女性虽不用戴上面
纱，但需要起立并在男性在场之时一直站立以示对对方的尊重。印度人曾
普遍认为，穆斯林男性就如同野兽一般危险，他们具有极强的掠夺性和攻
击性，因此深闺制及面纱风俗不仅仅是印度教信徒迫于穆斯林统治而践行
的制度及风俗，更是为了防止穆斯林男性觊觎印度教女性所采取的保护性
措施。在福勒夫人撰写的书稿中，有一位印度教绅士讲述过这样两个深闺
制的例子。其一是一位富裕的、遵循深闺制风俗的女性想要打一个电话，
在她从家去往目的地的路上，街道被全部清空，而她则坐在四边全部用布
遮盖的轿辇上。其二是这位印度教绅士的工人在整修绅士家的房屋时，因
被邻居怀疑窥探邻居家的闺房情景，而遭到枪击的警告。福勒夫人本人也
曾亲眼见证过受深闺制风俗影响的女性所经历的遭遇。一位穆斯林女性因
心急自己的儿子所遭遇的危险，出于母亲的本能未戴面纱就冲入街道去救

---

① Quoted in "Women in Indian Society"; Editied by Rehana Ghadially; Sage Publications, India Pvt Ltd 1988; p. 47.

② The High Caste Hindu Woman; Pandita Ramabai Sarasvati; Philadelphia: J. B. Rodgers Printing Co., 1887.

助自己的孩子。离家的丈夫回来后听说了此事，没有表示不满，相反却和妻子说了一通甜言蜜语。但自那晚之后，这位穆斯林妇女就消失不见了。而另有一位丈夫竟然仅仅因为一位陌生男性从敞开的门缝中窥视到自己妻子的背影，就杀害了妻子。[1]

深闺制下，女性隔离及性别隔离普遍存在，从而迫使女性丧失了了解外界信息的机会和权利。女性只能通过家庭男性成员的讲述来认知外面的世界，这意味着男性具有对女性信息获取的操控权和筛选权，他们获知的信息只能是有利于女性安于现状、有利于培养完美女性或有利于维护男权思想的信息，这为女性的屈从性和男性的霸权性奠定了理想基础。

但严格的深闺制存在地区和种姓差异，它仅在印度教的高种姓集团中以及印度的某些地区实行，特别是孟加拉地区、印度北部以及西北部地区较为普遍，但严格地说，社团、阶层和受教育程度同样影响深闺制的执行力度。福勒夫人的一位友人写道："除了拉其普特人和耕种者（Kunbis）阶层之外，深闺风俗在印度教徒中普遍流行。这种趋势在各阶层的体面家庭中蔓延开来。对于富裕家庭中的女性，它被视为流行且良好的行为方式。"[2] 而一位来自北印度地区的女性来到孟买后就表示，自己先前居住的区域属于马拉提人居住的区域，那里并不实行深闺制风俗。因此自己在孟买一天中所见到的女性数量比自己居住在印度北部几年来所见到的女性数量还多。

某些时候闺房制的存在与一个男性的体面程度和社会地位紧密相关，它成为男性彰显财势和权势的途径之一。正如比尔拜小姐（Miss Bielby）所说的那样，"一个男性在自己阶级中的地位在很大程度上依赖于其是否能够负担把妻子和女儿养在深闺的费用"。[3]

四 萨蒂

萨蒂，指的是丈夫死后，妻子自愿或被迫登上丈夫火葬用的柴堆，殉夫自焚；或是指丈夫死后不久，妻子携带代表丈夫的物事或丈夫生前所用的物事（如骨灰、头巾、便鞋、衣物等）登上为自己准备的火葬柴堆，

[1] The Wrongs of Indian Womenhood; Mrs. Marcus B. Fuller; Fleming H. Revell Company (1900).
[2] Ibid. .
[3] Ibid. .

殉夫自焚。

　　萨蒂之说来源于印度神话。萨蒂（Sati）是梵天之子塔克沙（Daksha）的女儿。当萨蒂到了该出嫁的时候，其父邀请了所有的神参加萨蒂的"斯瓦亚马拉"（Swayamvara），即女子到了适婚年纪，从一系列求婚者中选择合适的男性担任其丈夫。但塔克沙唯独没有邀请湿婆（Shiva），他认为湿婆的举止配不上萨蒂。不曾想萨蒂却崇拜湿婆，并发誓唯湿婆不嫁。当她发现湿婆没有在受邀众神之列时，便把花环抛向空中，湿婆接住了花环。塔克沙只好把萨蒂嫁给了湿婆。一天，在梵天召集的聚会中，湿婆在其岳父进门时，拒绝站起以示尊重，这让塔克沙大怒。之后，在家庭的献祭活动中，塔克沙没有邀请萨蒂和湿婆，而萨蒂为了拜访自己的父母和亲朋好友，便不顾其夫的劝阻，参加了父亲的献祭活动，随后遭到了冷遇及羞辱。为了维护丈夫的名誉，萨蒂带着丈夫被羞辱的刺痛，跳入了火海，焚烧了自己。萨蒂通过自焚显示了对湿婆的绝对忠诚。

　　还有一个类似的传说，女主角是娜拉亚尼·萨蒂玛塔（Narayani Satimata）女神。她出生于公元949年，取名卡玛瓦蒂（Karmavati）。卡玛瓦蒂天生就具有良好的品性，并对宗教怀有特殊情结，为此其父母开始称呼她为娜拉亚尼，即女神。公元957年，她嫁给卡拉塞恩吉（Karansainji），婚礼仪式结束后回到了自己的父母家。公元959年，她尾随丈夫前往夫家居住。在途中，夫妇二人为躲避酷热，在一棵榕树的树荫下歇息。谁知死神悄然临近，他幻化作一条蛇，在卡拉塞恩吉熟睡时，咬死了他。娜拉亚尼在确定丈夫已经离去之后，便让附近的牧人为丈夫和自己准备好了火葬用的柴堆。娜拉亚尼怀抱着丈夫，坐在柴堆上，在牧民们的祈祷声中，焚化了丈夫的尸体和自己。丈夫生命的消失让娜拉亚尼的献身成为检验其道德高尚和贞洁的试金石，娜拉亚尼在火中完成了历练和重生，具有了赐予牧民福祉的力量和能力，因而成为受人称颂的女神。

　　在这些神话故事中，女性都对自己的责任有着清醒的认识，她们知道丈夫是自己人生中的最高主神，需要供奉与敬爱。她们或为维护丈夫的名誉赴死或与丈夫的尸体一起焚化，以此来表达自己的忠诚和贞洁。死亡对她们并不意味着生命的结束和与亲人的别离，而意味着新的开始和战胜脆弱生命后永生的胜利，是成为受人称颂的女神的必然历练。这些神话故事描绘的女性形象在印度的西部和西北部地区，即今天的卡纳塔克邦、马哈拉斯特拉邦、古吉拉特邦和拉贾斯坦邦，较为常见。这些地区千百年来主要是军事种姓集团的集聚区，它们经常因为控制一块牧场和贸易线路而争斗不休。散布在这些地区的石刻或神祠收纳的画像，有众多是表达萨蒂题材的画像：男主人公因保家卫国而战死，他的妻子在其身旁，一起在火葬中焚化。[①] 石刻所在之地即成为人们祭拜的圣地，追崇曾经在此地举行萨蒂的女性。

萨蒂原是一种西赛亚（Scythian）风俗，之后崇拜火和太阳的雅利安人在一定程度上对其进行了修改，其寓意是神性在火中净化，之后可引领妇女及其丈夫进入太阳之境。[②] 萨蒂风俗在印度中世纪广为流行，据说是为了防止印度教寡妇被穆斯林入侵者带走而采取的另一种保护性措施。而随着时间的流失，萨蒂逐渐与宗教融合，成为一种压迫妇女的极端表现形式。它告诉女性，萨蒂可以成就其美德，女性可在火的净化中进入轮回，从而得到解脱；而活着则意味着女性今后将背载着不名誉及不贞洁的头衔生活，前世种下的恶果今生寡居来偿还。萨蒂主要在拉其普特人中流行，之后有其他婆罗门及刹帝利种姓集团的妇女为了表示自己对丈夫的忠贞，也纷纷效仿拉其普特妇女，实行萨蒂。再到后来，部分低种姓集团的妇女为了提升家族的地位及享有无上的荣耀，也通过这种极端的自我献身方式来实现家族及其所在种姓集团的向上流动。有数据显示，1823 年间，上报萨蒂事件共 575 例，其中发生在婆罗门种姓集团的萨蒂事件 234 起，占总数的 41%；发生在刹帝利种姓集团的萨蒂事件 35 起，占总数的 6%；发生在吠舍种姓集团的萨蒂事件 14 起，占总数的 2%；发生在首陀罗种姓集团的萨蒂事件 292 起，占总数的 51%。[③]

对萨蒂所表达的含义曾有诸多争论，有人认为这是一种寡妇殉夫自焚的忠诚行为；有人认为这是一种古老的宗教仪式，其在印度教徒的某些种姓中实行；也有人认为萨蒂指代的是忠诚于丈夫，献身于丈夫的纯洁、美好的女子。在笔者看来，萨蒂是宗教教义及传统影响下产生的一种寡妇避免寡居、殉夫自焚的极端行为，是对宗教社会及种姓集团的压迫行为无奈和消极的控诉。它是宗教思想与个人行为的结合，女子对丈夫的忠诚将在

① Sati, the Blessing and the Curse; Edited by John Stratton Hawley; OXFORD UNIVERSITY PRESS 1994.

② The Story of Women of India, Padmini Sengupta, Indian Book Company New Delhi, 1974.

③ Women and Social Reform in Modern India: A Reader; editors: Sumit Sarkar, Tanika Sarkar; Indiana University Press, 2008.

自我牺牲这一行为中得到体现，从而成为受人称颂的道德卫士。

　　主张实行萨蒂的宗教种姓集团会给予殉夫自焚的女性以崇高的赞誉，她们有可能被奉为女神，甚至献身之地也会被顶礼膜拜。它们认为女性通过萨蒂仪式脱离此世的肉身后，不仅可以把丈夫从罪业中解救出来，还可追随丈夫进入极乐世界；或女性摆脱此世的困苦之后，转世投胎与其丈夫再度结合。其中女性自身对即将殉夫自焚的看法以及女性自身是否愿意殉夫自焚，并不在这些种姓集团的考虑范围之内。不愿殉葬的寡妇将被视为给丈夫带来厄运的不洁与不吉之人，受人耻笑、责难与唾弃，将使寡妇自身与生养家庭陷入丧失原有地位及声誉的窘境，悲惨之情状难以一一尽述。为此丈夫的长寿已被视为妻子的福祉，在印度，祝福已婚女性的话语通常是"愿你丈夫长命百岁或者愿你成为幸运儿"，让人心照不宣的是，这儿的"幸运儿"指代丈夫仍然在世的女性。值得注意的是，有观点认为：第一，萨蒂与利益相挂钩，它并不是颂扬女性道德精神的一种宗教仪式。相反"宗教内容"在萨蒂仪式中被倡导萨蒂仪式的人士及其死者方的亲戚或殉葬方的亲戚所劫持和操控，以此满足各方的经济和社会利益需求。第二，女性在举行萨蒂仪式的过程中，不再是自由的能动者，她们通常是抱着恐惧的心态被迫参与该仪式，而非理性与自愿地参与该仪式。警察主管沃尔特·厄尔（Walter Ewer）曾说过：

　　　　萨蒂不是给殉葬的寡妇和死去的丈夫带来精神上的收益，相反只是让活着的亲戚得到物质上的收益。寡妇即使抵抗住了来自亲戚的力量，但却难以获得人群的怜悯。村里人支持把寡妇带向河岸，并把她压缚在火葬用的柴堆上。①

　　对寡妇殉夫的描述，可以在一些印度国内的文学作品或外国旅行家的文章、诗歌和舞台剧中读到或看到。在外来观察者的记述中，有的女性是被绑缚着登上丈夫火葬用的柴堆，有的则是自愿登上丈夫火葬用的柴堆，有的女性像失了魂魄的鬼魂，有的则是英勇无畏的女英雄。1785 年的《加尔各答公报》（*Calcutta Gazette*）上有这样一篇描述观察者目击萨蒂事

---

　　① Women and Social Reform in Modern India: A Reader; editors: Sumit Sarkar, Tanika Sarkar; Indiana University Press, 2008.

件的文章：

> 那名妇女可能受到了大麻或鸦片的影响，否则不会那么安静。她被搀扶着举到火葬的柴堆上，与其已故的丈夫躺在一起，手臂环绕着丈夫的脖子。另有两个人迅速用绳子两次绕过夫妇二人的身体，牢牢固定在木桩上。[①]

德国浪漫主义诗人卡洛琳（Karoline）被情夫抛弃自杀后，也曾留下了这样一首描述萨蒂的梵文诗：

> 妇女走向印度河岸，
> 走向烈火中的死亡。
> 她们在青春里，与自己的丈夫一同逝去，
> 没有犹豫，没有歌声，
> 身穿华丽的服饰，
> 如同新婚礼服，
> 习俗明白爱的意义，
> 把她们从别离的屈辱中解救。
> 死亡本身如同祭司一样神圣，
> 让夫妇二人的婚姻关系不朽，
> 甚至别离亦未威胁到这种结合。
> 死亡成为甜蜜爱情的节庆，
> 它把分离的人儿结合，
> 存在的终结成为人生之巅。[②]

19 世纪初期的一些数据证明了萨蒂存在的普遍性。威廉·克里（William Carey）在 1803—1804 年间调查了加尔各答 30 英里范围内的萨

[①] Bengal Past and Present, 117 (1998): 57 - 80; The Representation of Sati: Four Eighteenth Century Etchings by Baltazard Solvyns; Robert L. Hardgrave; http: //www. laits. utexas. edu/solvyns-project/Satiart. rft. html#note09.

[②] Die Flambierte Frau: Sati in European Culture; DOROTHY M. FIGUEIRA; Sati, the Blessing and the Curse; Edited by John Stratton Hawley; OXFORD UNIVERSITY PRESS 1994.

蒂事件，12 个月之内，共 438 名寡妇举行了殉夫仪式。另有数据显示，在 1815—1824 年间，在孟加拉管辖区、孟买管辖区和马德拉斯管辖区共发生寡妇殉夫事件 6632 起。1815—1828 年间，仅孟加拉管辖区就发生寡妇殉夫事件 8134 起。① 阿希施·南迪（Ashis Nandy）认为发生寡妇殉夫事件的团体多具有被动消极及优柔寡断的特征，在富有勇敢无畏及男性气质的团体中，此类事件很少发生。尽管有众多学者质疑萨蒂与男性气质间的这种必然关系，但可以肯定的是这些数据多为上报给官方的数据，估计实际殉夫人数要远远高于这些统计数据。

因为寡妇殉夫伴随的是惨无人道及暴力，众多统治者纷纷采取措施来阻止萨蒂事件的发生。早在德里苏丹国时期（1206—1527）就有规定，举行萨蒂仪式前，必须征得寡妇的同意。然而这项规定却形同虚设，因为没有人真正愿意倾听寡妇的声音。莫卧儿帝国时期，胡马雍是首位发布命令反对萨蒂的国王。之后的阿克巴大帝规定，寡妇必须获得行政长官的许可后方可实行萨蒂，同时禁止有孩子的寡妇实行萨蒂。奥朗则布国王则在 1663 年发布命令，严禁莫卧儿帝国统治下的行政官员批准寡妇关于萨蒂的请求。之后，葡萄牙殖民者、荷兰殖民者和法国殖民者都对禁止萨蒂有所规定。但值得注意的是，之前萨蒂是否合法是以"自愿"和"非自愿"来进行界定。直到 1829 年孟加拉总督威廉·本迪克（William Bentick）颁布《孟加拉萨蒂法规 XVⅡ》（*Bengal Sati Regulation Act* XVⅡ，1829），严禁焚烧或活埋印度教寡妇，否则当事人将受到刑事法庭的审判，萨蒂至此才被正式废除。正如维纳·奥尔登堡所写的那样：随着法律的出台及生效，实行萨蒂的行为——不论寡妇是自愿还是被迫参与——撇开神秘性、荣耀、魅力和仪式意义，其被裁定为单纯的犯罪。② 可以说这项法案有利于印度现代化进程的发展，然而许多印度教保守人士却试图挽留这种正在消失的彰显女性贞洁的殉夫仪式。他们认为耆那教教徒可以斋戒而死，佛教教徒可以焚祭自己，为什么印度教徒必须遵守这种禁止萨蒂的法律？1830 年，著名新闻工作者、作家、演说家巴巴尼·查兰·班迪帕德亚伊（Bhabani Charan Bandyopadhyay）在加尔各答创建了宗教大会（Dharma

---

① Women and Social Reform in Modern India: A Reader; editors: Sumit Sarkar, Tanika Sarkar; Indiana University Press, 2008.

② Veena Tal war Oldenburg, "The Roop Kanwar Case: Feminist Responses," Sati, the Blessing and the Curse, ed. John S. Hawley; New York, Oxford University Press, 1994.

Sabha），旨在反对废除萨蒂制的提议以及反对青少年接受英语教育。

总而言之，萨蒂具有宗教和传统的向心性，是两者结合施压下的一种偏常行为；另外按照埃米尔·杜尔凯姆（Emile Dikheim）的思想，女性在萨蒂仪式的过程中表现出了利他主义，其因受到生存环境中"自我意识"之外的"集体或社会意识"的影响，即"未来发展"对施行萨蒂仪式的女性自身已经不再具有任何意义，于是遵从社会的建议或暴力成了女性的最终选择。因而这只能是一场理性和宗教、现实和理想、文明和野蛮、正知和迷信及蒙昧之间的战争。戒日王时期的梵文诗人巴纳（Bana）曾经这样描述萨蒂：

> 尾随另一人的死亡是徒劳的！它是无知者遵循的道路！它不过是愚蠢怪诞的行为、鲁莽之举……欠考虑的表现……对于死去的丈夫，这种行为是无用的。因为其并不意味着能让丈夫生还，累积荣誉，也并不意味着能让丈夫进入天国或者把其从地狱中拯救出来，或者与其团聚。[①]

五　女婴谋杀及婚姻问题

在印度教中，女孩到了适婚年纪，必须出嫁；而也只有通过结婚，女性才能得到救赎。否则从宗教层面来理解"待字闺中"或"老闺女"，父亲将被视为犯下了不可饶恕的罪孽，受到公众的嘲弄。男女双方结婚时男方（或男方父母）或者结婚后男方（或男方父母）所要求的现金、衣物、首饰等物品以及结婚仪式上的开销几乎全由女方承担，且如果父母辞世，必须由家中的儿子举火点燃火葬用的柴堆，父母才能升入天界。这些成为导致印度女性社会地位和家庭地位低下的潜在因素，女性的出生不再是家庭的福祉，她们已成为家庭不愿承载的债务。

这种所谓的天生债务关系使"溺女婴"、"给女婴喂食鸦片"、"掐死女婴"、"野兽叼食"、"活埋女婴"等滥杀女婴现象层出不穷。印度电影《没有女人的国家》就反映了这种社会现象。一个家庭的女主人被抬进产房，她的丈夫在外面焦急地等待着孩子的来临。当他得知出生的婴儿是

---

① Sati, the Blessing and the Curse; Edited by John Stratton Hawley; Oxford University Press 1994.

"女孩"时，就把婴儿溺毙在牛奶里，并喃喃念道"明年一定要生个男孩"。在拉其普特人中流传着这样一个故事，说的是一个很有权势的王公，他的女儿集美貌和技艺于一身。到了女子婚配之龄，王公便让家中的祭司外出寻找一个与自己同种姓和一样富裕的男性与女儿完婚，但祭司没有找到合适的人选。看到王公因女儿的婚事惆怅不已，祭司建议王公，与其让女儿待字闺中让父母脸上无光，不如处死她。公主亦难逃死亡之命运，更何况普通百姓？这些女婴及女性谋杀事件成为导致印度性别比例严重失衡的众多因素之一。1846 年，喀奇县（Kutch）嘉瑞佳（Jareja）种姓集团的男女性别比例一度达到 8：1①。

在为长大后的女儿安排婚事时，父母都希望脸上"有光"，且女儿不会因为"下嫁"低种姓而在种姓集团中遭受迫害，因此女性所嫁对象必须与自己属同一种姓集团，理想状况是嫁入较自己所属种姓更高的种姓集团中。如果男方家还有一定的资产，那这将是父母及女儿所期盼的最完美的婚姻。家庭状况不好或无社会背景的女性，将很难匹配到合意的配偶，只能嫁给鳏夫甚至年过花甲古稀之年的老者。在潘迪塔·拉马拜创办的智慧之家不乏这样的例子：一个女孩在 5 岁时就被迫嫁给了一个年已 50 岁的老头子。父母为此得到了 100 卢比。一年后，女孩的丈夫就去世了。6 岁的她成了寡妇。②

婚礼仪式完成之后，男女双方的结合即代表着两个家庭的结合。男性成为女性需要服侍和尊崇的神祇，女性作为独立个体的地位完全丧失，丈夫和公婆对女性有了绝对的使用权和控制权。女性本应团结一致或者相互同情及安慰，以共同应对男性权威的压迫，但事实恰恰相反，家中的女性长辈在教导新加入的女性群体时，多采用男权价值观，更多时候甚至加入了共同责备、辱骂、抽打新加入女性成员及剥夺其人身自由的队伍。对这种现象最合理的解释是，女性长辈也经历了这种痛苦和羞辱的成长历程，心理和身体已经顺从了这种社会现实和奴役关系，视其为理所当然及新妇心性成长的必然过程，甚至不排除存在部分女性长辈心理扭曲的情况，她们渴望通过"教导"行为来发泄自己的各种不满。

---

① The Wrongs of Indian Womenhood；Mrs. Marcus B. Fuller；Fleming H. Revell Company (1900).

② Pandita Ramabai：the story of her life, Helen S Dyer, London ：Morgan and Scott.

　　女性在婚姻中通常处于劣势，男性可以"一夫多妻"，如果丈夫想要离婚，可以对妻子说三遍"离婚"，则两人的婚姻关系就可以解除。但如果女性希望离开自己的丈夫，则需要祈求，如果丈夫不同意，则两人的婚姻关系依然存在。印度教徒因种姓的不同而分成众多集团，甚至一个种姓也分成众多亚种姓集团，它们所遵循的风俗也有着极大的差异。特别是"一夫多妻制"为某些较高种姓的男性所利用，他们迎娶女性后，收受了嫁妆（财物），便又物色新的女性，谋求另一份财物。换句话说，嫁妆已经成为交易；婚姻已经成为骗取钱财的幌子。在这种婚姻的随意性中，女性成为最大的受害者，而婚姻中出现的男性主体则成为最大的既得利益者——丈夫是经济上的受益人；父亲则因为女儿的出嫁挽回了外界可能因其延迟女儿婚姻所带来的道德上的谴责；而女性在此过程中，帮佣或苦力的角色没有改变，只是依附主体有所转换而已，甚至有的时候还有丧失依附主体的可能。库林是贵族种姓，库林婆罗门（kulin brahmins）有着严格的婚姻条例，来自该种姓的新郎非常紧俏，能够随心所欲地结婚，次数不限。以胡格利（Hooghly）县133个库林婆罗的抽样数据为例，一位50岁的男人结婚107次；博拉纳什·班多帕迪亚雅（Bholanath Bandopadhya-ya，年龄55岁）有80个妻子；巴加班·查托帕迪亚雅（Bhagaban Chatto-padhyaya，年龄64岁）有72个妻子。[①]

　　婚后，如若丈夫先于妻子去世，则妻子（普遍是高种姓）将面临两种生活，即殉葬或寡居，也有部分低种姓集团允许寡妇再婚，但数量有限。

六　神妓与舞女

　　所谓神妓，通常指的是出生于传统上以跳舞和唱歌谋生的种姓，其献身于或侍奉印度教庙宇供奉的神，被称为神的仆人或奴隶。她们在印度中世纪时期极为风光，因为可以通过表演等方式来服务于寺庙的宗教仪式需求，而享有着较高的社会地位，并受到相应尊重。然而她们与"神"和"寺庙"之间的这种"特殊联系"或"祭献式的使命"却随着时间的流逝变得特殊起来，她们不仅需要取悦"神"，还需要取悦"男性"。神妓曾接受过严格的歌舞技艺训练或者相关文学教育（有的神妓甚至可以单独进行诗歌撰写或者用歌唱的形式把诗歌表现出来），因此比起未接受教育的其他

---

① Quoted in "Women in Modern India"; Geraldine Forbes; Cambridge University Press, 1996.

女性来说，她们更能在精神上抚慰男性，与之进行交流，为此颇受欢迎。

神妓隶属的种姓集团有所差异，在印度的南部，神妓被称为迪瓦达西（Devadasi）或巴萨维（Basavi）；在印度西部克里希那—戈达瓦里、东戈达瓦里和西戈达瓦里，神妓被称作博伽姆（Bogam）或多梅拉（Dommera）或卡拉万图卢（Kalavanthulu）；在马拉提语地区，神妓被称作穆拉里斯（Muralis）；在印度东南部的安得拉邦内洛尔地区，神妓被称作玛塔吉斯（Matangis）；在特伦甘纳地区（Telangana），神妓则被称作普拉卡萨姆（Prakasam）和乔今斯（Jogins）。一旦女性被选中与神结合，她们便成为其所属地区的公共财产，丧失了世俗婚姻的资格。在经过严格的各色唱歌技艺和古典舞培训后，她们在神祇前或宗教仪式的过程中展示才艺。

在南印度的一些资料文献中，神妓的外貌特征及其所佩戴的装饰得以记录下来——她们十二三岁的样子，眉清目秀，手上戴着一串串手镯，起伏的胸前饰以珍珠链子。在仪式中，她们悬挂起由鲜花和珍珠制成的花环，以大地女神的名义唱着吉祥的歌谣……在各处放置明亮的灯盏，撒上檀香味的粉末……当她们被信徒簇拥着走向城镇时，人们欢呼她们的到来，……神妓不仅受到尊重，且通常较为富有，她们时常会向寺庙捐赠黄金、灯盏、牛羊或土地。

在过去的一两百年间，神妓已经不再单纯地与宗教仪式相关，在有的地方，神妓会被召集在一起，进行半裸或全裸的舞蹈表演，成为取悦达官显贵的工具。杰拉尔丁·福布斯就在《近代印度妇女》一书中表示，献身于毗湿奴神派（Baishnava）的妇女离开了她们的家和家人"寻求内在之神"，她们群居生活，因为与男性存在不可接受的关系而被称为行为不轨者。最好的情况是，她们的性伴侣能使其摆脱尘世牵绊的束缚；最糟的情况是，皮条客伪装成神职人员，视这些妇女如同普通的妓女。1947年的《神妓法案》取消了女孩的寺庙服务，禁止寺庙舞蹈表演，宣布任何一位来自博伽姆（Bogam）、卡拉万图卢（Kalavanthulu，）、萨尼（Sani）、纳伽瓦苏卢（Nagavasulu）、迪瓦达西（Devadasi）或者库马普瓦卢（Kurmapuvalu）种姓的跳舞女子都是妓女①。

尽管神妓们脱离了原有的家庭，谋求通过"与神的结合"的方式摆脱家长制的束缚，然而这种结合却也让她们与寺庙恩主、达官显贵和寺庙

---

① "Women in Modern India"；Geraldine Forbes；Cambridge University Press，1996.

祭司等男性形成了新的"依附关系",成为这些男性的玩物、性伴侣或情妇。马拉提语地区崇拜堪杜巴(Khandoba)神,主要包括马哈拉斯特拉邦和坎纳塔克邦。据说堪杜巴神是湿婆神的化身,而献身于堪杜巴的女性就被称作穆拉里斯(Muralis)。她们是家中的长女,通常在婴幼儿时期就被其亲生父母奉献给寺庙,到了适婚年龄,就通过嫁给堪杜巴神的象征"剑",来完成与神结合的仪式。她们通常学习一些赞颂堪杜巴神和寺庙恩主的歌谣,并通过向寺庙恩主提供夜间服务来收取钱财和物品,供养自己和家人。其中虔诚信奉堪杜巴神的区域主要有浦那县(Poona)的杰究里(Jejuri)、萨塔拉县(Satara)的帕里(Pali)以及阿伽尔伽恩(Agalgaon)地区。据不完全统计,在杰究里,每年奉献给堪杜巴的女童达 100 人之多,在一个万人城镇,警察登记在册的穆拉里斯就达到 280 人。另外,根据 1881 年马德拉斯人口普查报告显示,在英属印度马德拉斯管区内,神妓人数约为 1.16 万名[①]。然而有一种观点值得注意,它并不认可神妓与男性存在被动依附关系,相反认为神妓没有婚姻和家庭的束缚,她们所为"神"的妻子,享有较高的社会地位,且身份是吉祥的;她们经常因为统治者的"惠顾"而接触到政治权力;从舞者、歌唱者和乐器演奏家的角度来说,神妓是学识渊博的人。然而英国人在英语中把这些女性翻译为"神妓",此举剥夺了她们曾因是神的伴侣所享有的权力和荣耀。[②]

除通常所称的神妓之外,还有一个职业舞女群体,她们自出生之日起或被收养之日起,便已经承袭了舞女职业。她们自小就接受一定程度的教育和歌舞培训。通常因寺庙当局的召唤表演歌舞技艺或在婚礼节庆上表演,因此具有一定的宗教地位和社会地位。因为视受教育和歌舞技艺为职业舞女的标志,鲜有高种姓集团的人家愿意让自己的女儿接受教育,更别说音乐舞蹈培训了。因此舞女们通常通过收养或收购女孩等方式,把自己的技艺传承下去。因为可以随意行走,与男性自由交流或向男性提供服务,所以她们也被称为交际花或高级妓女。她们接受雇请之人的地产、礼物、货币等作为雇请之资。因为神妓和职业舞女可以参与宗教仪式,甚至

① The Wrongs of Indian Womenhood; Mrs. Marcus B. Fuller; Fleming H. Revell Company (1900).

② "Gender in South Asia: Social Inmagination and Constructed Realities"; Subhadra Mitra Channa; Cambridge University Press, 2013.

在某些婚礼仪式上，还要由职业舞女给新娘戴上预示吉祥的链饰（舞女是不结婚的，这意味着她们没有成为寡妇的可能，因而帮新娘佩戴饰物即是对新娘不要成为寡妇的祈福）。阿姆利特·斯里尼瓦桑（Amrit Sriniva-san）认为舞女的生涯并不凄凉："经济利益和职业利益是重要的，然而最重要的是不缺乏社会的敬意。"①

第四节　19 世纪的改革运动及改革家

印度成为英属殖民地后，本土传统文化因印度人第一次近距离接触西方事物和西方文化而受到巨大冲击。英政府虽然强调"平等"、"正义"、"自由"、"博爱"等思想，但其在印度的统治却遵循不干涉印度人的宗教、家庭以及社会习俗为原则。为合法化英政府的殖民统治，英国人引入了"文明使命"这一概念，且相信基督教和欧洲思想的传播必定会使印度摆脱或改善目前"不文明"和"未开化"的蒙昧状态并成功转型，妇女大众等弱势群体随之得到救赎。在奥格本（W. F. Ogburn）看来，"滞后"或"不适应"或"发展的步履不一致"是一个社会发生社会变革的主因，必然导致"紧张"、"不安"、"压力"、"抗议"、"社会运动"、"革命"等。因此，在殖民统治的体系下，印度人对这种外来的新理念和新制度进行了重塑和重组，在与之激烈交锋后，印度的知识分子和精英阶层开始对女性的卑下地位及其无政治、经济权利等社会弊端进行反思与探究，从而开始了 19 世纪后半叶那场轰轰烈烈的社会和宗教改革运动。其间，两性关系被重新定义。一些认同调整两性关系的人士及认同印度需要变革的人士认为印度风俗的暴虐程度无以比拟，而印度就如同紧抱着奴隶制枷锁的奴隶一般，对自己本身的状况懵懂无知，因此希望印度自己来治愈其顽疾是种奢望。变革的实现不是依靠西方的指引，也不是依靠不断地捶胸顿足来指责印度教的弊病，或者仰仗接受过英语教育的知识分子的领导；变革必须来自受知识阶层引导和教育的人民。②

①　"Women in Modern India"；Geraldine Forbes；Cambridge University Press，1996.

②　Raychaudhuri，Europe Reconsidered，p. 338. ，p. 338。Quoted in "Women in Modern India"；Geraldine Forbes；Cambridge University Press，1996.

在 19 世纪后半叶，一种被认可的改良思想出现了。首先，印度严格奉行种姓制度和宗教制度，人为地把其人民进行了等级划分，而印度妇女则处于社会的最底层，其价值无法与男性等值，因此女性是值得同情的。麦克斯·穆勒就曾写信给英国《泰晤士报》，表示印度儿童寡妇的命运之悲惨难以尽述，因此有必要进行法律变革。其次，女性教育和女性解放被视为女性发展之基石。一位接受过西方新理念教育的克什米尔学者这样分享自己在国外的一段经历："在这样一个社会居住 3—4 年后，即男性和女性见面不再以主人和仆从的身份，而是以朋友和同伴的身份见面；女性文化给男性生活带来的是优雅和美感；辛苦乏味的生活因甜美和有文化的妻子、姐妹、母亲的陪伴而得以舒缓；这正是我们印度年轻人应必修的一门学问，以促使我们抛弃一些诸如'把多才多艺的女性视作使人类社会道德败坏的刺激物'等陈旧的观念。印度社会普遍流行这样一种观念——两性之间的交往会出现伤风败俗的行为。我承认，在我来英格兰之前，我认为这种看法有一定道理。但现在我不再这么认为。我的理解是公共道德和私人道德间的'安全阀'恰是两性之间的自由交往。我们作为印度年轻的一代，希望妇女的面纱裂成两半，女性得以解放。"[1]

在这种改良思想和西方理念的指引下，社会上涌现出了众多改革团体，普遍认为包括印度东部地区的梵社、西部地区的祈祷社、北部地区的雅利安社、南部的神智学会等，以及大批致力于社会及宗教弊端改革的人士，他们开办了众多让女性享有在其中"追求知识的自由，不会因获取知识而丢失自己的宗教信仰以及不会被自己的种姓集团除名"的机构，为提高妇女社会地位及促进女性发展做出了卓越的贡献。

首屈一指的当属"近代印度之父"罗姆莫罕·罗易（Rammohun Roy，1772—1833），他被认为是最伟大的改革家、教育家和妇女权利的捍卫者。罗姆莫罕也是孟加拉复兴运动之父、加尔各答一神论社和梵社的奠基人之一。他出生于一个宗教背景复杂的孟加拉婆罗门家庭。罗姆莫罕的父亲是毗湿奴派信徒，母亲塔瑞尼·德维（Tarini Devi）则是湿婆派信徒。因为其父亲是莫卧儿帝国中的一名官员，因此他自小就研习了包括《古兰经》在内的阿拉伯文以及波斯文。在接受《古兰经》教育期间，他

---

① The Wrongs of Indian Womenhood; Mrs. Marcus B. Fuller; Fleming H. Revell Company (1900).

的脑海里就涌现出了宗教改革的思想。加之早先时候，罗姆莫罕亲眼见证其嫂在哥哥死后举行萨蒂的悲惨境遇，这更加坚定了他力图以改革来抵制此种迫害女性行为的决心。他学识渊博，善于演说，认为印度教圣典里并没有支持萨蒂等传统恶俗的典章和字句。在他的推动下，威廉·本迪克（William Bentick）勋爵在 1829 年宣布萨蒂为非法习俗，举行该仪式将受到惩处。可以这样说，萨蒂制的废止是罗姆莫罕做出的杰出贡献之一。除此之外，他还反对早婚、一夫多妻、库林制等习俗。罗姆莫罕秉持男女平等的观念，从不认为女性在智力和道德上低劣于男性，也从不认为女性属于社会上的弱势性别。罗姆莫罕发现，印度教的传统并不为"西方标准"所接受和尊重，相反它们的存在加深了西方人对自身道德标准的自信心，认为西方的道德标准远远优胜于印度标准。因此罗姆莫罕力图寻求一个公平和正义的社会，在其中行使"人道"的风俗习惯，使印度教在现代社会被合法化。而要完成此目标，罗姆莫罕相信教育是最佳途径。因此，1817 年，他在加尔各答设立了印度教学院；1822 年，设立了英格兰印度教学校；1826 年，设立了吠檀多学院等。罗姆莫罕一生都致力于通过办学、撰文、参加社会工作等方式来改善女性状况，是妇女事业的杰出贡献人士。

在孟加拉，伊斯沃·钱德拉·维迪亚萨迦（Iswar Chandra Vidyasagar，1820—1891）捍卫女性教育，领导运动来推动寡妇再婚的合法化。他出生于一个贫穷的婆罗门家庭，8 岁时，伊斯沃·钱德拉·维迪亚萨迦与他父亲从米德纳普尔（Midnapur）县的比尔辛格（Birsingha）村步行去加尔各答，之后进入了一所梵文学院学习。伊斯沃·钱德拉的母亲曾被一个儿童寡妇的眼泪所深深打动，便问自己的儿子："你已经读完印度教圣典，是否发现不允许寡妇再婚的条款？"而在加尔各答学习期间，他借住在朋友的家里，其妹是个儿童寡妇，她那悲惨的人生让伊斯沃·钱德拉第一次感受到了社会和宗教风俗对妇女的影响及女性所承受的艰辛。据说正是朋友家的妹妹让伊斯沃·钱德拉得到了启示，激励他一生为妇女事业做出应有的贡献。

在伊斯沃·钱德拉所生活的年代，童婚合乎规范，寡妇再婚被禁止，中高级种姓支持寡居，一夫多妻制在库林婆罗门、卡亚斯塔（Kayasthas）等种姓间普遍流行。岁月的磨砺和个人经历让伊斯沃·钱德拉立志从事妇女事业。他协同其他众多的改革家，在孟买设立了多所女子学校，入学女生人数达到数万名。他认为，无论种姓贵贱、无论男女性别，都应该接受良好教育，这无疑对那些希望女子在家中管理家务，即使接受教育也应由父亲和丈夫来教授的保守人士来说是一大挑衅。伊斯沃·钱德拉认为，要改变正统印度教社会，需要从内部进行改革，革除那些有害且邪恶的行为。因此他鼓励"寡妇再婚"，并把这种思想引入主流印度教社会中，为此伊斯沃·钱德拉受到了印度教正统人士的侮辱、责骂，甚至是死亡的威胁。尽管如此，伊斯沃·钱德拉仍把附有赞同"寡妇再婚议案"签名的请愿书提交给印度立法委，力促有关印度教寡妇再婚法案的通过。

1856 年，"印度教寡妇再婚法案"（The Hindu Widow Remarriage Act）获得通过。尽管允许寡妇再婚的法律已经出台，但是寡妇再婚却从未获得社会的认可，事实上大多数印度教男性教徒都拒绝娶一名寡妇。从妇女权利的角度来看，新法律未能保障妇女权益，却显示出一定的危害性。来自传统上实行再婚习俗的种姓集团的再婚妇女经常被剥夺合法的继承权，[①]然而维迪亚萨迦却代表了 19 世纪最好的社会改革家，他支持社会变革，以他那"不屈不挠的意志来开展积极的社会行动"。[②]

在印度西部，摩诃提婆·戈文德·罗纳德（Mahadev Govind Ranade，1842—1901）出生于马哈拉斯特拉邦纳西克县（Nasik district of Maharashtra）的一个婆罗门家庭。他 14 岁进入孟买的埃尔芬斯通学院（Elphinstone College），后分别于 1862 年和 1866 年获得孟买大学的文学学士学位和政府法律学院的法学学士学位，之后担任过教师、记者等职务，并最终于 1893 年成为孟买高等法院的法官。戈文德·罗纳德是祈祷社的创始人之一，也是"全国社会会议"（National Social Conference）的创始人之一。罗纳德在被委派担任浦那的一名法官后不久，他的第一任妻子就去世了。一起从事社会改革事业的同事们希望他娶一位寡妇，以使这位寡妇得到救赎。但是罗纳德的父亲并不允许这种行为的发生。他的父亲于是抢先行动，迅速为自己的儿子和一个 11 岁的女孩拉马拜·罗纳德（Ramabai Ranade）安排了婚事。戈文德·罗纳德虽然表示过抗议，但在最后依然遵从

---

① Prem Chowdhry, "Popular Perceptions of Widow-remarriage in Haryana: Past and Present," From the Seams of History, ed. Bharati Roy (Delhi, Oxford University Press, 1995), pp. 39 - 40. Quoted in "Women in Modern India"; Geraldine Forbes; Cambridge University Press, 1996. 。

② Sen, lswar Chandra, p. 165. Quoted in "Women in Modern India"; Geraldine Forbes; Cambridge University Press, 1996.

了这段婚约。

戈文德·罗纳德认为西方教育在塑造印度民族精神的过程中起着极为积极的作用，因此在印度文化的改革中，应该探寻西方文化与印度文化的交互利益，并融合这两种文化的某些理念。他积极参与社会经济的改革活动，尤其关注涉及妇女权益的改革活动，他反对给寡妇剃头、反对童婚、反对萨蒂、反对禁止寡妇再婚、反对繁重的婚礼和节庆开销、反对禁止女性接受教育以及不可接触者制度等。他认为对改革采取静观其变或阻止的态度都是不可取的，这可能导致印度社会的灭亡。1861 年，寡妇再婚协会成立，戈文德·罗纳德成为协会成员之一。他提倡改革，主张在不破坏印度原有传统氛围的前提下，来改变某些不合理的传统社会结构。这种介于改革和传统之间的游移，被杰拉尔丁·福布斯认为"充满着道德的含糊性"。

娶了拉马拜之后，戈文德·罗纳德对其进行着谆谆教导。在戈文德·罗纳德辞世之后，拉马拜·罗纳德依然继续着戈文德·罗纳德的社会改革事业和教育改革事业。拉马拜·罗纳德是近现代妇女运动的先驱，也是服务之家（Seva Sadan）的创始人，她培养的女性人员数量成千上万。1862 年，拉马拜出生于马哈拉斯特拉邦的桑格利县（Sangli），她的父亲恪守传统未让自己的女儿习文识字。1873 年，她嫁给戈文德·罗纳德，在丈夫的悉心培养下，她成为丈夫事业的得力助手和志同道合的伙伴。此后，拉马拜一直致力于女性事业的发展，她设立了雅利安妇女协会（Arya Mahila Samaj）的分支机构，还设立了印度教女子社会和文学俱乐部（Hindu Ladies Social and Literary Club），从语言、生活常识、缝纫及手工艺等方面培训教导妇女，教授她们谋生的方式，使其通过经济上的独立实现自立。在戈文德·罗纳德辞世之后的 24 年里，拉马拜·罗纳德一直致力于推动女性教育、选举权、平等地位等领域的妇女事业的发展。圣雄甘地曾在拉马拜去世后这样赞颂她，"拉马拜·罗纳德的离世是国家的一大损失。她是所有印度教寡妇的化身。她是其杰出丈夫一生中真正的朋友和伙伴。……拉马拜把身心及全副精力都投入了服务之家，让服务之家成为全印度独一无二的机构"。

另一位值得一提的男性改革家是唐多·凯沙夫·卡尔维（D. K. Karve，1858—1962）。他是女性教育的先驱，出生于一个收入偏下的婆罗门中产阶级之家，他在自己的传记《回顾往事》中把孟买拉特内基里县的穆鲁德村（Murud of Ratnagiri District）视为自己的故乡。在这里，卡尔维开始了自己的学习生涯，也正是在这里，学校新来的索曼（Soman）校长给卡尔维灌输了社会改革的理念。17 岁时，卡尔维未能参与大学入学考试，原因是他看上去过于年轻。之后，卡尔维分别在孟买的罗伯特货币学校（Robert Money School）、威尔逊学院（Wilson College）、埃尔芬斯通学院（Elphinstone College）学习。学业完成后，卡尔维分别在孟买的中学以及浦那弗格森学院（Fergusson College）任教。之后，他被选为德干教育协会的终身委员，从而迈入了印度中上层阶级的行列，成为家人所有希望的寄托。

卡尔维在 14 岁时，迎娶了儿时的玩伴——8 岁的拉达拜（Radabai），但之后的婚姻生活中，夫妇二人已经忘记了儿时的熟悉感，相互间变得陌生起来。他们之间的交流都通过卡尔维的妹妹来进行。在卡尔维 11 岁时，他就关注到了马哈拉斯特拉邦首例寡妇再婚事件所引发的正统派和改革派之间的激烈争论，后来他又亲眼目击了寡妇所遭遇的艰难处境——她们要么成为一些禽兽情欲的牺牲品，要么贫苦无依成为乞讨者，要么成为人们眼中被恶灵附体需要赎罪的不洁之人，这些都激起了卡尔维对寡妇深深的同情，致使他在情感和理智上都赞成寡妇再婚。然而经常与迎娶寡妇的再婚人士交往，已然使卡尔维面临了一些问题，这使他开始质疑寡妇再婚是否会与其一直开展的教育事业相冲突？

卡尔维的妻子 27 岁时，死于产后并发症。这时卡尔维决心迎娶一位寡妇来支持其一直推动的寡妇再婚事业，他的第二任妻子就是他大学朋友乔西（Joshi）的妹妹——8 岁就守寡的戈杜拜（Godubai），也是潘迪塔·拉马拜在孟买创建的智慧之家（Sharada Sadan）的首位"寡妇"学生。1893 年，卡尔维和戈杜拜克服重重困难，在浦那举行了婚礼，此举迎来了改革家们的赞许，也招致了正统人士的责难。在携带妻子回到家乡后，他本人及其家人都遭受了羞辱和迫害。村中的婆罗门召开会议后做出的决议是不允许任何人与卡尔维同坐一席，不允许任何人出席有卡尔维出席的会议，一旦卡尔维回家，其家人将被逐出其所属种姓集团，而戈杜拜更是遭受了情感上的刻薄非难。这种情况一直持续了 10 年，之后卡尔维才被允许回家。

为推动妇女事业的长足发展，卡尔维主张建立一个系统化的责任机构，为此卡尔维与其他志同道合的人在浦那成立了"寡妇再婚协会"，其本人成为该协会的秘书。他为征募协会成员、募集资金、设立再婚寡妇居所等都做了大量的工作。卡尔维一生都致力于推动妇女的教育事业，在搬到浦那前，他就先后多次向穆鲁德村的基金会捐资以促进该村英语教育的发展以及让更多的女性接受教育，同时他还为在穆鲁德村修建马拉提语学校及修建独立的女校出谋划策和捐款。而在浦那，他则积极参与取消禁止寡妇再婚条款的活动，但卡尔维却清醒地意识到，让寡妇接受教育成为经济上及生活上自立的女性将有利于这项事业的发展。1896 年，"印度教寡妇之家协会"（Hindu Widows' Home Association）在这样的背景下成立了。该协会纯粹只是一所教育机构，为避免正统人士的敌对和误会，"寡妇之家"在寡妇再婚的问题上保持绝对中立，并且让就读的寡妇学生自己烹煮食物。该机构的相关事务由卡尔维的姨妹帕尔瓦蒂拜·阿萨瓦利（Parvatibai Athavale）负责，她是一个削发、严格遵守传统规则的寡居女性。因此尽管卡尔维通过帕尔瓦蒂拜获得了保守派的信任，却也招致了激进改革人士的批判，他们不满意卡尔维创办的教育机构游离于"寡妇再婚"的观点之外，也不满意让一个公开表示反对寡妇再婚、严格遵守正统印度教寡妇饮食习惯的女性担任"寡妇之家"的负责人。这些激进人士甚至在一些重要的报刊上撰文指责卡尔维，让其回归到正统印度教的生活中去。

在这样艰难的环境下，卡尔维仍孜孜不倦地为女性教育事业努力着，1907 年，他创办了第二所教育机构——女子学校（Mahila Vidyalaya），旨在扩大女生的招生范围，到后来，该校的女学生人数已经达到 91 人。随着寡妇之家和女子学校人数规模的扩张，第三所学校创建。在阅读了日本女子大学（Japan Women's University）的介绍手册后，卡尔维认为在印度开办女子大学要比开办男女同校制的大学更为妥帖。1915 年，在全国社会会议（The National Social Conference）的主席致辞中，卡尔维把讲话重点放在女性中等和高等教育以及开办女子大学上。他说："我们必须认识到国家和社会经济要求妇女应该占有与男性不同的一席之地……但是她们任职的场所是不同的，尽管平等可能具有更高的重要性。"① 1916 年，女子大学成立。

---

① "looking back"; By Dhondo Keshav Karve; Published By Mr, B. D Karve, Secretary, Hindu Widows' Home Association, Hingne Budruk, Poona 4; PRINTED BY Mr. A. V. Patwardhan, B. A., at the Aryabhushan Press, H No. 936/3 Bhamburda Peth, Poona 4. 1936.

在最初几年，该机构的发展并不乐观，很多人认为女子大学的建立会成为提升女性教育的绊脚石，因为其所强调的母语教学不利于英语的推广，且会让女性沾染上调情、爱慕虚荣等恶习，另外学生规模在开始的时候仅维持在15—20人之间，学校也缺乏资金开展相关业务。1920年维塔尔达斯·萨克莱爵士（Sir Vithaldas Thackersey）捐献150万卢比，接手了该大学，条件是该大学以他的母亲纳蒂拜·达莫达尔·萨克莱夫人（Shreemati Nathibai Damodar Thackersey）的名字命名，因此该大学成为"纳蒂拜·达莫达尔·萨克莱夫人印度女子大学"，英语简称为SNDT。该大学后迁址孟买。此外，卡尔维在1936年开办了"马哈拉斯特拉乡村初等教育社"，旨在以未设学校的乡村为据点来设立小学。1944年，卡尔维又创建了"促进人类平等的协会"。总之，卡尔维在印度女性的解放及其教育事业的发展中做出了不可磨灭的贡献，其开展的社会工作受到了政府的充分肯定，他个人也分别于1955年和1958年获得"莲花赐勋章"和"印度国宝勋章"。

此外，值得尊崇的男性改革家还有斯瓦米·达亚南达·萨拉斯瓦蒂（Swami Dayanand Saraswati），他强调尊重女性，支持女性享有与男性同样的受教育权利及阅读宗教圣典的权利，并谴责贬低女性的风俗，如萨蒂、嫁妆及一夫多妻等；坎杜库里·维拉萨林甘姆·潘图鲁（Virasalingam Pantulu）在亲眼见证了女性面临及经历的种种困境以及社会宗教风俗所带给女性的伤痛后，他相信可通过反对邪恶风俗来达到净化宗教的目的。他所领导及开展的社会改革运动向诸如"妇女应该努力维护好自己在家庭中的角色和地位"、"教育及再婚等会让妇女丧失受人尊敬的品质，使妇女及其家庭蒙羞"等一系列传统保守理念提出了挑战，更为重要的是，这场运动让更多的人卷入了社会、宗教和政治改革运动中，对女性地位的改善起到了积极的促进作用；喀沙布·钱德拉·森（Keshub Chandra Sen）寻求通过学校、祈祷会、经验交流等方式来促使女性发挥新的作用；赛义德·艾哈迈德爵士（Sir Syed Ahmed）是社会改革的积极拥护者和支持者，他反对深闺制和早婚，赞成女性接受教育，他曾办过杂志《道德改革》（*Tahzibul Akhlag*）来宣扬自己的观点和思想。这些伟大的男性改革家们都为女性社会地位的改善做出了不懈的努力，也为女性参与妇女事业铺设了道路。

在社会变革及西方新理念的推动下，印度各地也涌现出了众多受过教育的女性，其中一部分杰出女性成为社会改革运动的先驱。她们关注若干问题，其中大部分与婚姻、寡妇及女童教育等主题相关，另外她们通过办学、撰写书稿、积极参与社会活动等方式来表达女性自己的声音。在 19 世纪下半叶，出现了一位备受赞誉的女性改革家潘迪塔·拉马拜（Pandita Ramabai，1858—1922），她被誉为"印度之母"、"社会改革运动的先驱"以及"印度最早的女性主义者"。

潘迪塔·拉马拜的父亲安纳特·帕德马纳巴·唐格雷（Anant Padmanabha Dongre）是一位伟大的吠陀学者，其导师曾担任皇室大臣家中小姐的导师。她的父亲认为应该让女性接受与男性同样的教育。因此安纳特下定决心教授自己的妻子读书认字。然而妻子却拒绝接受丈夫的教导。数年后，安纳特的妻子去世，他在朝圣途中结识了第二任妻子。为了不让自己教授妻子的意愿受到自己所属种姓集团的阻止，安纳特带着妻子来到了森林中，搭建起简陋的居所后定居了下来。

在拉马拜的记忆中，森林居所是她接触印度教圣典知识和梵文的地方，父母则是知识的谆谆教诲者。因家里把钱大量用于宗教供奉和接待朝圣者及学生上，加之婆罗门种姓的骄傲感和自豪感不允许拉马拜的家人外出工作来供养家庭，"只出不进"的生活方式使贫困降临到了拉马拜的家，特别是 1876—1877 年南印度爆发大规模饥荒期间，拉马拜家陷入了严重的债务危机，他们不得不靠售卖饰品、器物及祖上的土地偿还债务。拉马拜在谈及自己的饥荒经历时，曾这样描述，"我们去了一些圣址和圣庙，那里供奉着不同的神；我们在圣河中沐浴，祈求洗脱罪恶和诅咒；我们日日夜夜地在石制和金属制神像前恳求，祈求神赐予我们财富、学识和名望，然而神像坚硬如常，并没有回应我们的祈祷，却只给予了我们贫困"。之后，拉马拜的父母在贫困交加和病痛的折磨中相继离世。在他人的帮助下，兄妹三人掩埋了父母后，行走各地，以图寻找食物和工作，但所获甚少。拉马拜的姐姐却又在贫病、饥饿中离开了他们。就这样，兄妹二人开始了四处游荡的日子，有时拉马拜的哥哥偶尔会得到一份工作，但所获不多。也正是在这种动荡飘摇的生活中，拉马拜开始质疑起自己曾信仰的印度教。幸运的是，这种经历赋予了拉马拜观察生活的能力。

拉马拜属于婆罗门种姓，因此在行走各地间得以进入婆罗门教徒家中，见识到了深闺女性所遭受的悲惨境遇，这也激发了拉马拜穷其一生为妇女解放及救助不幸女性而奋斗的决心。游历印度各地时，拉马拜和哥哥宣讲着有关女性教育和社会改革的话题，这恰巧迎合了那些具有改革思想的婆罗门的需求，兄妹二人因此获得了大量的赞助，贫困饥饿的日子随之远去。之后，二人辗转来到加尔各答，拉马拜因渊博的学识、熟练掌握多种印度地方语言以及新颖的改革思想，而被授予了"学者"和"学习女神"的头衔。然而，不幸继续追随着拉马拜，其兄死后，丈夫也在二人婚后的第19个月，因霍乱离开了拉马拜。至此，拉马拜成了一位因丧失保护者，而被其传统社会关系集团拒绝的高种姓寡妇。

拉马拜撰写了《妇女的道德》（1882年），《高种姓印度教妇女》（1888年），《潘迪塔·拉马拜的美国遭遇：美国人》（1889年）等有影响力的著作，它们多是批判印度父权社会、同情印度妇女以及高种姓妇女境遇的著作。拉马拜曾这样表述："在印度，有成千上万的祭司和男人学习了宗教圣典，他们成为人民的精神领袖和引领者，然而他们忽视和压迫着寡妇……每年都有成千上万的年轻寡妇和无知孩童经受着难以描述的苦难和无助，但没有一个哲学人士或圣雄有勇气站出来支持女性事业并且帮助她们……西方的姐妹们不要受被美化过的书籍和诗歌的吸引，我们的女同胞们不得不接受和经受着苦涩和艰难的现实……"这些批判性的著作使拉马拜在遭受正统印度教指摘的同时，也赢得了改革人士的赞誉。

拉马拜支持女性接受本土教育、支持社会团体开办女校，支持培养女教师和女医生，同时严厉抨击童婚等残害女性的制度。她的思想在改革家那获得了一定的认可度，同时为了巩固已有的成果，拉马拜成立了雅利安女子社（Arya Mahila Somaj）的分支机构。在拉马拜开展社会工作的过程中，她认识到自己对西方教育及相关知识存在欠缺，于是远赴英美等国。1883年拉马拜、拉马拜的女儿曼诺拉马（Manorama）以及拉马拜的闺蜜阿南迪拜·巴加特（Anandibai Bhagat）启程前往英格兰，并在旺蒂奇（Wantage）定居下来。几个月后，阿南迪拜自杀。多年来，亲人及好友先后故去给予了拉马拜沉重的打击，伤心失意下生活在陌生国度的她，于1883年9月30日接受了洗礼，成了一名基督教的皈依者。拉马拜曾这样表示，"印度教圣典给予我们一些美丽的、充满慈爱的训言，然而耶稣基督的福音书却向我们展示了把信念付诸实践的魅力"。

1886年拉马拜受邀前往美国后，在那里居住直至1888年。其间她调查了美国公立学校体系及慈善公益机构，这让她深受启发——在印度为寡妇设立庇护所，建立女校及女子师范学校的想法又重新在拉马拜的脑海中活跃起来。她开设了大量讲座，以此来募集资金及建立帮助中心。1889

年，潘迪塔·拉马拜回到印度孟买后，创建了一所寡妇学校——智慧之家（Sharada Sadan）。因为拉马拜是一位脱离印度教而皈依基督教的女性，又因为拉马拜对基督教及传教士所开展的工作给予高度评价，并坦言要让寡妇在"智慧之家"领略基督教义的魅力，所以尽管该校保持宗教教育的中立性和非宗派性及严格遵守所有婆罗门的种姓规则，但印度教集团却常质疑拉马拜开设学校的动机。于是它们这样教导婆罗门的寡妇：自杀要好于进入那个可能使其背弃原有宗教信仰的机构。智慧之家建立之初，只有学生 2 名，课程教授以梵文、英语和马拉提语为主。一年之后，在美国资助人士的协助下，学校搬到了浦那。

在浦那当地成立了一个由 3 名印度绅士组成的咨询委员会，负责对拉马拜的建校事宜提出建议。然而因为拉马拜允许在"智慧之家"学习的寡妇们，与拉马拜接触的那些被丈夫抛弃的女子，或者贫困的没有保护人的孤儿学习《圣经》及参加拉马拜的祈祷会，这让忠诚的印度教徒们极为恐慌，他们担心拉马拜会劝说她们皈依基督教，因此当参加拉马拜祈祷会的女子人数达到 20 名的时候，咨询委员会出面阻止拉马拜，并要求她停止这一行为。到 1893 年，在外界的抗议声下，有 25 位女孩陆续退出了"智慧之家"。在印度教的捍卫人士看来，只要这些女子不皈依基督教，那便万事大吉，不论她们是否成为道德沦丧之人或受到何种虐待，都不在其考虑范围之列。

1897 年印度中央省爆发饥荒，之后饥荒迅速在西印度蔓延开来。拉马拜在这场大饥荒中，共解救出 300 名遭受饥饿的寡妇、孩童。她把早先买下的距离浦那 30 英里开外的克德冈（Kedgaon）的一处农场建成另外一所学校，取名"解放"（Mukti），来收容那些饥荒的受害者。拉马拜的教育是成功的，"智慧之家"自建立之初的 11 年间已经培养了 70 名能够通过教书和护理病人等途径自谋生路的妇女，而学校"解放"在 3 年内已经培养了近 80 名自谋生路的女性，她们或已结婚或就业于不同的岗位或立志要在自己的家乡创办与"智慧之家"同类性质的学校。拉马拜逝世于 1922 年，她对提高女性社会地位和促进女性教育事业的发展做出了重大贡献，是印度历史上一位杰出的社会家和教育家。

然而需要指出的是，19 世纪的改革家们虽然大肆批判社会陋习，并谋求通过创办女校、建立寡妇庇护所、参与社会工作、立法等多种方式改变女性状况以及提升女性地位，但他们仍为父权思想所左右并为之服务，因此在一定程度上存在局限性。如教育先驱唐多·凯沙夫·卡尔维一生都致力于女性的教育事业，然而卡尔维的建校宗旨却仍然紧扣让接受教育后的女性成为"贤妻良母"的思想。因此在实用课程的安置上，也围绕家政学、卫生学、烹饪、儿童护理等学科展开。即使是希望提升女性地位的圣雄甘地也对卡尔维在学校设置家政学、美术等课程的行为称赞有加。甘地认为在英国人殖民印度前，印度有着自己的教育模式。男性通过学校、寺庙和习经等三种方式来获取知识；而女性则在家中接受教育。英国人殖民印度后，先摧毁了印度的教育，接着又建立了自己的教育模式，这种行为带来了许多问题，包括不尊重传统、引发教派冲突、摒弃宗教和真理的价值观等。甘地的这种思想在部分精英阶层中引起共鸣，他们首先肯定教育是有益于女性发展的，但是西方的教育却会腐蚀年轻女性的心智，使她们更易受到西方价值观的影响，因此女性只需要学习管家等实用性技能就行，间或接受美学教育和传统教育。

第二章

政府的"平等"承诺在现实中难以实现

1947 年 8 月 14 日，印度建立世俗民主共和国。后于 1949 年 11 月立宪，承诺保护和加强印度妇女的政治权利、经济权利和社会权利："给予女性法律上之平等以及平等保护"；"女性公民不因性别遭受歧视"；"就业机会和受教育权利均等"；"女性享有言论和表达自由，享有取得、保有及财产处理权"；"女性在机会、设施和地位上与男性均等"等。尽管女性公民的权利首次在国家认可的规范性文本中被记录下来，但是"公民平等"与"性别平等"的承诺仅在法律、法规和政策文件中得以体现。城乡区别、阶层分化、贫富与性别差距都在明显加大，妇女在实际生活中并未能享有真正意义上的平等与公正。

第一节　走向平等?[①]

1972 年联合国妇女地位委员会召开了第二十四届会议。在此次会议上，1975 年被定为"国际妇女年"，并确定该年的重要活动是"召开一次专门讨论妇女问题的世界性政府间会议"。为了准备契合此次会议主题的关于"印度妇女生产生活现状"的报告，印度教育和社会福利部在 1971 年委派古哈委员会去"调查并评估宪法、法律和管理规定对妇女社会地位、教育和就业所产生的影响"。委员会就此展开了大量的访谈和研究工作，并于 1974 年提交了标志性报告《走向平等》。报告用大量的事实和

---

① 其中所用数据来自 "Towards equality Report of the Committee on the Status of Women in India"; edited and introduced by Kumud Sharma, C. P. Sujaya, general editor Vina Mazumdar; Published by Dorling Kindersley 2012; "Towards equality Report of the Committee on the Status of Women in India"; Published in 1974; "Women in Modern India"; Geraldine Forbes; Cambridge University Press, 1996"。

数据证明，并不是所有的女性都享有法律上和政策上所承诺的"女性公民基本权利之平等权"，甚至社会变化及发展给女性带来了负面影响，女性地位并未提升到女性所期望之程度。正如同洛蒂卡·萨卡尔和维纳·马宗达所认为的：

> 回顾妇女的无独立法律人格和受约束条件，其起源于社会文化制度，它指出大多数妇女仍远不能享有宪法向她们保证的权利和机会……社会法律寻求在家庭生活中解决妇女问题，但国家大部分女性却对此一无所知。对女性自身应享有的法律权利，她们的无知程度如同独立前。[1]

至此印度政府所承诺的及宪法所保障的平等条款都遭受了严重质疑。缘何如此？笔者试图采用报告之数据，从印度"人口"、"教育"、"就业"、"参政"等四个方面加以阐释和反映。

一 人口性别比例严重失衡

人口普查是社会经济可持续发展的重要信息支撑，它为了解一个国家的人口构成、人口素质、人口数量、婚姻生育等内容提供了重要的参照依据。印度最早的人口普查参考文献可以追溯至孔雀王朝时期月护王的宰相考提利亚所写的《政事论》（公元前 300 年—前 200 年）；之后莫卧儿王朝时期，阿克巴大帝的大臣阿布·法兹勒在其所撰写的书籍《埃—伊—阿克巴里》中，简要描述了莫卧儿王朝时期的人口状况；17 世纪及 19 世纪偶有参考文献论及人口，但仅仅列举了一些简单的人口数据。自 1872 年首次人口普查至今，印度全国共开展了 15 次人口普查。据报告《走向平等》及人口普查的相关数据显示，印度人口状况在独立后至 1974 年间呈现如下特点：

印度人口数量急剧攀升，为应对人口过度增长给社会发展和资源共享所带来的负面影响，印度政府把控制人口增长作为其人口政策的主要内容。1951 年，印度人口 3.61 亿，十年间的增长率为 13.31%，递增增长率 51.47%；1961 年，印度人口 4.39 亿，十年间的增长率高达 21.64%，

---

① "Towards equality Report of the Committee on the Status of Women in India"; edited and introduced by Kumud Sharma, C. P. Sujaya, general editor Vina Mazumdar; Published by Dorling Kindersley 2012", p. 359.

递增增长率达到 84.25%。为放缓人口增长的速度，印度政府于 1947 年正式启动计划生育工作。1949 年，印度计划生育协会成立，旨在监督计划生育专项基金的分配及使用情况。20 世纪 50 年代初，政府成立人口政策委员会，并在第一个五年计划（1951—1956 年）和第二个五年计划（1956—1961 年）期间，采取增加资金支持、扩大计划生育门诊的覆盖范围等措施来控制人口增长，然而印度政府这一时期倡导的计划生育政策仍以自愿为原则。因此尽管医院、卫生所都提供了避孕措施的咨询服务，但避孕用品的使用以及以家庭为单位的生育控制却未达到政府的预期效果，人口仍然呈递增增长态势。20 世纪 60 年代，印度政府希望通过实施计划生育政策及项目调控来降低人口出生率，然而事与愿违，以"计划生育门诊为主导"来实现国家计划生育政策的做法仍有一定的局限性。全国可提供避孕用品的计划生育门诊在 1961 年已达到 4000 所，仍远不能满足快速增长的避孕人群的需求。因此政府不得不采取提高结婚年龄、启动产后护理计划、提升专业保健人员的任职比例以及采取新型避孕措施等方式来弥补卫生所数量有限以及医护设施简陋所带来的问题。20 世纪 70 年代，印度政府首次把提高国民生活标准、加强国民教育等各项福利纳入人口政策的考虑范围。其间，政府采取以下措施来积极推进计划生育政策的有效落实，包括"扩大产后护理计划的受惠对象"，"引入男性节育观念"，"设立计划生育研究专项基金"，"合法化人流等非自然行为避孕"以及"计划生育间隔"等。估计在 1970—1973 年的 3 年间，共有 28 万名女性在 255 所医院接受了节育手术，共有 15% 的育龄夫妇实行了计划生育。然而由于政府强制执行计划生育政策，引发民愤，因此尽管计划生育项目仍在继续，但已为政治人士所冷淡，人口继续呈现大幅增长，1971年，印度人口达到 5.48 亿，十年间的增长率仍高达 24.8%，递增增长率达到 129.94%。

男女性别比例严重失调，且独立后性别比例的失衡程度较独立前严重；男女出生性别比亦呈下降态势，且 1971 年达到最低点。1901 年，男女性别比例为 1000：972，1911 年为 1000：964，1921 年为 1000：955，1931 年为 1000：950，1941 年为 1000：945，1951 年为 1000：946，1961 年为 1000：941，1971年为 1000：930。另外印度各邦之间的男女性别比例失衡状况也迥然不同。1951 年，安得拉邦男女性别比例为 1000：986，1961 年为 1000：981，1971 年为 1000：977；同时期，古吉拉特邦男女性别比例分别为 1000：952、1000：

940、1000∶936；马哈拉斯特拉邦男女性别比例则分别为1000∶941、1000∶936、1000∶932。在旁遮普邦、拉贾斯坦邦、北方邦、西孟加拉邦等"重男轻女"观念盛行的地区，女孩不受欢迎的程度则更为严重，旁遮普邦的男女性别比在1951年、1961年、1971年间分别为1000∶858、1000∶864、1000∶874；拉贾斯坦邦的性别比分别为1000∶921、1000∶908、1000∶919；北方邦的性别比分别为1000∶910、1000∶909、1000∶883；西孟加拉邦的性别比分别为1000∶865、1000∶878、1000∶892。而同时期喀拉拉邦则是唯一一个女性人数多于男性的邦，其性别比例分别为1000∶1028、1000∶1022、1000∶1019。

城乡性别结构不合理，且"出生性别比"已经严重影响到未来各个年龄阶段的性别比例。究其原因是：印度"男贵女贱"等传统观念较为深入，且法律及社会保障制度在实施上有一定的难度，因此"选择性生育行为"以及"产前性别鉴定"现象较为严重，故而印度男女性别比失衡状况出现于所有年龄阶段，且城市地区的性别比失衡现象普遍较农村地区严重，特别是20—34岁年龄段间的城乡男女性别比差距最大。值得注意的是，传统思想的禁锢还导致农村地区外出务工和外出求学的男性数量较女性多，因此留守妇女和留守儿童大量滞留于农村地区，主要集中在20—34岁年龄段。1971年，农村地区20—24岁年龄段、25—29岁年龄段、30—34岁年龄段的男女性别比分别为1000∶1074、1000∶1078、1000∶1045（见表2-1）。

表2-1　　　　1971年农村地区和城市地区各年龄阶段男女性别比

	全国男女性别比	农村男女性别比	城市男女性别比
0—4岁年龄段	1000∶969	1000∶972	1000∶953
5—9岁年龄段	1000∶935	1000∶935	1000∶931
10—14岁年龄段	1000∶887	1000∶885	1000∶895
15—19岁年龄段	1000∶883	1000∶896	1000∶839
20—24岁年龄段	1000∶1008	1000∶1074	1000∶830
25—29岁年龄段	1000∶1027	1000∶1078	1000∶863
30—34岁年龄段	1000∶990	1000∶1045	1000∶811
35—39岁年龄段	1000∶916	1000∶949	1000∶802
40—44岁年龄段	1000∶882	1000∶922	1000∶737
45—49岁年龄段	1000∶839	1000∶876	1000∶705
50—54岁年龄段	1000∶848	1000∶868	1000∶761

续表

	全国男女性别比	农村男女性别比	城市男女性别比
55—59 岁年龄段	1000 : 867	1000 : 882	1000 : 801
60—64 岁年龄段	1000 : 923	1000 : 926	1000 : 908
65—69 岁年龄段	1000 : 916	1000 : 921	1000 : 895
70 岁以上年龄段	1000 : 961	1000 : 957	1000 : 978

资料来源：1971 年印度人口普查数据。

进入 20 世纪以来，随着印度医疗及卫生水平的改善，婴儿死亡率大幅下降，但却存在性别差异和地区差异。根据印度建立的样本登记制度来看，1969 年印度 12 个邦的女婴死亡率为 148‰，男婴死亡率为 132‰；产程中的新生女婴死亡率 76‰，新生男婴死亡率为 74‰；产后女婴幼儿死亡率为 72‰，男婴幼儿死亡率 59‰。同年，阿萨姆邦农村地区和城市地区的男婴死亡率分别为 154.2‰和 110.7‰，女婴死亡率分别为 104.4‰和 92.4‰；查谟 & 克什米尔农村地区和城市地区的男婴死亡率分别为 106.3‰和 79.1‰，女婴死亡率分别为 98.9‰和 40.5‰；迈索尔（印度卡纳塔克邦的旧称）农村地区和城市地区的男婴死亡率分别为 114.5‰和 60.1‰，女婴死亡率分别为 104.4‰和 54.4‰；拉贾斯坦邦农村地区和城市地区的男婴死亡率分别为 167.6‰和 97‰，女婴死亡率分别为 170.2‰和 84.2‰；北方邦农村地区和城市地区的男婴死亡率分别为 153.9‰和 119‰，女婴死亡率分别为 205.9‰和 99.7‰。由此数据来看，农村地区男女婴的死亡率普遍高于城市地区，究其原因不外乎农村地区的妇女及初生婴儿接触医疗、食品、保健品等资源的机会较城市地区的妇女及婴儿少，且"养儿防老"等传统观念及家长制思想在农村广为流行，因此不乏扼杀女婴的事件发生。

社会经济的高速发展、人口素质的提高、生产生活方式及思想观念的转变，给印度女性的婚姻生活带来了一系列深刻变化，然而问题却依然显著。其一，男女平均结婚年龄均有所提高，但城乡之间差距明显。1901—1911 年间，男性平均结婚年龄为 20.2 岁，女性平均结婚年龄为 13.2 岁；独立后，随着法律机制的健全，男女平均结婚年龄均有所提高，1951—1961 年间，男性平均结婚年龄为 21.4 岁，女性平均结婚年龄为 16.1 岁；1961—1971 年间，男性平均结婚年龄为 22.2 岁，女性平均结婚年龄为 17.2 岁。然而男女的平均结婚年龄在城市地区和农村地区仍有所差异。1961—1971 年间，农村地区的男性和城市地区的男性的平均结婚年龄分别为 21.6 岁和

24.3 岁，农村地区的女性和城市地区的女性平均结婚年龄则分别为 16.7 岁
和 19.2 岁。其二，保持结婚状态的女性所占比重最高，而离异／分居女性所
占比重较低，其原因有三：一是女性仍为传统思想所束缚，抱有对丈夫
"从一而终"的观念的女性所占比例较高；二是离婚女性被视为不洁，难以
再次找到合适的婆家；三是离婚诉讼耗时过长。1961 年，农村地区和城市
地区的已婚女性占全国女性的比例分别为 67.5% 和 61.1%；农村地区和城
市地区离异／分居女性占全国女性的比例分别为 0.8% 和 0.6%。1971 年，
农村地区和城市地区已婚女性分别占全国女性的 66.3% 和 59.3%；而农村
地区和城市地区离异／分居女性仅分别占全国女性的 0.5% 和 0.4%。其三，
童婚现象仍然存在，且所占比例不低。根据印度《童婚限制法》的规定，
女性最低结婚年龄为 15 岁。但根据 1961 年和 1971 年人口普查数据显示的
婚姻状况来看，童婚在婚姻形式中的占比不低。1971 年，10—14 岁已婚女
性占同年龄段女性总数的 11.7%，其中农村 10—14 岁已婚女性占比
13.6%，城市 10—14 岁已婚女性占比 3.9%。最后，面纱制（覆面）和头
纱制（覆头）在印度仍具有影响力，且遵守的女性因区域（见表 2－2）、
种姓（见表 2－3）、宗教信仰（见表 2－4）、城乡（见表 2－5）的不同而
有所差异。其中需要注意的是，北部、东北部的女性较南部地区的女性更
倾向于遵守面纱制度；信仰伊斯兰教、印度教、耆那教和锡克教的女性教
徒较信仰其他宗教的女性教徒更倾向于奉行面纱制度；"中低种姓集团"的
女性较"高种姓集团"和"其他种姓集团"的女性更倾向于实行面纱制度；
农村地区的女性较城市地区的女性更倾向于遵守面纱制度和头纱制度。

表 2－2　　　　奉行面纱制（覆面）和头纱制（覆头）的女性人数
比例因区域不同而有所差异

	公公在场	婆婆在场	丈夫之兄长在场	丈夫之姐夫在场	外来者在场
安得拉邦遵守面纱制的女性人数占比	9.4%	3.3%	9.4%	3.76%	5.02%
比哈尔邦遵守面纱制的女性人数占比	31.25%	31.25%	30.21%	29.17%	41.84%
喀拉拉邦遵守面纱制的女性人数占比	4.29%	3.79%	4.29%	4.29%	5.81%
东北部梅加拉亚邦遵守面纱制的女性人数占比	0%	0%	4.55%	0%	0%
拉贾斯坦邦遵守面纱制的女性人数占比	62.18%	45.56%	57.88%	53.58%	51%
德里遵守面纱制的女性人数占比	60.78%	32.35%	58.82%	50%	52.94%

资料来源：选择性选取"报告《走向平等》之问卷调查的数据"整理后所得。

表 2 - 3　　奉行面纱制（覆面）和头纱制（覆头）的女性人数
比例因种姓不同而有所差异

	公公在场	婆婆在场	丈夫之兄长在场	丈夫之姐夫在场	外来者在场
遵守面纱制的印度教高种姓女性人数占比	32.27%	17.84%	30.96%	25.82%	31.04%
遵守头纱制的印度教高种姓女性人数占比	36.48%	34.37%	34.52%	32.2%	34.01%
遵守面纱制的印度教中间种姓女性人数占比	36.98%	17.31%	36.9%	29.31%	35.86%
遵守头纱制的印度教中间种姓女性人数占比	34.48%	31.72%	33.02%	30.26%	32.76%
遵守面纱制的印度教表列种姓女性人数占比	35.28%	15.92%	36.07%	24.93%	43.5%
遵守头纱制的印度教表列种姓女性人数占比	33.95%	34.48%	31.03%	30.24%	30.77%

资料来源：选择性选取"报告《走向平等》之问卷调查的数据"整理后所得。

表 2 - 4　　奉行面纱制（覆面）和头纱制（覆头）的女性人数
比例因宗教信仰不同而有所差异

	公公在场	婆婆在场	丈夫之兄长在场	丈夫之姐夫在场	外来者在场
遵守面纱制的印度教女性人数占比	32.08%	17.23%	31.93%	25.05%	32.7%
遵守面纱制的伊斯兰教女性人数占比	40%	26.27%	37.61%	34.33%	62.99%
遵守面纱制的佛教女性人数占比	12.12%	9.09%	15.15%	12.12%	33.33%
遵守面纱制的基督教女性人数占比	4.08%	2.95%	3.63%	3.63%	4.31%
遵守面纱制的锡克教女性人数占比	44.04%	16.51%	42.2%	23.85%	35.78%
遵守面纱制的，信仰部落宗教的女性人数占比	0%	0%	0%	0%	11.1%

资料来源：选择性选取"报告《走向平等》之问卷调查的数据"整理后所得。

表 2 - 5　　奉行面纱制（覆面）和头纱制（覆头）的女性人数
比例因城乡差异而有所区别

	公公在场	婆婆在场	丈夫之兄长在场	丈夫之姐夫在场	外来者在场
遵守面纱制的农村女性人数占比	32.38%	18%	32.61%	25.97%	35.91%
遵守头纱制的农村女性人数占比	31.58%	29.63%	29.93%	28.44%	32.47%
遵守面纱制的城市女性人数占比	28%	1.95%	26.72%	21.05%	28.27%
遵守头纱制的城市女性人数占比	29.71%	27.3%	28.31%	24.89%	28.54%

资料来源：选择性选取"报告《走向平等》之问卷调查的数据"整理后所得。

二 教育存在差异和挑战

萨亚玛·查兰·德布（Shyama Charan Dube）在其著作《印度男性和女性的角色》（1963）中，曾做出这样的表述，"有一些明显的迹象表明，在现代社会，人们早先就女性地位和角色所持有的传统观念正在逐渐改变，其原因是现代教育机会的增多，区域流动性的增加以及新经济模式的出现"。其中女性接触教育资源机会的增加被视为促进社会公正以及改善家庭经济状况的有效途径。为此，印度各类教育机构得以快速发展，特别是"社会工作专业教育"（Professional Education of Social Work）、"职业教育"和"技术教育"成为该时期的新宠。在这时期，参与社会工作成为妇女就业的新趋势。早在 20 世纪 20、30 年代，就有机构对涉及女性的社会工作投入了大量的人力和物力，并涌现出了一批杰出的女性社会工作者，如马尼本·卡拉（Maniben Kara）、穆图拉克希米·雷德（Muthulak-shmi Reddy）、哥达瓦里·郭克雷（Godavari Gokhale）（后来称帕鲁勒卡，Parulekar）、谢里法·哈米德·阿里夫人等。她们积累的社会工作经验成了后辈的宝贵财富，印度首所开设社会工作学科的学校就是由女性建立的。根据 1968 年印度社会福利理事会的研究报告显示，当年从该校毕业的学生数量达到 3153 名，而到了 1971 年，该校毕业学生数量就达到了 6000 名。

尽管接触教育和文化资源的机会在增加，但地区差距和性别差异却十分明显，甚至社会陋习及种姓高低等亦成为资源获取的潜在影响因素。印度农村人口的识字率在 1971 年达到 23.5%，其中男性识字率为 33.8%，女性为 13.2%；城市人口的识字率为 51.8%，其中男性识字率为 61.3%，女性为 42.3%。同期拉贾斯坦邦农村地区的女性和城市地区的女性识字率分别为 6.4% 和 31.9%；安得拉邦农村地区的女性和城市地区的女性识字率分别为 10.9% 和 36.3%；比哈尔邦农村地区的女性和城市地区的女性识字率分别为 6.4% 和 31.9%；而喀拉拉邦农村地区的女性和城市地区的女性识字率之间的差距竟高达 25.7 个百分点，分别为 4% 和 29.7%。需要强调的是，分属表列种姓和表列部落集团的女性在接触教育和文化资源时又与这两个集团外的女性有所差异，她们接触这些资源的可能性更低。根据阿西斯·博斯（Ashish Bose）《印度城镇化的研究》数据显示，1962 年表列种姓集团的识字率为 10.27%，其中属于表列种姓集团的女性的识字率仅为 3.28%；表列部落的识字率为 8.54%，其中属于表列部落的女性的识字率仅为 3.17%。

从女性的受教育程度来看，她们的受教育水平仍主要停留在小学阶段和初中阶段；受教育的女性人数随着女性受教育程度的提升而逐渐减少，呈现为典型的"金字塔"形状；初高等教育资源的分配及利用亟待完善。就教育程度来看，持有学历的女性人数占受教育女性人数的 59.7%，其中持小学学历的女性占比 34.2%，持中学学历的女性占比 16%，持高等职业学历的女性占比 7.8%，而持有学位证书或学历证明的女性仅占 1.7%。金字塔教育模式形成的部分原因是：国家积弱贫穷必须考虑社会各项事业的协调发展，因此男女同校制被认为是促进性别平等及最大化利用教育资源的捷径之一。然而当时的社会态度仍然较为保守及正统，认为女校模式还是最适合印度的建校模式，因为随着女性身体的成熟，男女同校制会诱使在校就读的男性对女性实施不名誉或不道德的行为。时至 20世纪 60 年代中期，这一否定男女同校制的态度仍高达 57.76%。因此随着年龄的增长，很多女性不得不辍学在家，初高等教育由此中断。阿西斯·博斯访谈了 917 名官员，其中认可男女在小学应实行同校制的官员人数占受访官员总人数的 56.6%，认可在中学应实行同校制的官员人数占比 35.7%，而到了中等教育阶段和大学教育阶段，认可男女同校制的官员仅分别占比 15.5% 和 16.9%。甚至在某些邦，例如比哈尔邦等还实行了反对男女同校制的政策。

三　女性遭受就业歧视

在经济收入不断提高，物质生活水平不断改善的同时，印度民众也不得不面对人力资源竞争、物价上涨及就业压力等一系列问题，这些压力成为印度"男主外，女主内"等传统观念改变的重要推动力，特别是经济压力迫使女性参与公共区域活动及社会经济活动，女性自身经济价值在家庭内外得到充分体现。这一时期，女性的就业领域不断拓宽，主要包括家庭手工业、广告业、酒店业、娱乐业、通信业、管理业、服务业、旅游业、建筑业、银行业、保险业、重工业、医疗护理、能源、商务、船运、国防、教育及交通等领域。其中，教育和医疗护理是女性相对青睐的就业领域，女性从业人数增长较快。如 1951 年，女护士、助产士及卫生随访员的人数分别为 16550 人、19281 人、578 人；1961 年，女护士、助产士及卫生随访员的人数较之 10 年前约翻了两番,而到了 1971 年,女护士、助产士及卫生随访员的人数较之 1951 年则分别增长了 4.3 倍、3.96 倍和 7.4 倍。在教育领域,女性从业人员主要分布在小学和初中教育机构,其中小学女教师占女教师总数的 71% ;而中学女教师则占女教师总数的 21% 。

遗憾的是,女性在被要求承担相应经济义务之时,却被剥夺了所应享有的权利。从就业层面来看,女性在就业人数、就业领域、就业环境、就职任免、晋升资格、评估体系等各方面都遭受歧视,而属于中低阶层、部落民及低种姓集团的女性则面临更为恶劣的状况。就职于工厂的女性人数在 1951 年、1955 年、1961 年、1966 年、1970 年分别达到 29 万、29.51 万、37.23 万、36.47 万、39.4 万,仅占当年工厂就业总人数的 11.43%、10.96%、10.65%、9.96% 和 9% 。

认知心理学研究显示,我们中的绝大多数人(包括男性和女性)都带有"内隐偏见",尽管我们对此毫无认知,但是"偏见"在我们消极或积极评估一个人及其工作时,往往起到关键作用。试验研究表明,在男性和女性具备同样能力和素质的情况下,雇主更倾向于选择男性,而在男性和女性具有同样成绩的情况下,赞扬多数时间被给予男性。① 评价体系或评价标准因为个人及群体因素占主导,因此过于武断和专制,这不利于建立一套正确和有效评价女性的优良体系。例如女性因生理因素的影响,不得不承担生养孩子的义务和责任,然而正是这一促进人类生命延续和进化的神圣职责,却被作为否定女性业绩及降低保障妇女就业的财政投入比例的重要因素。继而女性不得不面对"女性产假及休假时间较男性长,因此能力差、产出低,她们更适合家庭生活"等负面指责及接受"工资少、晋升慢"等内隐偏见的结果。对此,女性与男性在共同职业领域中所面临的报酬差异就很能说明问题。在棉纺织业中,男性计件工工头的最低工资是 9.08 卢比,最高工资是 28.41 卢比;而女性计件工工头的最低工资仅为 6.18 卢比,最高工资仅为 9.18 卢比。男女计件工工头的平均日工资分别为 15.13 卢比和 6.67 卢比,两者的日工资差距高达 8.46 卢比。在黄

---

① Beyond Bias And Barriers; Committee on Maximizing the Potential of Women in Academic Science and Engineering, Committee on Science, Engineering, and Public Policy; the National Academies Press Washington, D. C, 2006.

麻纺织业中，男性苦力的最低工资是 3.05 卢比，最高工资是 3.08 卢比；而女性苦力的最低工资为 2.85 卢比，最高工资仅为 2.88 卢比。男女苦力的平均日工资分别为 3.15 卢比和 2.89 卢比，虽然两者的日工资差距不大，但差异却依然存在。对于男女技术工人来说，性别工资差异则更明显。以二级电子机械师的日工资为例，男女二级电子机械师日平均工资相差竟高达 9.17 卢比；而造纸行业中的非技术工人间的男女性别日工资差异约为 1.19 卢比。即使是在女性劳工较为集中的种植行业，性别导致薪酬差异的情况也依然存在。例如，男采茶工的最低工资是 2.16 卢比，最高工资是 2.30 卢比；而女采茶工的最低工资仅为 1.31 卢比，最高工资为 1.67 卢比。男女采茶工的日平均工资分别为 2.39 卢比和 1.67 卢比。在橡胶种植业中，男割胶工的最低工资为 1.42 卢比，最高工资为 2.07 卢比；而女割胶工的最低工资为 1.24 卢比，最高工资 1.87 卢比。男女割胶工的日平均工资分别为 2.22 卢比和 1.96 卢比。印度某人寿保险公司的一个部门在回答古哈委员会的问卷调查时这样表示："我们的方针是尽可能地避免在我们的组织内聘用女性员工。妇女受教育程度低，是社会经济发展滞后群体的代表……其中，有少数几个女性要求在我们的机构中承担相应工作，我们却不愿任用她们，以免出现管理问题。除此之外，在国有化之前，我们的机构作为一家私人商业机构来说，应考虑的是效率性、纪律性、管理能力、努力程度等，对此我们认为女性员工通常不具备这些标准。"[1]

这种"内隐偏见"还延伸到了男女就职的行业中。人们的潜意识就认为应由男性掌控科学技术、工程管理、商务法律等领域；而女性在这些领域的能力应受到质疑，她们保有优势地位的行业只能是种植业、农业、纺织业、成衣业等。在这里，男性和女性所从事的行业被"想当然"的进行了划分，且界线泾渭分明。1921 年，有超过 3900 万的女性劳动力参加工作，其中受聘于教育和科学领域的女性仅有 30000 名，受聘于专业医生岗位的仅有 68000 名，而就职于法律和商业部门的女性仅有 6000 名。印度的三大种植业分别是咖啡、橡胶和茶，其中女性 1951 年在咖啡和橡胶种植业中的就业人数分别占种植业就业总人数的 40.4% 和 22.1%；

---

[1] Towards Equality Report of the Committee on the Status of Women in India"; Published in 1974. p. 214.

1956 年，分别占种植业就业总人数的 42.9% 和 24.5%；1961 年则占比 45.3% 和 21.4%；1970 年，女性在咖啡和橡胶种植业中的就业人数分别达到了 16.4 万和 9.9 万，占种植业就业总人数的 44% 和 35%。对此卡马拉德维·恰托帕迪亚（Kamaladevi Chattopadhyay）在关于"印度妇女地位"的序章中，这样写道："虽然男人没有质疑妇女进入任何活动领域或从事任何职业的权利，但多年来他们在各处都占有完全的支配地位，其通过严格的条例和风俗阻止妇女进入，且限制妇女的影响力和工作的范围。"[1]

女性劳工较男性劳工廉价，因此这段时期工厂里大量使用女性劳动力和童工，然而这却对英殖民统治下的机器大工业生产形成了巨大挑战，因此英政府要求印度方面制定相应的劳工法来对印度劳工进行管理，其先后于 1922 年、1923 年、1926 年、1929 年间出台了《印度工厂法》、《印度矿区法》、《印度工人赔偿法》、《印度工会法》、《贸易纠纷法》等法律法规。其中一些条款在"理想上"对改善女性的工作状况及保障女性权益有所助益，如《印度劳工法》规定危险工种限制女性就业，禁止夜间工作和地下作业；1891 年《工厂法修正案》把妇女日常工作时间限制在 11 个小时内；1911 年《工厂法》禁止妇女晚上工作；1929 年《矿区法》条例禁止妇女从事地下作业等。然而这些法律条例在现实生活中却忽视了女性的实际生活需要，并使女性一度成为它们的直接受害者——女性不得不缩减工作时间，不得不退出地下作业的行列——尽管她们并不希望薪酬减少和失业。

就业于矿区的女性数量历来较多，这源于其所使用的招聘方法。因获取劳工存在困难，所以矿场主便雇用承包商来签约雇用包括整个家庭在内的"劳工帮"。在印度东部地区，最有效的方法是通过购买柴明达尔[2]的

---

① Gedge and Choksi, Women In Modern India, p. 4. Quoted in "Women in Modern India"; Geraldine Forbes; Cambridge University Press, 1996.

② Zamindari refers to the land under the control of a zamindar. Zamindars did not actually own the land but had the proprietary rights secured by the Permanent Settlement of 1793. They had the right to collect rent from the people settled on their zamindari and they, in turn, submitted revenue to the government. 柴明达尔制指的是柴明达尔（地主）拥有的土地管辖制。地主实际上不拥有土地，但是所有权受到 1793 年永久居留法的保护。地主有权从居住在其地产上的居住者那里收租，反过来，地主向政府缴纳税收。

地产不动产来获取稳定的劳动力，把土地分配给佃户，并要求这些佃户到矿场工作以替代地租的缴纳。约50%的矿场劳动力以这种方式征募。[1] 然而随着《矿区法》的实施，在地面和地下作业的女矿工人数急剧缩减，她们的家庭生计遭遇困境。1961年、1964年、1967年、1970年、1971年，女矿工就业人数分别为66250人、43400人、41800人、30424人以及2631人。女矿工人数在这十年间的年均降幅高达9.6%。

很多矿场主和工厂主在权衡利弊后，不再雇佣女性以避免支付额外的和昂贵的医疗及福利费用，借此规避法律风险来压缩生产成本，于是男性逐渐取代了女性在优势产业中的位置，女性失业率逐渐增大。与此同时，女性的维权意识却未因失业率的增加及时间的推移而有所增强。1961年《产妇分娩津贴法》出台后，就职于工厂的女性人数在1964年、1967年、1970年、1971年分别为358675人、277615人、262290人以及112165人，其中要求赔付产妇分娩津贴的女性仅为18705人、6573人、5502人、1995人；实际获赔产妇分娩津贴的女性为14347人、6132人、4931人、1931人。同期就职于种植业的女性人数分别为319703人、281687人、260814人以及301855人，其中要求赔付产妇分娩津贴的女性仅为64855人、37724人、39496人、43952人；实际获赔产妇分娩津贴的女性为63650人、35337人、38337人、43346人。

尽管女性就业于各式公营和私营制造业以及小型企业作坊，如重工业、炼油、食品加工、畜牧、成衣业、家庭用具生产、皮革制品、玩具等行业，但大部分的女性却处于"就业金字塔"（如表2-6所示）的底层，换句话说，相较于男性来说，女性更多的是从事"非技术性"工种、"半技术性"工种和"辅助性"工种，收入低且工作极不稳定；即使进入"技术性"岗位，女性的收入及晋升也难以同男性相比，她们多维持在原聘用职位；而因男女在受教育程度、上岗及就业培训、职业技术教育及专业培训等方面存在不可弥合的差距，这一时期跻身于各行业管理层的女性人数相对稀少，可忽略不计。如在制造业中，女性多从事清洁、苦力、包装、机器操作、摇纱、织补、给料等工作；在种植业中，女性多从事采摘、割胶、苦力、帮工等工作；在采矿业中，女性多从事清扫、搬运、割

---

① Engels, "Changing Role", pp. 211－40. Quoted in "Women in Modern India"; Geraldine Forbes; Cambridge University Press, 1996.

石、装卸、露天采矿、挖掘等工作；在公营部门或私营机构中，女性的就业岗位则多集中在办事员一层，包括打字员、接待员、速记员、接线员等。又据制造业和采矿业的抽样调查的数据显示，纺织业共有 14 个工种聘用女性，其中处于监管工作岗位的女性从业者为 0，就职于技术性岗位、半技术性岗位和非技术性岗位的女性则分别占 19.22%、59.95% 和 20.83%；电子产业共有 8 个工种聘用女性，其中处于监管工作岗位的女性从业者为 0，就职于技术性岗位、半技术性岗位和非技术性岗位的女性则分别占 8.41%、86.73% 和 4.86%。水泥业共有 2 个工种聘用女性，其中处于监管工作岗位的女性占该领域女性从业者的 1.18%，就职于技术性岗位、半技术性岗位和非技术性岗位的女性则分别占 3.53%、0% 和 95.29%。而就职于重型机械制造业的女性共 964 名，其中女性管理层人员仅占 1.8%；女性行政人员 3.6%；女性办事人员人数最多，占该部门女性就职人数的 45.2%。就职于公营保险组织的女性共 3332 名，其中女性管理层人员仅占 0.3%；女性行政人员占比 1.7%；女性办事人员占比 93.8%。女性在私营机构中的就职情况也差不多，她们的职业岗位亦多分布在中下层，偶尔出现"女性跻身高层的比例高于女性在中下层的就职比例"的特例，不应视为普遍现象，如就职于光电工程私营企业的女性共 1414 名，其中女性管理层人员占该部门女性就职人数的 3.1%；而女性办事员仅占 1.3%。

值得注意的是，即使是非技术性、辅助性岗位，男女就业机会也不均等。以办事员一级的速记员为例，向用人单位举荐的男性和女性在 1966 年分别有 219 人和 7 人，男女被举荐使用比例高达 30.3∶1；而 1969 年，向用人单位举荐的男性和女性分别为 264 人和 16 人，男女被举荐使用比例为 16.5∶1；1971 年，向用人单位举荐的男性和女性分别为 113 人和 16 人，男女被举荐使用比例为 7.1∶1；1973 年，向用人单位举荐的男性和女性分别为 180 人和 21 人，男女被举荐使用比例达 8.6∶1。如若被举荐岗位偏重于技术性岗位，则获取就业机会的性别差异就更为明显，以服务工程师一职为例，1960—1966 年间，该岗位没有被举荐的女性人员，而到了 1970 年，向用人单位举荐的男性和女性分别为 276 人和 1 人，男女被举荐使用比例为 276∶1；1972 年，向用人单位举荐的男性和女性分别为 452 人和 1 人，男女被举荐使用比例竟高达 452∶1。此外，很多就业岗位直接不对女性开放，最为明显的是交通部门中的客货运司机（包括公交车、出租车、火车、轮船等）与飞行员等职位。另外受教育程度高的女性，其就业机会明显增多；而文盲或受教育程度低的女性，其就业机会则不断减少——这已经成为社会的一种总体发展趋势。1961 年，文盲和无学历女性，其就业人数占当年女性就业总人数的 81.1% 和 8%，而到了 1971 年，文盲和无学历女性的就业人数仅分别占当年女性就业总人数的 65.8% 和 5%，分别下降了 15.3 个百分点和 3 个百分点。而 1961 年，拥有技术学位、工程学学位或医学学位的女性，其就业人数分别占当年女性就业总人数的 0.6%、0% 和 0.1%；到了 1971 年，拥有技术学位、工程学学位或医学学位的女性，其就业人数分别占到了当年女性就业总人数的 2.3%、1.4% 和 1.3%。

表 2 - 6　　　　　　　女性在公营和私营部门的任职情况　　　　　　单位：人

职业	女性就业人员总数		管理层		行政人员		办事员	
	公营部门	私营部门	公营部门	私营部门	公营部门	私营部门	公营部门	私营部门
重型机械制造业	964	575	18	—	35	3	436	135
照明工程	614	17	1	—	13	1	210	4
简易工程	1547	—	3		27		816	
光电工程	117	1414	—	44	2	—	47	18
电子电器工程	2750	1344			12	11	328	187
重型电气工程	1164	—			38		702	
化肥工程	739	122			10	1	389	98
塑胶工程	248	—			1		43	
保险业	3332	3	11		58		3126	
广告业	—	157		3	—	36	—	103
纺织业	12	2267				11	11	174
采矿业	33978	661			43	—	974	12
钢铁业	532	22			28	2	504	20
原油业	355				10		332	
电信	597				13		359	
规划 & 建筑	167				7		158	
其他	899	305	—	2	51	23	763	230

资料来源：《走向平等》报告。

随着资本密集化以及规模化生产和机械化生产的引入，印度传统的乡村经济结构遭到破坏。加之接触教育资源的时间较短以及"相夫教子"、"大家庭"等传统观念仍有较大影响，女性成为规模化产业发展的直接受害者。可以这样说，大机器生产时代的到来，在提高了速率和效率的同时，也使很多手工业生产的必然步骤遭到省略和替代，而处于这些岗位上的女性不得不丧失原有的工作机会，据统计，有3/4或者4/5的女性遭遇裁员。与此同时，女性的兴趣和能力培养相较于男性来说，并未得到工厂主、企业主或农场主更多的关注。据古哈委员会的大量证据显示，在工厂或企业提供培训机会或者引入新的机械设备时，女性接触这些培训和设备资源的机会比男性要少得多。例如印度劳工部在产业员工之间开展的劳工教育项目就忽视了已就业女性或即将就业女性的需要。截至1974年，仅有两名女性入选该项目培训人员名单。另外在工会和管理部门之间常常有一种未成文的规定或协议，即"向男性提供培训机会，以避免其成为过剩的劳动力"。一些重要产业的高管也表示，他们认可并执行的政策是"以男性和机器来替代女性"。[1] 尽管早在1934年，相关女性组织已经注意到女性身处的这种弱势困境，并提出"寻找替代工作是切实可行的途径"。之后印度政府也在这一方面大做文章，例如设立了国家就业服务部（National Employment Service）来实行就业帮扶计划，并向有关人群提供就业安置信息等。然而政府所设立的这些帮扶机构虽然针对的是少数团体，但其覆盖范围仍主要集中于城市区域，因而身处农村的女性弱势群体及低收入女性群体未能从中受惠，她们的就业岗位一直处于缩减之中。

　　按照推拉理论来看，印度女性可能因为对婚姻生活的向往、贫困、家庭格局变动、自然灾害等众多因素被推离其原有的居住环境，她们希望通过"流动"或"迁移"这一行为，最终享有那个牵引她们离开的新环境所带来的种种益处。在《印度城镇化的研究》一书中，阿西斯·博斯表示印度女性的迁移有两种情况，一种是因为婚姻而发生迁移，另一种则是因为丈夫迁移而随之迁移。简言之，印度女性的流动多属于"被动迁移"和"个人迁移"，其人口迁移规模随迁移方式的改变而变化，且迁移人口中女性数量多于男性。根据1971年人口调查数据显示，女性的人口迁移形式主要有：从城市至农村的人口迁移；从农村至城市的人口迁移；从城

---

　　[1]　Toward Equality, Report of the Committee on the Status of Women in India (New Delhi, Government of India Ministry of Education and Social Welfare, 1974). p. 200.

市至城市的人口迁移以及从农村至农村的人口迁移。其中从农村至城市的女性人口迁移以及从城市至城市的女性人口迁移数量分别为 963 名女性/1000 名男性和 990 名女性/1000 名男性。而从农村至农村的女性人口迁移以及从城市至农村的女性人口迁移数量竟分别高达 3447 名女性/1000 名男性和 1398 名女性/1000 名男性。如果按女性人口迁移的距离长短来划分的话，女性的人口迁移形式有短程迁移，其迁移数量为 3063 名女性/1000 名男性；中程迁移，其迁移数量为 1682 名女性/1000 名男性；远程迁移，其迁移数量为 980 名女性/1000 名男性。产生这种现象的原因可能是农村女性文盲半文盲人数偏多，难以找到合适的就业机会；农业人口要转变成非农人口，必然会与城市中的非农人口发生利益冲突，就业机会、资源供应等因素经常成为双方冲突的根源，因此城镇人口通常对外来人口抱有敌意，认为自己所应享有的资源、机遇被他人抢夺。在这种背景下，乡村女性向城市集中的数量和其他城市女性向另一个城市集中的数量相对较少。另外女性多不愿意离开自己熟悉的区域外出就业，因而不得不就近择业，即选择打短工、零时工、计件作业等方式就业，因此女性的人口迁移主要表现为短程和中程迁移。

　　总体来看，女性负责的工作仍以家务为主，女性参与公共经济活动一直未受到重视。据 1971 年的人口普查数据显示，15—59 岁间，家务是其主要经济活动的女性占女性总数的 73.5%。值得注意的是，20—59 岁间的城市女性多以家务为其主要经济活动，其所占比例高于农村女性。20—24 岁间，以家务为其主要经济活动的农村女性和城市女性分别占同年龄段女性总数的 76.5% 和 78.6%；25—29 岁间，以家务为其主要经济活动的农村女性和城市女性分别占同年龄段女性总数的 76.8% 和 84.8%；30—39 岁间，以家务为其主要经济活动的农村女性和城市女性分别占 75.6% 和 84.5%；40—49 岁间，以家务为其主要经济活动的农村女性和城市女性分别占 73.1% 和 80.8%；50—59 岁间，以家务为其主要经济活动的农村女性和城市女性则分别占 66.9% 和 69.8%。产生这种差别的原因可能是，城市女性把外出务工视为丧失其身份地位的重要标志，同时外出参与经济活动增加了女性遭受性骚扰的危险；而农村女性为生活所迫，不得不外出务工来养家糊口。

四　女性政治参与的重要性被"人为忽略"

　　在印度学者间流行着一种观点，即认为"民主运动"是推动女性政治赋权的动力，而"圣雄"甘地则是这一发展历程上的"催化剂"。甘地通过主张女性享有投票权及同等法律地位来赋权女性，并通过亲自参与女性传统司职的纺织等经济活动的行为来挑战传统性别角色。他曾在讲话中明确表示"女性享有平等的法律和政治权利仅是促使社会转变的一个起点……在这过程中，女性将成为主导力"。史学家和社会学家们普遍认为，因为女性的积极参与，印度的民主主义斗争及其独立运动才开展的如此有声有色，事实上也的确如此。她们参与打破食盐法的运动，参与纠察、示威游行，参与抵制洋货及革命运动等，其种种行为都被赋予了政治含义。

参与这些斗争及运动促使女性的角色逐渐从家庭等传统封闭领域向公共领域转化，其公共角色逐渐得到以男性家长为代表的男性家庭成员的认可。自由战士曼莫喜尼·祖特希·萨加尔（Manmohini Zutshi Sahgal）记述了一位参加示威的妇女在其丈夫的工作时间里被逮捕的事件。这位妇女的丈夫带话到监狱里，告诉她被释放后，不能回家。曼莫喜尼的母亲——拉多·拉尼·祖特希（Lado Ram Zutshi），代表这名妇女来进行调停。丈夫说他的妻子被捕是莫大的荣誉，但她没有获得他的允许就离开了家。[1]也正是广泛参与这些活动使女性的观念和态度发生了积极转变，女性不再单纯地思考诸如童婚、嫁妆等凸显女性地位不平等的问题，也不再把参与社会公益及福利活动视为拯救女性的唯一出路，她们开始对自己所应具备的权利进行深切思考，并对选举权等政治赋权行为提出了自己的关切。自1931年印度国民大会党的卡拉奇会议上提出"不论资格和地位，女性在政治上享有平等地位"至1974年以来，女性的政治地位虽然有了较大的改善，但是很多衡量性的关键指标却差强人意。

政治参与作为考量一个国家政治发展文明程度的重要指标，是个体公民通过一定的政治行为方式来直接或间接影响政府的决定、行为及其公共政治活动，并使自身的利益在此过程中得到充分展现。尽管印度宪法充分保障了女性的政治权利，承诺女性不会因性别、阶层、地位、集团、地区、资源的多寡等众多因素而受到政治歧视，但事实却并非如此。根据人民院选举的相关数据显示，女性投票率普遍低于平均投票率，且投票率存

---

① Manmohini Zutshi Sahgal, An Indian Freedom Fighter Recalls her Life, ed. Geraldine Forbes (New York, M. E. Sharpe, 1994), p. 78.

在性别差异和地区差异。1962 年、1967 年以及 1971 年平均投票率分别为54.76%、61.33%、55.35%；而女性的投票率分别为 46.63%、55.48%、49.15%；男女之间的投票率分别相差 15.42 个百分点、11.25 个百分点和 11.85 个百分点。此外在 1971 年，比哈尔邦给男性候选人投票的男性选举人为 60%，而给女性候选人投票的女性选举人仅为 37.01%；古吉拉特邦给男性候选人投票的男性选举人和给女性候选人投票的女性选举人所占比例则分别为 60.61% 和 50.19%；中央邦分别为 58.34% 和 37.59%；马哈拉斯特拉邦分别为 63.54% 和 56.12%；泰米尔纳德邦分别为 74.48% 和 69.17%；西孟加拉邦分别为 52.23% 和 38.84%；德里分别为 66.81% 和 63.29%。

洛蒂卡·萨卡尔和维纳·马宗达认为，"把政治与经济权利分开来谈毫无意义。在印度'谈政治平等'备受争议，这是一个'大众生活拮据，不断经受着饥饿威胁'的国家；这是一个'人民未接受教育，缺少医疗保健设施，承受着阶级不平等、地位不平等和权势不平等等现象'的国家。在这种情况下来谈论政治上的平等毫无意义"。换句话说，掌握了文化资源和经济资源的男性因其具备的诸多优越条件而促其拥有更多的政治资源。而女性不仅要经受诸多"不平等"所造成的伤害，且要经受"弱势性别"等传统观念对其所产生的持久的影响力，如此一来，女性参与政治的重要性逐渐为政治人士所忽略，她们自身亦对政治问题和政治活动逐渐淡漠，最终被迫服从党派利益，从而逐渐丧失其在政治系统中的影响力和自信力以及话语权和决策权。在 1962 年、1967 年以及 1971 年的人民院选举中，竞选席位分别有 491 席、515 席和 518 席；参与竞选的女性分别为 65 人、66 人和 86 人，而当选的女性数量仅分别为 33 人、28 人和 21 人。同一时期，在安得拉邦参与人民院竞选的女性分别为 7 人、4 人和 7 人，当选的女性数量仅分别为 4 人、3 人和 2 人；比哈尔邦参与竞选的女性分别为 8 人、12 人和 18 人，当选的女性数量分别为 6 人、4 人和 1 人；北方邦参与竞选的女性分别为 14 人、13 人和 17 人，当选的女性数量分别为 6 人、7 人和 6 人；西孟加拉邦参与竞选的女性分别为 2 人、3 人和 9 人，当选的女性数量分别为 2 人、2 人和 1 人。

印度社会具有多宗教性的特性。尽管各宗教教义有所差异，然而在历史的发展进程中，各宗教的信仰和价值观却相互碰撞和融合，既塑造了他者，也为他者所塑造。其中印度各宗教映射出的一个共同观念是，男性是印度男权社会"威权性"、"独尊性"和"唯我性"的重要传承者,他们的重要性远胜于女性。这种思想在一定程度上明确了女性在社会体系中所处的位置。根据1971年的人口普查数据显示,印度教和伊斯兰教仍是印度民众所信仰的主要宗教,其教徒人数分别占印度人口总数的83%和11.2%。因此这两种宗教对待女性的态度具有一定的代表性——在印度教中,人们普遍把男性视为播撒生命种子之人,而女性则只是提供肥沃土壤培植种子之人;女性既是宗教大成上的阻碍,也是诱使男性堕落的根源。因此,印度教要求妻子保有对丈夫的绝对忠诚和坚贞;丈夫就是妻子的主宰及其需终身侍奉的神。而伊斯兰教则要求女性遵守严格的隔离制,女性必须遵守对其他男性毋言、毋听、毋见、毋信等。这种隔离使穆斯林妇女在教育文化、医疗保健等各方面都相对落后。可以这样说,女性角色仍然被绑缚在家庭和子嗣繁衍上,她们的地位主要还是通过其在家庭和社会中所扮演的角色来定义。如此一来,政治文化便难以完全摆脱宗教文化所带来的影响,女性的政治思想和政治行为不得不或更多地受到家庭中男性成员的钳制和干扰,从而逐渐丧失她们在政治中的主导权和决策权。尽管有调查显示女性对政治权力的兴趣日益增加,且独立投票的女性数量也在不断增多。但事实却是"女性在政治发展进程中的活跃性在不断降低"。我们可在巴姆布里(Bhambhri)和维尔玛(Verma)的《城市选举者》(1973)一书中发现,拉贾斯坦邦举行选举时,19.5%的女性选举者考虑的是候选人的人品,有22.3%的女性选举者考虑的是候选人的种姓和家庭,有8.3%的女选举者考虑的是党派利益,有5.5%的女选举者依据候选人竞选时提出的问题及解决方案来进行投票。其中,"女性候选人的性别"并没有成为女性投票者选举时的重要参照指标,这说明女性选举者并不会从"女性角度"出发而投票或一定投票给女性候选人。同样情况也出现在邦议会选举中,1962年古吉拉特邦举行了议会选举,在24位女性候选议员中,当选女性议员数量为15人;然而到了1967年,仅有17名女性候选议员参选,其中8人获胜;而女性候选议员数量虽然在1972年增加到了21名,但获胜的女性议员也仅有8人。在1957—1962年间,拉贾斯坦邦邦议会的女性议员数量为24人;到了1967—1968年间,女性议员的数量锐减到6人。当然,不能否认的是,有部分女性因为具备较高的政治素养、较强的政治组织能力、人格魅力、沟通能力、协调能力以及管理技能而为公众所认可,并借此获取了相当的政治权力,成为邦议会、地区或中央政府中举足轻重的人物。然而她们并不能代表仍然在"宪法许诺的平等中苦苦挣扎的绝大多数女性",她们仍然"难以充当这些女性的代言人来解决其碰到的各种问题"。

第二节　促进女性发展的措施

报告《走向平等》真实地向公众揭示了社会生活各个领域中普遍存在的"社会性别差异"和"社会性别等级秩序",这种性别两极化的发展使民众认识到印度政府提出的社会性别平等只是"法律上的承诺",而非现实及真正意义上的平等;政府关于创建"一个民主、公平和富饶社会"的承诺仍然是一纸空谈。为了改变所处的被动局面,印度政府大力举措全面推动女性融入社会的主流化发展以及现代化发展进程中,对此印度政府从完善国家战略和政策、启动具有针对性的规划和项目、健全法律体系和强化维权工作机制等几个方面来为女性搭建良好的外部发展平台。

一　国家战略鼓励和强调女性的参与及管理

女性的发展从一开始就被纳入了国家的发展战略和规划的考虑范围。在印度第一个五年计划(1951—1956 年)和第二个五年计划(1956—1961 年)中,规划者曾明确表示"国家的发展规划必须强调'规划目标',并确保在最大化产出、完全就业、经济平等、社会公正、发展规划等几方面平衡发展;为体现女性在家庭和社会中的合法角色,有必要向其提供充分的福利保障;建立社会服务机构,并根据儿童保健、营养、妇产等内容设立相应的卫生部门和保健中心;启动促进女性和儿童福利事业的综合性发展项目,如学校供餐项目等"。为此,政府的经济发展规划紧扣经济、教育、社会和文化等相关领域,尤其关注"保护女性使其免于参与有害工种的工作;产妇分娩津贴的发放;男女同工同酬;为女性就业培训提供便利",等等。与此同时,印度计划委员会也在《1951—1961 年的印度社会福利规划和发展前景》中,强调"社会公益事业旨在关注特殊人群和团体的需要,包括在经济上、社会上、身体上和精神上向难以获取或被拒绝获取资源的团体提供便利或提供服务"。而女性在此就属于"因宗教、价值观、传统风俗等因素而被拒绝获取资源的团体,需要被给予便利和服务的群体"。

第三个五年计划（1961—1966 年）强调"扩大农村福利事业的服务范围，向成年女性提供压缩教育课程，启动涉及保健教育、营养学、计划生育、分娩和儿童福利等内容的保健项目"。

第四个五年计划（1969—1974 年）仍然"高度关注女性教育，同时还强调拓展以家庭为单位的女性福利事业"。截至 1973 年 2 月，印度政府的教育专项资金投入达到 3000 万卢比，共开设 1386 种课程，3.3 万名女性参与了这些课程的学习，其中 2.5 万名女性完成了课程的培训。

第五个五年计划（1974—1979 年）针对妇女和儿童，开展了一系列与福利相关的活动，如"产前和产后保健、儿童营养补给"等，借此改善产妇和儿童的医疗保健服务状况。

第六个五年计划（1980—1985 年）在处理妇女问题的方法上出现了明显地转变，即"从过去强调福利事业转而强调女性的发展，尤其关注女性在保健、教育和就业三领域的发展状况"。

第七个五年计划（1985—1989 年）依然关注女性的发展，但"强调的内容不再是六五计划时期以多学科培训的方式来促进女性的发展，而是强调提升女性的社会经济地位，并使女性融入社会发展与国家发展的主流"。同时通过启动一些具有针对性的专项项目和规划来惠及女性。在此期间，为充分保障女性权利，政府成立了"国家妇女委员会"。

第八个五年计划（1992—1997 年）旨在促使妇女能够平等公正地参与国家的发展进程，政府通过一系列发展项目和方案的实施，承诺"女性享有发展所带来的实惠和利益"，承诺"在发展进程中不边缘化女性等弱势群体"。1993 年，印度宪法第 73 次和第 74 次修宪案提出，在潘查雅特及市政当局等机构给予女性预留席位，以推动女性积极参与地方层面的决策咨询工作。同年，印度政府签署《消除对妇女一切形式歧视公约》；1995 年，印度政府签署《北京宣言》和《行动纲领》；此外，印度政府还签署了 1985 年的《内罗毕前瞻性战略》以及首次世妇会的《为实现妇女年目标而制定的世界行动计划》等重要国际公约，并承诺履行公约内容，促使妇女享有平等权利及推动女性的进一步发展。

第九个五年计划（1997—2002 年）旨在赋权女性，使女性成为社会经济变革及社会发展的能动者。期间政府所采取的发展战略包括：为女性创造有利环境，使她们能够在其中充分地、平等地享有及使用她们应具备的权利；为确保女性在决策过程中的代表性，在人民院和邦立法机构为其预留的席位数不低于总席位数的 1/3；通过部门之间资源的有效整合来赋权女性；通过特殊战略"妇女构成计划"（Women's Component Plan）来确保女性享有不低于 30% 的福利基金或发展基金；帮助女性成立自助组；关注女性生殖健康及儿童的保健服务，并确保女性和儿童易于获得相关服务；推广"专项营养项目"（Special Nutrition Program）和"午餐计划"等儿童营养补充方案；保证妇女和女童通过 1998 年实施的专项行动计划可以平等地享有受教育权利，并消除所有教育方案中的性别歧视；为女性设定免费义务教育计划，促其可以享受免费义务教育专业课程；通过专项培训及活动让女性掌握某些必要的生活生产技能，促其自力更生、经济独立，并较快地融入现代化进程；设立小型和微小型创业计划，向女性发放小额贷款等。

印度政府认识到要提高女性的社会经济地位，关键是要赋权女性。因此政府通过项目实施和机制建设等具体措施以及给予女性相应政策及法制保障来全面赋权女性，然而其发展却差强人意。为此 2001 年"国家女性赋权政策"（National Policy for the Empowerment of Women）出台，旨在促进女性的进步、发展和赋权。具体措施如下：通过制定和实施积极的政治经济政策，为女性创造一个良性的发展环境，以激发其潜力最大化；促使女性在政治、经济、社会、文化等各领域，与男性一样依法享有及实际享有各种权利和自由；平等参与社会经济活动及有序参与政治生活，并享有决策权利；平等享有医疗保健、素质教育、同工同酬、职业安全、社会安全、社会公职、就业机会及就业指导等权利；加强法制建设，谴责及消除对妇女一切形式的歧视；鼓励男女共同参与社会事务，力促社会态度及习俗的转变；把性别问题纳入社会发展的主流，同时实施具体干预措施使政策及项目有效落实到位；消除针对妇女和女童的歧视行为及暴力行为；构建和加强与民间团体，特别是与妇女组织之间的伙伴关系。同时期，政府还制定并出台了"国家卫生政策"（National Health Policy），以确保女性享有卫生及医疗保健服务设施，并优先资助"关爱女性健康"的相关项目。

印度第十个五年计划（2002—2007 年）制订了具体行动计划的目标及时间表。这有助于妇女专项经费项目的开展及干预性政策的实施，更有助于性别问题被纳入社会发展主流，促使女性真正成为现代化进程的参与者和受益者。涉及以下内容：截至 2007 年和 2012 年，贫困率分别下降 5 个百分点和 12 个百分点；在"十五"计划期间，关注高质量就业和高质量劳动力；所有学龄儿童在 2003 年能够入学读书，至 2007 年其入学时间至少达 5 年以上；男女识字率差距和男女人工工资率差异至 2007 年必须降低 50% 以上；降低人口自然增长率，使其 2001—2011 年的 10 年间自然增长率为 16.2%；全国人口识字率在"十五"计划期间达到 75%；降低婴儿死亡率，从 2007 年的 45‰降至 2012 年的 28‰；降低孕产妇死亡率，从 2007 年的 2‰降至 2012 年的 1‰；至 2007 年，所有村庄都可以享有干净的饮用水；建立女子警察局、女子家事法庭、女子法庭、法律援助中心等；就女性权利、法律素养等内容开展意识教育活动等。

印度"十一五"计划（2007—2012 年）和"十二五"计划（2012—2017 年）强调的是包容性增长，这也意味着女性发展与社会的政治经济文化发展和谐共存。其中"十一五"计划从经济、政治和社会角度赋权女性并为其营造有利的发展环境，同时关注性别差异上的公共资源的合理配置。涉及以下内容：关注被边缘化群体的健康状况，包括各年龄阶段的女性群体、3 岁以下的孩童、残障人士、原住民等；提升 0—6 岁儿童的男女性别比率，从 2001 年的 1000：927 至 2011—2012 年的 1000：935 以及 2016—2017 年的 1000：950；通过村评议会、区评议会和县评议会等潘查雅特体制来赋权女性，使其在掌控公共资源和管理公共卫生基础设施上发挥领导作用，特别是增加潘查雅特机构成员的资源配置力度，以强化女性的能力建设促其全面发展；通过劳动力政策、技术培训及社会保障体系等措施来增加女性的就业机会，以充分发挥女性自身的主观能动性；充分认识妇女和儿童的权益，促进其潜能的挖掘和开发；确保妇女和女童作为政府项目中的直接和间接受益人，占比达到 33% 以上；缓解 0—3 岁儿童营养失衡现象以及降低女童和妇女的贫血症患病率；减少儿童在小学和中学阶段的辍学人数；承诺把贫困女性群体以及其他被排斥的女性群体纳入邦规划及国家规划中；强调民间团体在国家和邦级层面促进女性赋权的协作作用，强调非政府组织在各类项目和计划中的参与性角色；政府在基层与非政府组织协同开展"女性法律意识提升计划"以及"女性宿舍建设项目"等；确保女性享有土地权利及各类基础性配套设施，例如邦政府、妇女团体和非政府组织共同参与联合国发展项目，以促进女性享有土地等相应权利，项目覆盖安得拉邦、北方邦和奥里萨邦的 1357 个村庄和 5 万名女性。

"十二五"计划强调快速及可持续包容性增长，关注健康、教育、管理及城市化等领域的内容，尤其关注"性别平等"下的弱势群体，以及被剥夺继承权等权利的单身女性的发展，并首次强调了媒体肩负正面引导舆论的作用。涉及如下内容：强调女性经济赋权、女性参与式管理、女性包容性发展；提升女性在正规部门的就业能力及其可支配的资产基数；改善女个体经营户的状况及关注女性在二、三产业的就业状况；强调社会保障制度建设，尤其关注就业于非正规部门的女性的社会保障制度建设；保障女性平等享有卫生、教育、交通等社会性基础设施；强调女性在能源和自然资源管理中的利益相关者的角色；鼓励媒体在性别信息传递上发挥正确引导作用；关注女性权益保护法规的实施情况；关注女性弱势群体的需要，涉及表列种姓妇女、表列部落妇女、少数民族妇女以及残障妇女、寡妇、老年女性等群体；确保向外出务工女性提供良好的金融服务，并保护移民家政工（Migrant Domestic Workers）免受剥削；加大打击拐卖妇女儿童的犯罪力度；强调负责社会性别预算技术及工具等内容的政策制定者、项目规划者、性别预算官员及项目实施官员的能力建设等。

以上所述发展规划和政策在政府部门、民间团体及非政府组织的协同作用下，较为充分地保障了女性的受教育权利、医疗保健权利以及社会福利等各项权利，有效地推动了社会性别意识被纳入社会发展和决策主流。

二　规划项目帮助女性融入主流社会

索尼娅·甘地在接受访谈时曾这样表示，"印度的城市光彩照人，但农村却并非如此。而农村却又恰恰是多数印度人居住的地方"。为此中央和地方在政府政策的引导下推出了三类项目（主要以农村项目为重）来促进妇女福利事业的进步和女性个体的发展，以全面加快女性融入社会经济发展的主流。

第一，法定义务推动下的项目，即依据国家制定的相关法律法规，责成履行责任方给予女性相应的福利保障及提供相应的服务。1961年《产妇津贴法案》通过后，托儿所等福利设施的建设以及产妇津贴发放等优惠措施都得到了推动并落到了实处。1971年《医学终止妊娠法》通过，随着相关研究工作的开展和项目的推进，不安全堕胎及非法堕胎现象大幅减少，孕产妇死亡率也大幅降低。1986年《反不道德妇女和女孩交易法》

通过后,涉及监护及病后护理等内容的相关项目随之启动。

第二,发展项目。政府针对女性群体设计并实施了大量与教育、福利、医疗保健、计划生育、培训等内容相关的发展项目。以其中的医疗保健项目、营养补给项目、城市建设项目、减贫发展项目、养老服务项目等为例。

因受到印度传统文化和宗教文化的影响,女性在家庭和社会中主要扮演的还是母亲、妻子以及从属者和服务者的角色,而这些角色扮演的好坏通常又成为女性享有家庭地位和社会地位高低的评价标准。例如,女性的母亲角色以是否生养儿子为重要参照。如若生下的是女儿,则母亲在产后将得不到合理护理,母女二人亦将在营养以及医疗保健等方面遭受歧视性待遇。根据1957年马哈拉斯特拉邦6个县的调查数据显示,6县人口共计3.7万人,其中男性病人上医院接受治疗的比例明显高于女性病人,而女性病人则更倾向于接受传统治疗方式或拒绝接受治疗。北方邦相关医院的数据也显示,1962年和1965年期间,北方邦男性门诊病人分别有1490万和1520万,而女性门诊病人仅有884万和967万;同期男性住院病人分别占住院病人总数的64.96%和63.77%,而女性住院病人仅分别占住院病人总数的35.04%和36.23%。与此同时,男孩在食物、教育和医疗护理方面得到更好待遇的比例为13.53%、25.95%和6.34%,而女孩在这三方面得到更好待遇的比例仅分别为3.05%、2.69%和2.95%。这意味着女性营养失调的比例、死亡率等都将大大高于男性,而贫困家庭中的女性面临食物和医疗等资源的匮乏程度则更甚。1966—1967年,1岁以下的男婴死亡率为162.7‰,女婴死亡率为173.1‰;1—4岁的男童死亡率为35.3‰,女童死亡率为46‰;5—14岁的少年死亡率为3.3‰,少女死亡率为3.8‰;15—44岁的男性死亡率为3.8‰,女性死亡率为5.7‰。针对这些情况,政府优先发展对女性家庭生活和社会生活有直接影响的医疗保健项目和医护人员培训项目。这些项目旨在通过建立初级保健中心的方式来控制和消除传染病,向农村地区的村民提供治疗性和防治性服务,向医护人员和医务辅助人员提供培训,以使女性弱势群体、被剥夺权利群体、贫困群体及其他弱势群体可以享受到相应的医疗保健服务。例如:产后护理项目(60年代启动)、国家麻风病根治项目(National Leprosy Eradication Program,1955年提出,1983年启动)、国家癌症控制计划(National Cancer Control Programme,1975年启动)、区心理健康项目(District

Mental Health Program，1982 年启动）、国家肿瘤登记项目（National Cancer Registry Programme，1982 年启动）、全民免疫计划（Universal Immunization Program，1985—1986 年启动）、助产士培训计划（2000—2001 年启动，遍布全国 17 个邦 142 个县）、国家老年人卫生保健项目（National Program of Health Care for the Elderly，2010 年启动）等。其中自"助产士培训计划"实施以来，计划生育专业技术服务人员的任职比例大幅提高；自"全民免疫计划"实施以来，孕产妇接种破伤风疫苗人数从 1985—1986 年的 40% 上升至 1996—1997 年的 76.4% 和 2000—2001 年的 83.4%；截至"九五"计划期间，全国共建社区卫生中心（community health centers）2935 所；初级卫生中心（primary health centers）22975 所；村级卫生保健分中心 137271 所。此举促使国家人口出生率在 1991—1999 年间，从原来的 29.5‰ 降至 26.1‰，而同期人口死亡率从原来的 9.8‰ 降至 8.7‰[①]。

此外，印度政府于 1993 年制定"国家营养政策"，旨在全方位地解决国民因营养失衡及其多种并发症所引发的各种健康问题，为此政府启动"综合性儿童发展服务项目"（Integrated Child Development Service Programme）、"专项营养项目"、"儿童之家营养项目"（Balwadi Nutrition Programme）、"在职和病中女性之托儿所项目"（Creches for Children of Working and Ailing Women）、"小麦营养补充项目"（Wheat Based Supplementary Nutrition Programme）、"世界粮食计划署项目"（World Food Programme Project）、"美国援外合作署援助营养项目"（CARE Assisted Nutrition Programmes）、"泰米尔纳德邦综合营养项目"（Tamilnadu Integrated Nutrition Project）、"联合国儿童基金会妇女和儿童援助项目"（UNICEF Assistance for Women and Children）等发展项目。其中"综合性儿童发展服务项目"关注儿童权利和性别歧视，涉及营养补给、免疫、健康体检、教育服务（针对妇女和儿童等弱势群体）等内容，旨在改善 0—6 岁儿童的营养和健康状况，为儿童融入社会主流打下基础；旨在降低儿童的死亡率、发病率及辍学率；旨在有效管理和调节各部门间的政策和项目的实施情况，促进儿童身心健康发展；帮助母亲获得食物与营养知识，在培养健康生活方式的同时，有效提高母亲与孩子的保健能力。"在职和病中女性之托儿所

---

① Women's Rights：Access to Justice，P. D. Kaushik；D. K. Fine Art Press（P）Ltd. ，2007.

项目"始于 1975 年，由中央社会福利委员会及印度儿童福利理事会负责实施，旨在帮助那些就职中和病中的母亲分担照顾其孩子的职责。针对的群体是"父母亲的月收入不超过 1800 卢比的家庭，或者随季节迁移的农民工家庭的子女，或者是建筑工人家庭的子女"等。据统计，1993—1994 年间，全国共建起此类托儿所 12470 所。

"九五"、"十五"和"十一五"计划期间实施的旗舰发展项目是"贾瓦哈拉尔·尼赫鲁国家城市复兴任务"（Jawaharlal Nehru National Urban Renewal Mission）。该项目由印度城市发展部负责实施，始于 2005 年 12 月，前后七年间共投入 200 亿美元，旨在提高城市人群的生活质量及加强城市地区的基础设施建设，特别是强化女性的能力建设及能力提升，以提高她们的就业能力，同时寻求为女性街头小贩拓展市场空间等。

"PMGSY 发展项目"（Pradhan Mantri Gram Sadak Yojana）是印度前总理瓦杰帕伊于 2000 年启动的项目。该项目完全由中央政府资助，旨在在农村地区构建良好的道路交通网络。尤其关注性别差异及女性需求，强调"项目与女性经济角色、家庭角色和社区管理角色的协调性和融合性"。

"国家农村生计任务"（National Rural Livelihood Mission）是农村发展部负责的减贫发展项目，始于 2011 年，计划投入 51 万美元，旨在鼓励组建妇女自助组联盟，同时向女性提供市场和商业技术信息等。

"圣雄甘地国家农村就业担保计划"（The Mahatma Gandhi National Rural Employment Guarantee Scheme）旨在增强女性对相关法案和法律法规的认知，以及强调工资的支付方式等。

"国家农村健康计划"（National Rural Health Mission）始于 2005 年。该发展项目主要针对那些来自表列部落、表列种姓、少数民族群体、原始部落等弱势群体的女性人员，尤其关注比哈尔邦、北阿坎德邦、北方邦、中央邦、奥里萨邦、拉贾斯坦邦、阿萨姆邦等 18 个邦的女性群体的健康需求，包括那些易患骨质疏松症、子宫癌、乳腺癌、艾滋病等疾病的女性，与此同时"产妇分娩津贴计划"以及"国家食品安全法案"着手进行与实施。

"英迪拉住宅计划/拉吉夫住宅计划"（Indira Awas Yojana/Rajiv Awas Yojana）分别开始于 1996 年和 2013 年，旨在向单身女性等女性弱势群体提供住房，为居住在城市贫民窟的女性群体创造可持续发展的社会经济机会及营造良好的就业环境。

"国家农村饮用水项目和全民卫生运动"（National Rural Drinking Water Programme and Total Sanitation Campaign）在激发女性的参与性及创造性的同时，关注女性对卫生设施的需求。在 2013—2014 年的联邦预算案中，政府投入 1100 亿卢比用于"国家农村饮用水项目"的建设，其中 110 亿卢比用于东北部地区和锡金邦的农村饮用水项目建设，242 亿卢比和 110 亿卢比分别用于针对表列种姓及表列部落群体的农村饮用水子项目的建设。

"拉吉夫·甘地农村电力化项目"（Rajiv Gandhi Grameen Vidyutikaran Yojana）始于 2005 年，是中央政府和邦政府联合运作的发展项目，出资占比 90% 和 10%。旨在让所有村庄和住宅通电，使生活在贫困线下的家庭免费用电，特别强调让女性可以喝上符合标准的饮用水，并启动儿童需求研究及家庭研究等工作。

"国家老年人退休金计划"（The National Old Age Pension Scheme）针对的是年满 65 岁以上的，没有或仅有较低生活保障金的男女老年人。截至 2001 年年底，共有 770 万老年妇女获得该项目的资助，占老年人比例的 24%。[①]

第三，为特殊群体设置的项目，主要针对的是寡妇群体、贫困群体、老年群体等，包括福利延展项目、女工培训项目、社会防卫项目、边境地区项目、妇女之家项目、手艺培训项目等。具体措施包括向来自这些群体的女性提供物质生活保障；为外出工作的女性提供宿舍；为来自落后阶层或低种姓集团的学龄女童提供奖学金及改善其住宿条件；提供医疗、法律等相关支持服务；设立帮助热线和情感咨询服务等。在第三个和第四个五年计划期间，共有 2 万名女性接受了保健、营养学、保育、园艺等课程的培训，其中印度政府在第四个五年计划期间投入的培训项目经费达到 112 万卢比。

印度政府开展的"务工女性宿舍项目"（Hostels for Working Women）始于 1972—1973 年。随着社会经济的发展，越来越多的女性外出就业，而对于那些离家甚远的女性来说安全方便的住宿成为她们关注的焦点。该项目旨在通过建设新的宿舍区或扩充原有住宿区的方式使符合分配宿舍条件的务工女性可以享有安全舒适的住宿环境以及相应的儿童保育设施。符

---

①　Women's Rights: Access to Justice, P. D. Kaushik; D. K. Fine Art Press (P) Ltd., 2007.

合分配宿舍条件的务工女性包括单身、守寡、离异、分居、残障、低收入、接受岗前培训等女性群体,另外5岁以下男童和18岁以下少女可以与母亲同住。"九五"计划期间,新建宿舍102所,投入资金3.457亿卢比,惠及女性人员8000人;截至2002年年底,资助建设881所宿舍,惠及女性6.2308万名。[①]

"家庭和儿童福利计划"项目始于1967年11月,是"福利拓展项目"(1964年)的延伸,旨在拓宽福利事业的受惠面,在全国范围内向妇女和儿童提供综合性福利服务;向妇女和年轻女孩提供家政管理、保健教育、儿童保育、营养教育等基础性培训课程;通过各种组织和机构帮助女性就业;向妇女和儿童提供文化、教育和娱乐设施。

"印度政府特殊营养计划"在1970—1971年间实施,主要针对居住在部落地区或城市贫民窟中的学龄前儿童、哺乳期妇女或待产妇女。期间,在部落民居住区共建"救助补给中心"1.96万所,在城市地区共建"救助补给中心"7500所。

"性骚扰受害者救助和康复项目"和"社会防卫项目"主要针对"遭遇贩卖经历的或者正遭受道德侵犯的妇女和女童以及年老或贫困的女性群体"开展救助服务,或向其提供保健服务,或提供保护性住所及收容所,或向居住于这些收容所的女性赠送缝纫机等谋生工具,助其就业。

"斯瓦亚穆信达(Swayamsidha,意赋权)项目"是通过自助组开展的综合性项目,亦是"印度妇女和儿童发展部"的旗舰项目。该项目主要针对居住于农村地区的妇女及女童,旨在关注女性的身心健康及其社会经济的发展需要等。它通过提升社区女性参与式治理能力及加强其学习能力建设来赋权女性,使女性群体及其家庭从中受惠。该项目是五年规划项目,涉及6个邦和9个组织。其中加拿大国际发展局(Canadian International Development Agency)和国际开发中心(International Development Research Centre)提供财政支持;BAIF发展研究基金会(BAIF Development Research Foundation)负责协调相关项目活动;国际开发中心与BAIF发展研究基金会共同负责项目的实施工作。项目主要分为两个阶段,第一阶段始于2001年,于2008年3月结束;第二阶段始于"十一五"规划时期,期间项目的覆盖面继续扩大,涉及妇女发展指标相对落后的各邦。该项目

---

① Women's Rights: Access to Justice, P. D. Kaushik; D. K. Fine Art Press (P) Ltd., 2007.

的实施有利于女性从家庭、社区及政府处获取相应权利；有利于女性接触及控制经济资源、社会资源和政治资源；有利于女性意识和技能的提升；有利于提出女性共同关心的问题；有利于增加女性获取小额信贷的渠道；有利于女性参与地方性规划；有利于女性享有妇女和儿童发展部及其他有关部门提供的各项服务。

"十一五"期间还实行了另外一个重要项目"产妇津贴项目"。该项目针对的群体是在"儿童综合发展服务项目"下登记过的怀孕期及哺乳期妇女，内容包括给予产前三月及产后三月的母亲现金奖励，以使她们可以应付产前及产后的医疗和营养补给的开支。

此外，印度政府还批准或实行了如下针对特殊群体的重要项目："妇女赋权和生计项目"主要涉及北方邦的4个县和比哈尔邦的2个县，该项目由联合国国际农业发展基金赞助支持；"少数民族妇女领导力、生计和公民赋权项目"，旨在向担当领导责任的少数民族女性提供智力支持及技术发展支持，并开展"提升领导能力"的课程培训；"教育浓缩课程项目"针对的是那些不能融入主流教育体系以及中途辍学的成年女性；"印度建设项目"（Bharat Nirman Programme）旨在向流离失所者提供土地补偿，强调土地的所有权必须是男女共同持有或女方单独持有；"暂住之家项目"旨在向那些遭遇家庭破裂、剥削、社会排斥、拐卖等问题的妇女和女童提供保护性及安置性住所。根据印度人力资源发展部的年度报告数据显示，截至2001年年底，印度共建暂住之家339所，惠及女性1.01万人。

三　法制保障利于促进性别平等及女性发展

"圣雄"甘地在评述女性的落后时，曾这样说过"让我们不要独臂或者偏瘫地生活吧，如果我们让我们的另一半成为偏瘫，那样我们将无法自力更生，也无法与他国合理竞争"。印度建立世俗民主联邦共和国后，为体现公民群体的平等及权益，高度强调法律保障是确实可行的手段和方法，有助于帮助女性改变她们的生存境遇，有助于帮助女性摆脱传统社会的角色认定以及在形式上摆脱原有的那种不平等、不公正的待遇模式。

（一）《宪法》

印度在独立后制定了新宪法，宣布平等是公民的一项基本权利，并保证要实现平等的法律保护、公共就业机会均等以及禁止公共场合歧视等。

在宪法中，女性获得了以下权力：

在法律保护下，享有社会、经济和政治平等；

在法律保护下，享有公正地位与机会；

不再因宗教、种族、种姓、性别、出生地而遭受歧视、限制或接受任何附加条件；

享有相等的公职受聘机会，男女同工同酬；

享有财产、言论和表达自由；

享有判罪方面的保护、司法平等与免费法律帮助；

享有宗教自由权；

享有教育权，符合一定条件的享有公共补助的权利；

享有印度境内任何地方居住与定居、迁徙自由等公民权利；

年满 21 岁、思想健全者拥有选举权和被选举权；

有权进入社会管理阶层，有权参加公共或者社会经济事务，有权影响政府决策；

女性有权参加竞选，并成为候选人。

宪法第 39 条和 42 条对从事生产的女性给予了特殊的保护，并对其福利待遇做出规定等。

一切男女公民平等享有适当谋生的手段和权利；

不滥用男女工人，不使公民迫于经济需要而从事与其年龄或体力不相称之职业；

国家应做出规定确保对产妇之优待以及适当给予人道之工作条件等。

(二)《婚姻法》

印度妇女自古以来在婚姻上就处于弱势地位，特别是独立前的印度教妇女在丈夫在世期间或去世之后，皆不能要求离婚或者改嫁；而丈夫却可以任意迎娶新娘，其数量不受限制。印度教寡妇不仅不能再次缔结有效婚姻，且再婚后所生子女不具有继承权。据《摩奴法典》说："寡妇希望借再婚来生养孩子的做法是蔑视已故丈夫的行为，将令己处于羞辱之地"。

为了改变女性之婚姻困境，英殖民政府于 1856 年制定了《印度教寡妇再婚法案》，扫除了印度教寡妇再婚的所有障碍：

> 印度教寡妇具有再婚权利，如果曾与之结婚或订婚的丈夫已经离开人世，则寡妇与其他印度教徒再次缔结的婚姻契约应被视为有效和合法；
>
> 寡妇从亡夫那继承的财产将在其再婚之时被剥夺，寡妇离世后，其曾拥有的财产将由亡夫的第二顺序继承人继承；
>
> 寡妇再婚将丧失孩子的监护权"如果亡夫的遗愿没有公开任命或倾向于选择寡妇或其他任何人来行使孩子的监护权，则亡夫之父亲、母亲、祖父、祖母或者亡夫之男性亲戚可以在亡夫居住之地向具有民事诉讼权的最高法院递交申请书，提请任命合适之人为孩子监护之人"；
>
> 无子嗣之寡妇将丧失继承权"不判定任何无子嗣寡妇享有亡夫部分或全部财产之继承权"；
>
> 寡妇的某些权利被保留"寡妇不会因为再婚而丧失其本应享有的任何财产和任何权利，每位再婚寡妇都应享有其曾享有过的继承权，再婚应视同初婚一样"等。

1927 年，哈比拉斯·萨尔达针对童婚这一社会陋习，提出了印度教童婚法案。1929 年《童婚限制法》通过，正式生效于 1930 年 4 月。法案规定女性最低成婚年龄为 14 岁，男性最低成婚年龄是 18 岁，但没有提及"同意年龄"。1978 年，《童婚限制法修正案》出台：

> 本案中的童婚指代缔结婚姻的任一方是儿童，即未满 14 岁的女性和未满 18 岁的男性；
>
> 18 岁以上成年男性如若从事、进行、参与、庆祝或煽动童婚者，将接受处罚，且涉入童婚的父母及监护人亦将被问责，并处以短期监禁，或罚款，或监禁与罚款并罚等。

之后为进一步保障女性婚姻权利，英殖民政府在 1937—1939 年间又先后出台了《跨种姓婚姻法》、《印度教妇女离婚权法》、《防止一夫多妻法》、《穆斯林妇女离婚权法》等法案。省级立法机构也出台了《反嫁妆

法》、《婚姻法》等法案。印度独立后，印度政府在贾瓦哈拉尔·尼赫鲁
总理的带领下，又于1954年和1961年间分别通过了《特别婚姻法》和
《印度结婚和离婚法》。与此同时印度议会也在1955—1956年期间相继通
过了《印度婚姻法》、《印度继承法》、《印度未成年人与监护法》以及
《印度领养和赡养法》等四部涵盖了《印度教寡妇再婚法案》所有内容的
法案。其中《印度婚姻法》在认定男女双方的婚姻关系时，充分尊重了
公民团体所认可的婚姻风俗和结婚仪式。而1961年的《印度结婚和离婚
法》与《印度婚姻法》适用范围一致，且内容大致相同，但《印度结婚
和离婚法》对原有的法律条文做了一些补充性的规定。

　　　婚姻关系中，新娘缔结的婚姻关系需得到监护人的许可，监护人
包括其父母或祖父母或外祖父母或兄弟或父亲之兄弟等；
　　　婚姻关系中，原告方一年后方可提出离婚申请，若原告方生活异
常艰辛或者被告方异常堕落，则原告方可在一年内提出离婚申请。申
诉内容包括被告方停止信仰本法案适用宗教范围内之宗教，转而信仰
其他宗教，或被告方七年以上杳无音讯，或被告方患有难以治愈的顽
疾及精神不健全等病症；
　　　法院下达解除夫妻双方婚姻关系判决之后，若双方均不能申请诉
讼或诉讼日期已过，则离婚夫妻双方均有再婚权利；
　　　如若夫妻双方任一方没有独立生活来源维持生计或没有足够的诉
讼费用，则申请者可得到临时生活补助金；
　　　只要不违背本法案相关内容，则风俗仪式或庆典认可的婚姻关系
被视为有效婚姻关系等。

2010年，立法委建议通过《婚姻法修正案》来修正1954年《特别婚
姻法》和1955年《印度婚姻法》中的部分内容，以使婚姻关系破裂的当
事双方能较快完成离婚诉讼程序；保护因离婚案而在经济、环境等各方面
处于相对劣势的女方；保护未得到妥善安置的夫妻双方的孩子等。该法案
于2013年4月最终通过。

　　　该法案适用于印度教徒、佛教徒、耆那教徒或锡克教徒；
　　　表列部落成员间的婚姻关系不依本法案实行，而依据其风俗和惯

例实行；

　　缔结婚姻双方须实行一夫一妻的婚姻制度；

　　法定结婚年龄，男不得早于 21 岁，女不得早于 18 岁；

　　印度教徒婚姻关系可依据任一方的风俗仪式和婚姻庆典庄严立定；

　　如若丈夫或妻子没有合适的理由而离开另外一方，则受害方可向地方法院呈请恢复双方夫妻关系；

　　法定分居判令通过后，原告不再履行夫妻间同居的义务；

　　如若夫妻双方之女方获悉男方再次迎娶另一名女子，则当事女方可申请禁令禁止男方实施婚嫁行为；

　　婚姻关系中，如若原告方遭受被告方虐待或遗弃（不低于两年）、或被告方婚前患有医学上认为不应当结婚的疾病，且婚后尚未治愈的，或被告方皈依其他宗教，则夫妻双方的离婚案件的程序依据本法实行；

　　夫妻双方分居一年以上或夫妻双方同意解除婚姻关系，则夫妻双方的离婚案件的程序依据本法实行；

　　婚姻关系中，女方具有与其子女等份额的遗产继承权；

　　依据本法案呈请的诉状须迅速处理，自被告接到送达通知书之日起的六个月内，须做出法院判决；依据本法案提起的上诉须迅速处理，自被告接到送达通知书之日起的三个月内，须完成听证过程，做出结论等。

　　印度的某些邦依据自身情况对印度议会通过的婚姻法进行了补充修订。

　　（北方邦修正案）夫妻双方中的被告方持续或反复残酷对待原告方；已经给原告方造成身体或精神损害或恐惧心理；原告方唯恐继续与被告方生活会对本身造成伤害；则当事人解除婚姻关系将依据本法修正案实行；

　　（北方邦修正案）夫妻双方中的原告方生活异常艰辛或者被告方异常堕落，则当事人解除婚姻关系将依据本法修正案实行等。

（三）《特别婚姻法》

独立后的印度政府于 1954 年出台了《特别婚姻法》。它为特殊婚姻形式提供了法律保护，其适用于居住于印度境内的所有公民以及居住于境外的印度侨民；适用于不信仰基督教、犹太教、印度教、伊斯兰教、拜火教、锡克教、耆那教的男女公民；但其不适用于居住于查谟 & 克什米尔地区的非印度公民。该法案 1954 年 10 月通过，并于 1955 年 1 月正式生效。最早的特别婚姻法订立于 1872 年，之后于 1929 年进行修订，此次修正案确立了非印度教教徒、佛教徒、锡克教徒、耆那教教徒之间的男女联姻关系。

　　　该法案适用于不信仰任何宗教（包括印度教、佛教、耆那教、锡克教、伊斯兰教、天主教、拜火教、犹太教等）的人士；

　　　在查谟 & 克什米尔地区庄严立定的婚姻关系，缔结婚姻双方须同属于印度公民；

　　　该法案适用于没有配偶的、无精神类疾病或遗传性疾病、不具有血缘关系的异性，且缔结婚姻双方之男性必须年满 21 岁，女性年满 18 岁，方可确立婚姻关系；

　　　婚姻关系缔结的禁止范畴，同母异父或同父异母关系；非法或合法血缘关系；收养关系等。若风俗认可此种婚姻关系，且缔结婚姻双方至少一方同意此种婚姻关系，则此婚姻关系庄严立定；

　　　为使婚姻关系更加庄严神圣，缔结婚姻关系的双方须与三名证婚人共同前往婚姻登记所登记结婚，婚姻登记所官员签字后，此婚姻关系庄严立定；

　　　在该法案下庄严立定的婚姻，若缔结婚姻关系双方的任一方属于信仰印度教、佛教、锡克教或耆那教的家庭，则婚约效力将使其脱离此类家庭；但脱离家庭不会使其丧失原有的财产权或其他权利，此种权利受到法律保护；

　　　不论是丈夫还是妻子，若无合理的解释而离开另外一方，则受损害的一方可以向地区法院提起诉状，要求恢复双方的夫妻关系；

　　　在该法案下庄严立定的婚姻，若被告方故意拒绝履行正常的婚姻生活；若被告方在婚姻期间，怀有他人而非原告方的孩子；若婚姻双方之任一方是被迫或被骗而与另一方缔结婚姻关系，则该婚姻关系视为无效；

　　在该法案下庄严立定的婚姻，不论是丈夫还是妻子，若被告一方自愿与配偶之外的第三者保持性关系；原告被被告遗弃两年以上；被告被判入狱 7 年以上或者犯下《印度刑法典》中的某些罪行；原告被被告残酷对待；被告患有间歇性或持续性精神类疾病；夫妻双方同意离婚，且不是在暴力、欺骗或不适当的影响之下达成的一致意见等，则允许当事双方解除婚姻关系；

　　种姓间通婚依本法案实行等。

（四）《继承法》

　　历史上，印度女性大部分时间被归属为劣等和弱势群体一类，她们无独立人格，且需依附家庭男性成员生活。在婚姻关系中，丈夫死后，享有其财产继承权的女性群体是妻子、女儿、母亲、祖母、曾祖母；而丈夫的姊妹等其他女性成员即使在其财产没有合适的继承人选而将被收归国有的情况下，也不享有继承权。此外丈夫享有对妻子财产的处置权，而妻子则不享有对丈夫财产的处置权。特别是在米塔克萨拉法（Mitakshara Law，主要用于除孟加拉邦和阿萨姆邦之外的其他邦，为耶若婆佉法 "Ya-jnavalkya Smriti" 的评注。它强调寡妇不具备管理幼子幼女的财产和大家庭的财产的权利，同时强调族中最年长的男性享有对亡夫财产的管理权）和达雅巴伽法（Dayabhaga law，主要用于孟加拉邦和阿萨姆邦）法则中，女性的继承权被完全剥夺，而"儿子"则享有绝对的继承权，即婚姻关系中，丈夫死后，其财产将由儿子、孙子或曾孙继承。《印度继承法》于1956 年 6 月出台，它终结了 1929 年《印度继承法修正案》及 1937 年《印度教妇女财产权法》。在该法案中，"死者财产之继承人顺序"值得关注：死者母亲为第一顺序继承者之一，而父亲为第二顺序继承者之一；"继承者的顺序"依据与"死者血统的接近程度"确定。

　　　　该法案适用于印度教徒、佛教徒、耆那教徒或锡克教徒；
　　　　该法案不适用于依据旧的财产继承权法而获取的财产；
　　　　女性享有财产所有权；
　　　　自本法案实行之日起，若男性死亡，在无遗嘱的情况下，其财产将在以下继承者中分配，包括儿子、女儿、遗孀、母亲、已故儿子的儿子、已故儿子的遗孀、已故儿子的孙子、已故儿子的孙媳，但若已故儿子的遗孀、已故儿子的孙媳或兄弟之遗孀再婚，将不再享有继承权；若无上述继承者，则男性的财产将在以下继承者中分配，包括父亲、儿子的女儿之子嗣、兄弟、姐妹、女儿的儿子之子嗣、女儿的女儿之子嗣、兄弟之儿子、姐妹之儿子、兄弟之女儿；

无遗嘱死亡女性，其所属财产将按如下顺序转予：儿子（含已故的儿子）、女儿（含已故的女儿）和丈夫；丈夫的法定继承人；父亲的法定继承人；母亲的法定继承人；

女性继承者对共同继承的财产不具有分割权，而男性继承者则享有对共同继承财产的分割权；

腹中胎儿活着出生后，同样享有继承权；

自杀者或皈依其他宗教者不享有死者之财产继承权等。

备注：若有儿子、女儿、遗孀、母亲、已故儿子的儿子、已故儿子的遗孀、已故儿子的孙子、已故儿子的孙媳等多人，则他们只能共同享有一份财产；如有多名遗孀，也只共同享有一份财产。

2005年9月，《印度继承法修正案》通过。该修正案取消了1956年《继承法》中的某些涉及性别歧视的条款，其中印度女性对祖产及土地等资源享有与男性同等的继承权。然而该法案仍允许父母通过遗愿的方式剥夺其女儿的继承权。

以共同继承人身份出生的女儿，享有与家中儿子同样的共同继承人的权利；

女儿在继承共同财产时，须与儿子一样承担法案规定的相应责任；

女儿与儿子一样享有共同财产继承权；且在共同财产分配中，女儿与儿子享有同样的财产份额；

已故女儿或儿子所获取的共同财产份额，须再次分配时，其分配对象包括已故女儿或已故儿子的子嗣；

女性继承者与男性继承者一样享有对共同继承财产的分割权；

不实行债务继承原则等。

（五）《印度教未成年人与监护法》

在过去，印度的父亲是其孩子财产的自然监护人，也只有父亲具备指定其幼子幼女的监护人的资格。父亲死后，其指定之人将担任孩子的自然监护人，而非孩子的母亲成为第一顺位监护人，同时母亲的父亲不能被指定为孩子的监护人。1956 年通过的《印度教未成年人与监护法》（Hindu Minority and Guardianship Act）承认了母亲成为继父亲之后的第一顺位监护人。私生子的自然监护人由母亲担任，其父亲成为继母亲之后的第一顺位监护人。

　　　　该法案适用于印度教徒、佛教徒、耆那教徒或锡克教徒；
　　　　该法案下的未成年人指代的是 18 岁以下的青少年，监护人则分为自然监护人、父亲遗嘱指定的监护人或母亲遗嘱指定的监护人、法院指定的监护人、根据监护人条例有权担任监护人者四类；
　　　　夫妻二人所生男孩或未婚女孩，母亲在其父亲之后，享有对他们的监护权；私生子或私生女，父亲在其母亲之后，享有对他们的监护权；而对于已婚女子，则丈夫享有监护权；
　　　　母亲在其父亲之后，享有对收养子女的监护权；如若养父母双亡，即使被收养子女的生身父母仍然在世，也要按照 1890 年的监护人法案来确定享有监护权利的监护人；
　　　　当未成年人退出印度教教籍或宣布成为隐士或修行者，则任何人无权再担任其自然监护人。

值得注意的是，即使父亲疏忽照顾孩子，或放弃承担照顾未成年人的责任，或者拒绝担任自然监护人，只要父亲仍然在世，则母亲还是不能成为未成年人的自然监护人。如果夫妻二人发生争吵或者分居，即使父亲仍然在世，则受母亲照顾的未成年女性的监护权仍将由其母亲持有。

（六）《印度教领养和赡养法》

1956 年 12 月，《印度教领养和赡养法》（Hindu Adoptions and Maintenance Act）正式生效。旧时女性不具备收养权利，而该法案却承认了女性的收养权利。尽管只有未婚女性具备收养资格，且领养对象只能是未成年女性。

如果孩童满足下列条件，才能被领养：必须是印度教徒，以前未被领养过，年龄在 15 周岁以下；

一个心智健全的、非未成年的印度教男性，获取妻子同意之后，可以领养养子或养女；若该男性的妻子退隐、不再信仰印度教，或管辖法院出具其心智不健全的证明之后，男性可以在领养养子或养女之时，不用征求其妻子意见；

一个心智健全的、非未成年的印度教女性，如若未婚，则可领养养女；已婚女性不具备领养资格，除非其丈夫已经死亡或夫妻双方离异或丈夫退隐或丈夫不再信仰印度教或管辖法院出具丈夫心智不健全的证明，方具备领养资格；

妻子享有被赡养权，即使其与丈夫分居生活，但是如若妻子不再信仰印度教或者行为不贞洁，则她将丧失被赡养权；

不论是婚生子女还是非婚生子女，都享有被父母养育的权利；

此外享有被赡养权利的人群还包括年老、体弱的父母、无子嗣的后母以及未婚嫁的女儿等。

需要指出的是，伊斯兰教、基督教、拜火教没有制定领养法，因此只能遵循 1890 年制定的《监护人和被监护人法案》（Guardians and Wards Act）实施领养行为。在该法案下，监护人只有监护义务，当被监护人年满 18 岁，则其享有自由脱离该"监护与被监护"关系的权利；同时在该法案下被监护的孩童在法律上不享有对其监护人财产的继承权。

（七）《反不道德妇女和女孩交易法》

在印度，有很多女性被迫提供性服务，她们多属于被引诱、拐骗、绑架或贫困的女性群体。印度《反不道德妇女和女孩交易法》遵照 1950 年 9 月在纽约签署的《反不道德妇女和女孩交易国际公约》而订立，旨在阻止因不道德目的对妇女和女孩的利用和剥削，以全面有效地解决商业化性交易的问题。其中该法案中的女孩指的是未满 21 周岁的女性。

处罚群体包括涉及性交易过程中的皮条客、兜售者、敲诈勒索者、妓院组织者、依靠妓女收入生活者以及妓女本人等；

经营妓院者或者允许房产被用于运营妓院者将遭受处罚；其中经营妓院指的是管理妓院、协助运营妓院等，该行为将被判处 1—3 年监禁，处以 2000 卢比以下罚款；

　　房客、承租人、房屋持有人、房屋出租人、房屋负责人等，如若使用房屋或允许他人使用房屋用作妓院之用，则将被判处 2 年以下监禁，处以 2000 卢比以下罚款；

　　年满 18 岁者，如若完全或部分依靠妇女及女孩卖淫所得收入生活，或者控制、指挥、影响、教唆、强迫、帮助妇女及女孩卖淫，则将被判处 2 年以下监禁，处以 1000 卢比以下罚款；

　　在公共场所勾引、拉客等，将被判处 6 个月以下监禁，处以 500 卢比以下罚款；

　　在公共场所、教育机构、招待所、医院等场所 200 码的范围之内，进行性交易的行为将被处以 3 个月的监禁等。

（八）《禁止嫁妆法》

　　嫁妆制度在印度已实行数百年之久，其彰显着男方的身份和地位，是女性遭受身心摧残的罪魁祸首之一，也是社会性别不平等的集中表现之一。该法案也称《禁止嫁妆法，1961》，适用于中央直辖区及印度各邦（查谟和克什米尔地区除外）。法案虽然对给予或收受嫁妆做了严格的规定，然而"婚礼之时赠送的钱财、饰物等不视为嫁妆"一说则为"嫁妆制的继续存在"埋下隐患，致使"给予和收受嫁妆行为"屡禁不止。

　　自该法案生效之日起，如若任何人给予或收受嫁妆，教唆给予或收受嫁妆，将被判处 5 年以下监禁，处以 15000 卢比以下罚款或者与嫁妆数量等值的罚款；

　　婚礼之时，给予任何一方的礼物，包括现金、饰物、衣物或其他物品不视为嫁妆，除非这些礼物被用于联姻之考虑；

　　婚礼之前或婚礼之后给予或收受的财产或有价证券也属于嫁妆之列等。

　　有的邦从当地的实际情况出发，对 1961 年的《禁止嫁妆法》进行了补充和修订。

　　（比哈尔邦修正案）如若任何人给予或收受嫁妆，教唆给予或收受嫁妆，将被判处 6 个月以下监禁，处以 5000 卢比以下罚款。

（哈里亚纳邦修正案）严禁任何人给予或收受以及教唆给予或收受嫁妆；严禁向新娘或新郎的父母或监护人直接或间接要求任何嫁妆；严禁婚礼费用超过 5000 卢比；严禁举办 25 人以上的结婚派对；严禁因妻子未给予男方嫁妆或嫁妆数量不足而否定夫妻同居权。

（喜马偕尔邦修正案）如若任何人给予或收受嫁妆，教唆给予或收受嫁妆，将被判处 1 年以下监禁，5000 卢比以下罚款。

（西孟加拉邦修正案）如若任何人给予或收受嫁妆，教唆给予或收受嫁妆，将被处以 2000—10000 卢比的罚款。

此外，印度政府及各邦还出台了《印度教妇女财产权法》、《防止一夫多妻法》、《穆斯林妇女离婚权法》、《外国人婚姻法》、《家庭法》、《青少年法》、《童工法》、《医学终止妊娠法》、《反嫁妆法》、《妇女继承法》、《监护人法案》、《禁止神妓献身法案》（The Devadasi（Prohibition of Dedication）Act）、《基督教婚姻法》、《证据法》、《开业律师（女性）法》、《工资支付法》、《穆斯林属人法》、《工厂法》、《最低工资法》、《妇女国家委员会法》、《青少年正义法》、《同酬法》、《合同工法》、《刑事诉讼法》、《产前诊断技术法》、《家庭法庭法》等众多法案，女性权利在法律体系上得到了充分保障。对此杰拉尔丁·福布斯表示，"在印度这个新建立国家的文献资料中，过去已经发生了逆转，现代化取得了胜利，妇女已不再从属于男性"。[①] 然而，在笔者看来，法律制定者在制定法律时，如若不充分考虑社会性别理论，以及不从性别角度来审视男女之生理性及社会性差异，则法律无论是在制定还是在实施过程中都会出现为他人所利用的漏洞，难以完全惠及女性这一弱势群体。因此笔者更赞同卢英子的观点，她从法理角度分析性别平等的观点时这样表述："传统的平等意味着形式上人与人均等的机会、拥有同样的权利、承担同样的义务……但是，一旦争取平等之对象聚焦于既有生理差别，又被社会性别差异规定的男性与女性时，这样的平等观显然是不适宜的。"

---

① "Women in Modern India"；Geraldine Forbes；Cambridge University Press，1996.

第三节　法律是纸老虎？

　　尽管印度政府制定了如此多的法律法规来保障妇女权益，然而理论和现实之间却有着不可弥合的差距，因此在实施过程中会因为人为和监测力度不够等原因致使许多具体措施难以落到实处，法律条文在很多时候仍旧只是"一纸空文"，女性仍然因"种姓、阶层、宗教、性别、教育、传统观念"等众多因素被排除在利益范围之外，故一些女性研究学者就把这些制定出来的政策称作"纸老虎"。正如高等法院前法官 V. K. 克里希那·耶尔指出的那样，"所有的法律都是半心半意的，它们被证明在执行上是无力且无效的。努力的宗旨是促使法律更加有效、全面及更加具有惩罚性，然而统治阶层却努力使法律在功能上成为纸老虎"。①

　　不同宗教的法律对同一事项可能有不同的解释和规定，在出现这种法律条款相冲突的情况时，应引用哪种法律条例来处理案件，使其成为维护女性权益的工具，审判者起着决定性的重要作用。然而他们却有可能根据自身的好恶或理解角度的不同，对案件做出不公正的裁决。弗莱维娅·艾格尼丝（Flavia Agnes）曾在自己的书中引用过这样一个案例。孟买高等法院判处案件的被告，一名警察支付其妻子每月 300 卢比的生活费用。此判决下达后的两个月，该警察依据穆斯林法与其妻子离婚，并表明根据《穆斯林妇女离婚权益保障法》（Muslim Women Right to Protection on Divorce act，1986）自己无须支付女方任何费用。当其妻子上诉要求警察丈夫支付她应付欠款时，法官竟然把这位女性的上诉状扔还给她，警察前夫也直接在法庭上指责前妻伤风败俗，她成了法庭众人的笑柄。该案中，法官作为国家公权和法治的行使者，本应守护社会的公平和正义，然而法官却忽视"法律存在的漏洞被警察丈夫巧妙利用"这一事实，继而协助其使法律成了伤害女性的工具。这对其他妄图挑战社会价值观和道德规范的女性也无疑形成一种警告——女性只能对男权社会安排的生活安之若素，如若妄图跳出或摆脱这一"屈从或附属男性"的规范，势必遭受来自各方面的阻力，成为各种势力口诛笔伐的牺牲品。

_____

①　http：//www. countercurrents. org/dalit-gatade210706. htm.

　　传统势力和执法势力相结合，共同阻止法律法规的有效落实。换句话说，妇女的政治赋权、经济、文化及社会地位提升等各种问题不是只有法律条文就可以解决的，某些时候宗教、社会的伦理道德和传统习俗在解决妇女面临的问题上可能更加有效和重要，甚至某些时候可以使国家法律无效化。印度社会普遍存在这样一种观念，女性的完美性体现于妻子和母亲角色的扮演上，她们应该以家庭为活动和生活之中心。如若跳出这一范围，她们在外面所遭受到的骚扰、暴力等行为，有可能被视为其本身具有的"不名誉言行"诱使了罪案的发生。有这样一个案例，一个22岁的年轻人强奸了自己24岁的表姐。高等法院认为年轻人未能克服性压力，而受害者则表现得过于孤独，因此对年轻人的判决酌量减轻。在该案中，女性不仅仅是受害者，更是诱使男性犯罪的主体，她必须承担犯罪行为的部分责任。各种宗教及社会传统观念使"违法者"在某种程度上成了"被引诱的受害者"，而女性在遭受身体上的羞辱之时，还必须承受不公正判决所带来的心理鞭笞。在班恩瓦丽·德薇（Bhanwari Devi）的案例中，格谭嘉莉·甘古丽（Geetanjali Gangoli）就表述说，一些女性主义者认为法律制度本身就带有父权性质，因此不可能给女性带来正义。这一说法很好地说明了法律在某些时候可以被无效化的事实。班恩瓦丽·德薇是拉贾斯坦邦巴特利（Bhateri）村的村民，她于1985年接受了女性发展项目的培训，主要关注土地和水资源分配及扫盲和保健项目等，并在村中树立了良好的口碑。但因为德薇努力禁止在瞿择罗人（Gujjar）和婆罗门等高等种姓中出现的童婚现象，而遭到了村中人的排斥。尽管印度政府明令禁止童婚，然而巴特利村一家颇具影响力的人家仍然计划在佛陀满月节（Ak-shaya Tritiya）节日举行时嫁掉家中一岁的女儿。为此，德薇前往游说，但却遭受了敌意攻击，甚至连地区检察官也反对德薇的行为。1992年5月，该婚礼仍然举行了，事后警察并未针对该家庭的童婚行为采取任何惩罚性的措施。但因为德薇的游说和警察的无作为，巴特利村的村民开始排斥德薇。村民不再向德薇家出售牛奶，也不再买德薇家制作的陶器。更为恶劣的是，1992年的9月，德薇和丈夫在田中劳作时，村中5名有名望的男性殴打夫妇二人，并轮奸了德薇。事后，德薇开始了寻求正义的漫长之路。然而地方行政长官在邦立法机构中公开宣称德薇撒了谎，法庭也在审理该案件时驳回了德薇关于自己被强奸的指控，并赦免了这五位男性，其理由是印度文化本身就具有浪漫思想，而且德薇被强奸缺乏可信的法医物证。甚至表示德薇指控的轮奸案纯属捏造和诽谤——因为被指控强奸行为的人士皆来自高种姓，而德薇自己则属于低种姓。高种姓的男士是不太可能触碰低贱女性的，否则他们的身体和节操都将被污损。该案件中，举行童婚的这家人是该村古加尔（Gujar）势力的代表。对执政机构来说，古加尔势力是其重要的政治和经济支撑力量。因此出于选票等多种因素的考虑，执政机构认为与传统势力相结合，维护传统势力的利益及其身份权威，有利于最大化执政机构自身的权益和权力，而这无形之中却成为女性权利申述和权益获取的最大障碍，她们的无助和被边缘化的境遇一览无余。另外，宗教及社会传统观念还认为男人是女人生活的重心，女人应该无条件服从男性，因此家暴等暴力事件只是个人的家务事或者是促使女性更正自身错误而日趋完美的一种方式，不需要干涉。因此女性经常在此类案件的审判中被大肆斥责，而男性却被宣告无罪或只接受较轻的刑法问责。对此，笔者认为莫雷尔（Morrell）在表述南非发生的强奸案时，所传达的观点很好地说明了这点，即"当霸权者的权威或利益受到质疑时，则弱势群体的行为需要受到纠正，即使霸权者所选择的纠正措施有可能使其制定的法律成其行为的帮凶亦在所不惜"。莫雷尔这样描述，"我们强奸妇女是因为她们需要被惩戒（她们行事就像势利小人），她们不愿同人们交谈，她们认为懂得比我们大多数人多，在我们斗争之时，她们明摆着不想加入我们"。

对于警察、法官、法院等作为执行生效法律文书内容的执法人或执法机构，在维护法律的庄严性和平等性及其执行上本应具有无可推卸的责任及义务，然而事实却是执法人员或执法机构本身的法律意识不强，或者存在某些与法律本身就不相容的偏执观念，继而使法律未起到对女性原有的保护效用，女性权利难以得到充分体现和尊重。以下两名执法人士忘记了"被迫提供性服务者"与"主动提供性服务者"之间的本质区别，他们的采访记录很能说明一些问题：《反不道德妇女和女孩交易法》明确规定经营妓院者或者允许房产被用于运营妓院者；房客、承租人、房屋持有人、房屋出租人、房屋负责人等，如若使用房屋或允许他人使用房屋用作妓院之用；在公共场所勾引、拉客等人士或者行为，都将遭受处罚。然而19世纪末期一名印度政府的官员表示，"兵营中有很多年轻的未婚男性，如果没有妓女这一行业，则会出现诸如暴力袭击、强奸等一系列违法行为"。孟买红灯区卡马提普拉（Kamathipura）巡视的一名警督在1995年受访时也表示，"依我看，妓女是社会工作者。如果不是因为她们的存在，来自体面家庭的女性将不能走在孟买的街上。男人强奸女人只是为了平息欲望的冲动；所有的男人都渴望性。妓女使体面家庭的女性免受强暴。如果没有妓女，则女性将不能行走街头。未婚青年将会袭击在街上的任何女子。实际上我认为妓女是社会工作者，是继母亲之后应该被尊重的人"。①

"法律"常常因人而异，推行双重标准的做法。拉米扎比（Rameez-abee）出生于安得拉邦库努尔县一个以农业谋生的穆斯林家庭。16岁时，拉米扎比嫁给泥瓦匠马布博·帕萨（Mahboob Pasha）。但两个月后，马布博·帕萨即抛弃了拉米扎比。之后，拉米扎比再嫁，与其哥哥的朋友结婚。现任丈夫一直对拉米扎比的人品持怀疑态度，并禁止其外出工作。之后，拉米扎比与熟人艾哈迈德·侯赛因（Ahmed Husain）一起前往海德拉巴，并决定在几日内回到生养自己的地方。1978年3月29日，拉米扎比与艾哈迈德·侯赛因去看电影，电影结束后两人在回家途中拦下了一辆人力车。艾哈迈德·侯赛因去小解，独自坐在人力车上的拉米扎比遭到了两名巡警的询问。巡警不听她的解释，并再三强调拉米扎比是一名可疑人物。随即把她带往警察局，拉米扎比在警局内被脱去衣服后遭受了鞭打和烟烙，之后更遭到四名警察的奸污。艾哈迈德·侯赛因听到拉米扎比的遭遇，在二人再次被带往警局后，艾哈迈德·侯赛因便出言指责警察的秽行，随即遭到警察毒打后死亡。拉米扎比被指控诱骗幼女卖淫及不守妇道等多项罪名。之后海德拉巴爆发了大规模示威游行。在此案中，拉米扎比是执法势力下的受害者已是无可辩驳的事实，但是该案件的立案过程却长达3年之久，受害人拉米扎比已经不能准确辨认警察的年龄及体貌特征等，同样目击证人亦不能明确拉米扎比是否就是受害者。法官亦在案件评审时，刻意忽略对这几位警察的强奸和谋杀指控，却去关注他们对拉米扎比和艾哈迈德·侯赛"进行鞭打的不当行为的指控"，导致犯罪嫌疑人量刑过低。而在旁遮普邦、哈利亚纳邦和古吉拉特邦出现的众多家暴、索奁焚妻及教派冲突案中，尽管有足够的证据指证丈夫或者丈夫及其亲属或者极端宗教人士已经犯下罪行，但执法者却常常因性别偏见、宗教、种姓等

---

① Indian Feminisms: Law, Patriarchies and Violence in India; Geetanjali Gangoli; University of Bristol, UK; 2007.

多种因素的考虑，而酌量减轻被告的罪行或置之不理。在笔者看来，法院和警察作为国家强制执行法律的机构和主体，本应基于事实来审理案件以维护法律的尊严和正义，然而其却从被害人的阶级、宗教、种姓的角度出发，疏于履行职责或对寻求证据保护被害人的过程漠视或懈怠。法院在某些时候保护的是统治阶级、特权阶层、执法人等群体的利益，而非少数宗教群体及性别弱势群体的利益。正如同维崴克·考尔（Vivek Kaul）在《德里强奸案：为何印度妇女会继续被强奸》的文章中这样表示："如果强奸案的被控告人是富有和权利人士的儿子，则行政机构将力图寻找证据来证明被告者的清白；而如若富有、资本家及体面家庭的女子被强奸，则行政机构将力图寻找证据来惩罚罪犯。"

尽管印度《宪法》第三篇第 15 条第一款规定国家不得仅根据宗教、种族、种姓、性别、出生地点或其任何一项为由，对任何公民有所歧视；继承法等法律也多次强调男女或子女在权利及义务上的平等性，然而某些限制性条款的存在却剥夺了女性获取其正当权利的机会。基尔提·辛格（Kirti Singh）在其报告中强调，"法律不是为了保护女性的尊严和康乐，其存在只是装点门面。外表看来，法律尊重女性权利，但在实施上，法律的漏洞却使伤害女性的行为得以继续"。[1] 达拉姆·辛格（Dharam Singh）的父亲去世后，把其所有的资产全部留给了达拉姆。父亲的遗嘱剥夺了两个女儿的继承权，他表示两个女儿已经在结婚时以嫁妆的形式享有了自己的财产。两个女儿随即依据《继承法》的相关条例规定上诉法庭，质疑其父亲遗嘱的有效性。高等法院表明根据《继承法》的遗产继承条款，达拉姆父亲的遗嘱未经证实，视为无效。然而，法院基于《继承法》的第 23 条和第 30 条建议原告的律师让其委托人撤回诉讼。[2] 在该案件中，已婚女性因结婚时发生的费用而被剥夺了继承权。加之继承法中限制性条款的存在也阻碍了已婚女性获取自身财产权的可能性。《继承法》第 23 条表示，"未留有遗嘱的印度教徒死者留给其男性或女性继承人的资产（包括住宅）为男性或女性继承人所拥有，女性继承人不得在男性继承人选择划分其住宅等权利之前提出划分事宜。倘若女性继承人是女儿，则其

---

① CHALLENGING THE NGOs Women, Religion and Western Dialogues in India; Tamsin Bradley; Tauris Academic Studies, 2006.

② Women's Rights: Access to Justice, P. D. Kaushik; D. K. Fine Art Press（P）Ltd., 2007.

只有在未婚、离异、被抛弃、寡居等状况下，享有在住宅中的居住权利"。《继承法》第30条表示，"任何一个印度教徒可以依据遗嘱或遗嘱中做出的产权处置来处理财产"。另外社会上普遍存在的传统观念皆认为女性出嫁从夫，其婚后已成为夫家财产，不应再寻求生身父母之财产。如此一来，女性迫于传统观念、外力等因素的影响，被迫放弃或不得不选择放弃自身权利。

尽管法律制定者力图以法律条文来全面保障女性的权益，但法律的贯彻实施却不同程度地受到地域因素的影响。在农村区域，因存在女性受教育程度不高、传统宗教氛围浓厚、风俗习惯根深蒂固等因素的影响，女性只能就职于一些被边缘化或非正规、非组织部门，致使工资水平相差悬殊、工作环境恶劣、中间人和地主盘剥严重、身心不健康等现象频发，继而女性逐渐成为社会上被边缘化及被疏离的贫困群体。与此同时，就职于或生活于城市地区的女性，却因各种组织和机构的存在及其帮扶服务的快速送达以及女性自我防护意识的提升，而较少遭遇到农村女性所面临的种种问题和困境，享有相对公平性。甚至在同一平行机构，也存在区域差异性。如政府明文规定在潘查雅特一级，女性的预留席位不低于33%。然而根据中央统计局的数据显示，2000年当选进入村评议会或村潘查雅特（Gram Panchayats）的女性成员在锡金邦为326人，仅为该邦村评议会人员数量的1.48%；北方邦为120591人，为该邦村评议会人员数量的25.55%；卡纳塔克邦为35305人，占该邦村评议会人员数量的43.79%；而在其他多数邦，任职于村评议会的女性成员的数量则占各邦村评议会人员数量的33%以上。[1]

执法人员的法定职责在任职之初就已经明晰了，然而在法律执行的过程中，常常会出现执法人员未能明确自己的执法职责，出现法定职责虚置；或者执法人员的执法职责未能与法律确定的责任和追究制度相衔接；甚至执法人员成为违法人员等情况。如此一来，对执法人员的法律追究制度将因为人为因素出现不严谨或空泛的状况，女性的权利难以得到有效保障。1988年比哈尔邦帕拉里拉村（Pararia）发生的19名女性被警察群体奸污的事件就很能说明问题。一位便衣警察在帕拉里拉村遭到一位老者的侮辱。作为对该行为的报复，一大群警察把村中的男性拘捕起来，并强奸

---

① Women's Rights：Access to Justice，P. D. Kaushik；D. K. Fine Art Press（P）Ltd.，2007.

了村中的 19 位女性。对此，政府之后给予每位女性受害者 1000 卢比的补偿。在政府派来警察进行案件调查的期间，整个过程既不合理也不完整，既未让被害人进行犯罪嫌疑人辨认，也未让被害人接受医疗鉴定。这使这群"警察嫌疑人"因举证不足而得以逃避法律条款的惩戒。在最后的案件审理中，政府支付的赔偿金也被用来作为对女性恶意诽谤的武器。有声音表述说 1000 卢比并不是一笔小数目，因此并不排除这 19 名女性说假话以得到这笔补偿金。苏曼·拉尼（Suman Rani）在与其男友前往查谟的过程途中，被警察以其男友诱拐未成年人的罪名带往警局。在此期间，苏曼·拉尼被两名警察强奸了。之后法官更是驳回了苏曼·拉尼的申请，斥其是一个滥交的女子，并认定她那关于警察的强奸指控是站不住脚的。①在这两个案件中，警察和法官都是重要的执法主体，然而政府却未能对警察和法官起到监督作用，致使执法人未能起到示范带头作用，未能切实有效地履行法律法规所认定的法定职责，出现职责虚置和执法人是违法人的情况，法治精神亦遭到破坏。正如国际特赦组织事后评价 2002 年的古吉拉特骚乱时评论所说，"国家在国内和国际上都未能肩负起它保障古吉拉特邦女性权利的职责"。

社会上的歪风邪气亦成为影响印度法治进程的负面因素，法律的权威遭受公然藐视和挑战。尽管印度议会在 1988 年制定并通过了《反腐法案》以及 2011 年通过了《印度刑法修正法草案》，都对教唆他人行贿以及各人和单位的贪污行为明令禁止，然而根据世界著名非政府组织"透明国际" 2012 年公布的全球腐败指数报告显示，在 176 个国家和地区中，2012 年印度仍位列全球清廉指数排行榜第 94 位。行贿受贿等腐败现象已深入印度社会的各个层面，特别是行贿受贿现象在政府机构及执法机构中频频出现，滥用手中权力谋求一己之私的行为已经成为影响印度法治进程的负面因素。这对期望借助司法审判职能来满足内心诉求的个体和单位来说，无疑降低了其对法律法规及执法群体的满意度和公信度。2011 年 12 月 29 日凌晨，一队来自巴度利亚（Baduria）和巴希尔哈特（Basirhat）警局的警察突袭了拉贾克·蒙达尔（Rajak Mondal）和法玖拉·蒙达尔（Fajular Mondal）在西孟加拉邦 24 - 北帕格纳斯县斯里卡提村

---

① Indian Feminisms: Law, Patriarchies and Violence in India; Geetanjali Gangoli; University of Bristol, UK; 2007.

（Srikati village of North 24 Parganas district）的家。在对拉贾克·蒙达尔和法玖拉·蒙达尔进行殴打之后，警察随即逮捕了二人。事后，警察捏造了逮捕地点，表示他们于 2011 年 12 月 31 日在莫拉克霍拉汽车站（Moylakhola bus stand）逮捕了此二人，原因是这二人随身携带 6.7 公斤的大麻。二人的家人认为此行为纯粹是政治报复。与此同时，警官桑杰巴布（Sanjoybabu）要求二人的家人行贿 3000 卢比，以防止二人在关押期间遭受殴打和折磨。在此案中，执法群体警察利用手中的权力随意篡改拘捕嫌疑人的地点以及明目张胆地索贿。在另外一起案件中，执法群体警察竟然在受贿后，利用手中的权力"销案"。安得拉邦卡达帕县（Kadapa District）的副督察（Police Sub-inspector）通过一警察收取一牵涉"失踪女性案"的犯罪嫌疑人 5000 卢比的贿赂金，妄图帮助该犯罪嫌疑人销案。又据印度各家媒体的报道，多名法官亦卷入各种受贿案，犯下了帮助嫌疑人有罪开释、提前举行听证会等失职渎职的错误。因此，在印度普通民众的观念里，警察等执法群体给人的印象是玩忽职守、腐败、冷漠、杀贫济富；而法院等司法机构给人留下的印象则是腐败，案件审判耗时过长，且费用收取昂贵，对待女性等弱势群体冷漠等。有数据显示，下级法院审理中的案件约为 2800 万件，高等法院审理中的案件约为 420 万件；约 9% 的受审案件的审理时间已经超过 10年，而约 24% 的受审案件的审理时间已经超过 5 年。对侵害人民利益及破坏法制的腐败现象早已引起印度某些政府高官及民众的极大愤慨。20世纪印度最引人关注的事件之一就是时任总理拉吉夫·甘地严厉谴责政府机构吞噬了用于减贫项目的 85% 的项目基金，而仅留下 15% 的项目基金用于项目运作。政府反贫困干预措施之所以奏效甚微，原因就是腐败行为充斥政府各级行政机构。又据报道，印度政党"普通人党"于2011 年成立，建党纲领是铲除贪腐。贪腐现象在印度甚为严重，从高层官员到基层警察，都涉贪腐问题，因此"普通人党"深受民众欢迎。据了解，此政党原本只有 20 万名党员和 70 万名支持者，最近他们在印度各地举行活动，吸收党员，短时间内就有 500 万人申请入党，这使"普通人党"大受鼓舞，他们希望把党员人数扩大到 1000 万人，还希望参加全国大选。[①]

①　云南省社会科学院南亚研究所《南亚简报》第 64 期。

　　精英阶层、高种姓阶层和权力阶层为维护自身利益,其行为常与国家的法律法规背道而驰。1961 年,《禁止嫁妆法》通过。该法案从法律角度对嫁妆进行了定义,并规定接受和给予嫁妆都是非法的,并要被处于监禁及罚款。嫁妆制让女性成了家庭的债务,因此不论是在教育、就业领域,还是在营养、待遇、经济等各方面,皆存在巨大的性别差异。该法案的实行,在一定程度上缓解了女性的压力,使社会上各种歧视女性的现象较之以前有所减少。然而,某些精英阶层和权力阶层却认为嫁妆给予和嫁妆收受是自尊和荣誉的体现,因此法律的双重标准再次出现。2007 年 8 月 1 日《印度教徒报》的新闻版中有一篇文章讲述的是印度联邦时任人力资源部长一家人对其孙媳妇索要嫁妆的官司。另外,印度法律也规定进行性别鉴定测试将会被处以 5 年的监禁和相应的罚款,但是富有家庭及体面家庭的产前性别鉴定依旧导致堕胎事件不断发生,且数量有增无减。为有效和全面保护表列种姓和表列部落,国家制定了"预留政策",并出台了《废除抵债性劳动法案》、《控制童工法案》、《预防针对表列部落和表列种姓的暴行法案》等一系列法律,然而众多针对表列种姓和表列部落的暴力案件却是由高种姓阶层的人士或权力阶层的人士主导的。人权观察组织就多次提及"国家机构直接和强有力地反对那些试图宣誓其主权的人——全国各地的达利特(Dalit,贱民)积极分子都面临着'恐怖分子、威胁国家安全的惯犯'等指控"。[1]此外涉嫌卷入北方邦粮食案件的都是印度权力阶层人士,他们为了谋取自身利益,竟然允许在市场公开售卖政府购进后打算给予穷人的粮食。粮食案发生在 2002—2012 年间,时值 54 亿美元的粮食通过"公共分配制度"(Public Distribution System)以及"贫困家庭发放粮食卡计划"(Antyodaya Anna Yojana)、"以工换粮项目"(Jawahar Rozgar Yojana)以及"免费午餐项目"(Midday Meal Scheme)等福利项目在穷人中进行分配。然而这些粮食之后却被发现流入市场进行买卖,甚至价值近1800 万卢比的粮食被走私到印度—尼泊尔和印度—孟加拉国边界地区。事后调查发现,涉案官员超过 150 名。同样,2010 年在印度新德里举行的英联邦运动会也出现了内阁大臣、相关部门负责人等政府高层人士涉嫌违规发放 2G 电信牌照的事件,致使国家损失超过 400 亿美元。爱

---

[1]　http://www.countercurrents.org/dalit-gatade210706.htm.

德华·卢斯（Edward Luce）在《现代印度的奇怪崛起》一书中也对特权阶层所享有的凌驾于他人之上的权利做了描述。作者在提及一场印度对巴基斯坦的板球赛时这样写道：很多特权阶层的人士纷纷向比赛主办方索求免费的入场券，他们包括法官、高级公务员、内阁议员等。爱德华·卢斯表示，"很遗憾，这就是新德里的运作方式：如果你是富人或重要人士，你几乎不需要支付任何费用；如果你是穷人，经常会被勒索，而且不保证你可以得到与你支付费用等价值的购买对象"。

印度女性受教育程度普遍较低，且缺乏掌控资源的渠道和权力，加之父权制等传统观念的存在，造成女性的法律观念极为淡漠，因而缺乏个体受到法律的保护和尊重以及利用法律捍卫自身权利的意识。另外女性对法律诉讼程序不明晰、缺乏合理表达利益诉求的法律咨询平台以及待决案件审理时间过长等原因，亦成为某些保障女性权益的法律未能真正贯彻实施的影响因素。尽管政府自独立之初及"七五"计划开始就已经制定了各种针对女性等弱势群体的倾斜性政策，并开展及实施了涉及教育、就业、保健、扶贫等众多领域的项目，然而因为女性维权意识薄弱，且对权势集团的妥协与畏惧，致使很多女性，尤其是寡妇、穆斯林妇女或低种姓妇女的土地等资产权利仍然被其家庭男性成员或高种姓男性成员剥夺或把持，陷于贫苦的她们只能被迫外出工作或乞讨为生。需要强调的是，国家政策的贯彻方式或项目的执行方式都采用自上而下的模式，这样不利于政策或项目的制定者和决策者了解"待评估对象"的需要，造成政策或项目过于拘泥于模式而不符合评价对象的实际发展情况或者难于落实到位。例如中央和邦政府的相关法律以及一些由政府和非政府组织主导的项目都一再强调并力促男女劳工同工同酬以及男女享有平等的土地权利等，然而这些法律、政策及项目在解读时却会因为地区、传统、偏见等因素的干预而存在巨大差异——最后女性依然被认为是投入与产出不符的群体，依然是应该被剥夺继承权利的群体，依然是把持劳作过程中最无足轻重环节的群体，依然是被忽视的群体，依然是不能享有同工同酬的群体……女性应享有的土地等各种权利仍然被部分剥夺或者完全剥夺。因此对于法律未受到完全尊重，在某些时候形同虚设及出现两种标准的情况，印度前总统普拉蒂巴·帕蒂尔在离职演说中这样建议，"政府、社会组织、非政府组织和其他自愿组织应该共同协作。关于针对嫁妆、童婚、堕胎、溺婴、家暴等社会恶习的法律已经通过并修订。但我认为法律本身并不足以遏制这些恶习，社会还应共同努力创造一种认知，如此一来年轻人就可以获取正确的价值观"。①

即使女性权利在某些时候获得了法律的认同及国家的支持，但也有可能因为此项权利与女性所处的集团或阶层所把持的观念及利益相悖而遭到否决。以沙阿·巴诺（Shah Bano）案举例说明。62岁的沙阿·巴诺是一位居住在中央邦印多尔（Indore）的穆斯林女性，同时她也是5个孩子的母亲。1975年，她被丈夫赶出了夫妻二人的家。1978年4月，她向法院上诉，要求其丈夫支付自己500卢比的赡养费。同年11月，沙阿·巴诺的丈夫依据伊斯兰法正式与她离婚，并宣称依据穆斯林法律，自己已经履行了相关职责，无须再对沙阿·巴诺负有任何责任。沙阿·巴诺最终向高等法院提起诉讼。1985年4月，最高法院援引《刑事诉讼法》判决沙阿·巴诺的前夫支付其赡养费。穆斯林教徒认为法院的判决与《穆斯林属人法》（该法案强调丈夫仅有支付前妻三个月生活费用的责任，之后该抚养责任将归属前妻的母系亲属）存在矛盾，是对伊斯兰法律的干预及藐视，并对此进行了抗议。沙阿·巴诺最终无力承载集团加诸其身的压力，便以致穆斯林公开信的形式公开认错。信中，沙阿·巴诺表示，"尊敬的穆斯林绅士们依据《古兰经》和《穆罕穆德言行录》向我解释了离婚、嫁妆、赡养费……现在，印度高等法院做出的关于离婚女性的赡养判决于我有利。但因为该判决与《古兰经》和《穆罕穆德言行录》相反，是对《穆斯林属人法》的公然干预。我，沙阿·巴诺，作为一个穆斯林，拒绝此项判决，并回避所有与伊斯兰教法相对立的判决"。在信中，沙阿·巴诺表现了极端的无助，由于印度法律所支持的判决与其所处的宗教集团所信奉的教法发生了冲突，她迫于压力而不得不放弃自己应有的权利。以沙阿·巴诺为代表的女性所表现出的"传统性别角色中的屈从性"再次被重申，女性自身所应享有的权利再度遭到否定与制约。印度著名女性活动家马杜·基什沃（Madhu Kishwar）就认为，"法律未能从深层次审视约束女性的不平等因素，因而国家的法律难以改变女性所受不平等之待遇"。她认为，"法律既未应用于改善普通女性的地位，也无意于改善普

通女性的地位"。令人遗憾的是，并不是所有的女性都能基于女性立场而给予女性应有的支持。该案件在人民院激起的辩论中，穆斯林妇女阿比达·艾哈迈德夫人（Begum Abida Ahmed）竟然表示："为何一个有自尊心的妇女会想要从与之离婚并把自己扔出家门的丈夫那乞求生活的费用？"

第三章

现代化进程下的印度女性

剑桥大学的历史学家曾推算，公元 1700 年印度收入约占全球收入的 22.6%，后因葡萄牙人、荷兰人和英国人相继踏上这片富庶的土地，实施了一系列诸如财产税、自由贸易、资本和商品输出市场、原材料产地等政策，致使印度收入锐减后在 1952 年仅占全球收入的 3.8%。[①] 在此情势下，推动国家的政治变革和经济变革，走现代化发展道路成为印度的必然选择。与此同时，随着印度国内妇女组织和一些自发性团体越来越广泛地参与当代女性主义运动，印度女性所扮演的新角色在 20 世纪 70 年代后逐渐引起了公众的注意，她们不再是单纯意义上的"妻子"和"母亲"，而成为一群充分发表见解主张、要求政治经济赋权的群体。随着社会、经济和政治活动超越国界和地区，印度女性亦深受现代化、工业化、城镇化、全球化及全球本土化的影响，她们积极要求并争取融入印度社会的发展主流，因而"赋权女性"成为这一时期"社会性别主流化"所强调的主题。印度前总统阿普杜尔·卡拉姆博士（Dr. A. P. J. Abdul Kalam）曾这样说过：

> 赋权女性是建设美好国家的先决条件，当妇女被赋权后，社会稳定便得以保障。赋权女性是必要的，因为女性的价值体系有助于家庭、社会，乃至一个民族的良好发展。

第一节　女性与政治

联合国制定了促进女性发展的时间表，自此妇女问题在国际上获得了

---

① 《印度经济》，http://baike.baidu.com/link? url＝59GH24ANbthwr0rI3G1Vv7HX4Sa KJHN-Om4cXWfgSruMZn1vu6Hq_ U4aq_ pZwXN9x2goEXlRiYsB50w8_ BvAaKa。

广泛关注。在此期间，参政议政、女性赋权、针对女性的暴力、妇女贫困、意识觉醒等议题成为印度国内的热点话题。然而政治历来是男性主宰的领域，因此女性在政治决策中的权重成为反映"性别是否平等"及"社会公正与否"的重要指标。换句话说，政治赋权意味着女性将掌控更多的权力资源，意味着男女权力结构及关系将发生变化，这势必对男性的政治权威及政治治理形成巨大的挑战，故而女性寻求政治赋权之路必将阻碍重重。因此，尽管印度正逐步扩大公民的有序政治参与，"占印度人口48%左右的印度女性"仍难以充分享有男性所享有的知情权、参与权、表达权、监督权及相关特权等，她们在各种政治机构中的声音仍显薄弱，亦被排斥于政府应急救援保障体系建设之外。正如联合国副秘书长拉克西米·普丽夫人（Ms. Lakshmi Puri）所认为的那样：

　　　印度应该成为一个让女性享有民主的国家。尽管印度妇女已有所发展，但议会中的女性代表却不占关键性的多数。[1]

一　席位预留与政治赋权

早在 20 世纪 20、30 年代，印度女性就开始了政治赋权的斗争。那时候，印度女性和女性组织更多的是关心"成人普选权"、"女性选民提名及席位预留"、"省立法机构中的平等代表权"等政治权利的争取等。1930 年 11 月，英国殖民统治者指名让穆罕默德·沙菲爵士（Sir Muham-mad Shafi）的女儿贾汗·阿拉·沙·纳瓦兹夫人（Begum Jahan Ara Shah Nawaz）和曾就读于牛津瑟蒙威尔学院的拉达拜·苏巴拉衍夫人（Mrs. Radhabai Subbarayan）参与在伦敦召开的圆桌会议。会议期间，二人表示她们的奋斗目标是成人选举权，但愿意接受特别预留作为临时措施。[2]

---

① Women in Twelfth Five Year Plan in India: An Analysis, Satarupa Pal, Assistant Professor in Political Science, Rampurhat College, Birbhum, July 2013.

② Mrs. P. Subbarayan, The Political Status of Women Under the New Constitution (Madras, n. p. , n. d.), pp. 2 – 3; Indian Round Table Conference, November 12, 1930 – January 19, 1931, Parliamentary Papers, 1930 – 1, vol. XII (Cmd. 3772), pp. 113 – 116; IRTC (Sub-Committee Reports), Parliamentary Papers, 1930 – 1, vol. XII (Cmd. 3772), p. 47 · quoted in "Women in Modern India"; Geraldine Forbes; Cambridge University Press, 1996.

1935 年的《印度法案》把女性选民比男性选民的比例，由原来的 1：20 提升到了 1：5。然而直至印度世俗民主国家建立后，女性的政治权利才真正得以以法律条文的形式确认及固定下来，女性自此享有与男性平等的政治权利，包括选举权、被选举权、生存权等。

为提升女性的领导力和决策力，联合国制定了促进女性发展的时间表，即 1975 年为"国际妇女年"；1976—1985 年为"联合国妇女十年：平等，发展和和平"；1990 年，联合国经社理事会提出"增加女性领导者的数量，1995 年达到 30%，2000 年达到 50%"。于是善于运用国际标准来要求自己的印度，在 1996 年的 9 月由执政的联合阵线政府向议会建议了女性席位预留的相关法案，并由瓦杰帕伊政府分别于 1998 年和 1999 年向内阁举荐，然而该预留法案由于缺乏政治共识引发激烈争议，成为印度议会搁置时间最长的法案之一。2008 年 5 月 6 日，政府在联邦院的会议上提出了第 108 次宪法修正案，以力争在人民院和邦立法议会机构中为女性预留将近 1/3 的席位。2009 年 3 月，印度联邦院再次讨论《女性席位预留法案》，以期各党派能在同年 4 月召开的议会会议前达成共识，继而促使该法案在人民院中顺利通过，然而此次讨论仍以失败告终。2010 年 3 月，经过长达 14 年的漫长斗争后，该法案最终在联邦院赢得了绝大多数的同意票而获通过，尽管它仍然面临着一些党派的顽强抵制。此举在时任总理曼莫汉·辛格看来，"是迈向女性赋权的一大步，是迈向印度女性解放的历史性的一步"。

为保障女性的政治权利，《女性席位预留法案》规定，给予女性"33.33% 的人民院席位预留比例、33.33% 的邦立法议会席位预留比例及适当比例的地方和城市机构席位预留比例"；"各邦的各选区轮流享有女性席位预留配额"；"女性席位预留法案自庄严立定起，15 年后即失效"；各级潘查雅特 1/3 的席位及主席席位必须为女性预留，这些预留席位的 1/3 还必须为来自表列种姓和表列部落的女性预留。安得拉邦、比哈尔邦、喜马偕尔邦、喀拉拉邦、中央邦、马哈拉斯特拉邦、奥里萨邦、拉贾斯坦邦、特里普拉邦、北阿坎德邦等邦甚至一度提高女性席位预留比例至 50%。目前，印度共有县级潘查雅特（Panchayat，印度独特的基层自治机构）589 个，乡级潘查雅特 6326 个，村级潘查雅特 237547 个。当选代表共计 280 万人，女性当选代表约达 100 万人，参与比例由原先的 4.5% 上升至 33%—50%。其中 2006 年村级潘查雅特机构中就任的女性约为

97.51 万人，乡级潘查雅特就职女性 5.81 万人、县级潘查雅特共 5779 人。①

对于"女性的席位预留"，赞成和反对之声皆有，双方胶着点主要集中在——席位预留法案是否仅仅惠及特权阶层妇女？表列种姓女性、表列部落女性以及其他落后阶层女性是否真正享有席位预留所带来的实惠？作为现代女性，是否还需要借助席位预留来达到政治赋权的目的？该法案在实际实施的过程中，能否再秉承促进女性发展和性别平等的初衷，还是仅成为当权人士的女性亲戚谋求参政议政的扶梯抑或是这些女性成为幕后男性手中权柄的代言人？P. D. 考什克（P. D. Kaushik）在其著作《女性权利：实现正义》中就对妇女的选举做出了这样的表述：

> 实际上，印度妇女参选的模式是妇女首先征求家庭男性成员的意见，或者遵循家庭男性成员的指示，这表明妇女不能做出合乎逻辑的决策。

还有声音担心某些党派在议会和邦立法院中的代表性会因女性的席位预留受到影响，他们认为"表列部落及表列种姓已经拥有 22.5% 的席位预留，加上该法案 33.3% 的女性席位预留，则超过 55% 的席位已经被预留，某些男性领导人是否还有机会参加竞选？"②"尽管男性在政坛占据绝对的优势，但是男性所面临的问题亦未妥善解决，则增加女性的席位预留比例是否有助于女性问题的解决？因此政治代表的选任应该是对其观念及行为认可后的选择，而不应依据性别属性来做出选择。"比德尤特·查克拉巴迪教授（Bidyut Chakrabarty）在其专著《印度独立以来的政治和社会》中用"北印度种姓动态"（caste dynamics）来描述人们对预留制的看法。他认为在印度这种特殊的社会经济转型时期，实惠名义上给予的是那些发展滞后的群体，但实际上享受实惠的群体却是"其他落后阶层"中相对富裕的群体：

> 直到 20 世纪 50 年代，农村地区仍然在阿西尔人、贾特人、古吉

---

① Ministry of Panchayati Raj.

② http：//www. rediff. com/news/2005/aug/24spec2. htm.

拉特人、拉其普特人（AJGAR，Ahir，Jats，Gujars and Rajputs）的控制之下。绿色革命后，他们在物质上获益颇丰，同时他们可以很好地变换职业，并真正进入现代部门就职。库米（Kurmis）、科里（Koeris）、罗达（Lodhas）等中等种姓以及其他中等种姓，虽然也有所获益，但分布却不均匀，因而在这些种姓中出现了社会和经济上的差异性。因此如果考虑到"其他落后阶层"（OBC）中出现的这种被忽略的社会和经济的差异性，那么曼达尔的落后定义（Mandal definition of "backwardness"）似乎并不合理。结果就是，让其他落后阶层因滞后所享有的实惠可能被这些种姓中较富裕的以及有势力的种姓所独享。换句话说，预留是针对那些被剥夺基本权利及贫困的群体，但"实惠"却被预留给了"其他落后阶层"中的富裕的上层种姓。

无论预留法案如何激起社会各界的激烈争论，也无论女性是否从中获取了预期的实际利益，毋庸置疑的是，该法案力图纠正几百年来女性因性别所遭受的歧视、压制、剥削等不公正现象，它确实有利于女性的参政议政及女性的政治赋权，有利于提升女性对自身问题的敏感度，亦有助于促进性别平等及改善落后阶层、被边缘化女性的困境，是促进社会经济发展及公平的有效工具。但值得关注的是，女性席位预留制未能成功引入议会，其原因在于党派之间未能达成共识。同时在地方机构从政的妇女有以下几个特点。第一，因为接受过某种能力建设培训或教育程度稍高而进入潘查雅特。第二，无兴趣参加，但在家庭男性成员的鼓动下进入潘查雅特，成为男性的代言人。第三，部分具有长期潘查雅特工作经验的女性领导人，能够结合自身实际与基层生活经验，提出女性面临的生计、就业、教育、卫生、医疗保健、童婚、家暴等问题。第四，部分参与潘查雅特机构工作的女性，其家庭成员无从政经历，且属首次参与政治决策。第五，因席位预留体制的存在，很多被边缘化的女性、落后阶层女性得以参政议政。另外，根据国家妇女委员会的指导方针，甚至在"潘查雅特部"（Ministry of Panchayati Raj）中也设置了妇女机构，旨在检查妇女项目以及监督妇女发展项目的实施情况，并承担"申述 & 评议委员会"的职责，对高等法院关于"预防女性在工作期间遭受性骚扰"等案件的裁决作出评议。

与其他国家比较而言，印度女性参政议政的数量和担任要职的数量值得称许，其女性议员占议员总数的比例甚至高于某些发达国家。特别是在乡村行政委员会，女性的预留席位比例已经达到或超过 1/3。到了 20 世纪 80 年代，女性在人民院的席位持有数量增至 7%—8%，在联邦院的席位持有量增至 7%—10%；90 年代，女性在人民院和联邦院的席位持有数量分别保持在 7%—8% 与 7%—10% 之间；而到了 90 年代末 21 世纪初，女性在人民院的席位持有数量已升至 9% 以上，在联邦院的席位持有量也达到了 9%—11.43%（见表 3 - 1 和表 3 - 2）。2008 年，在女性成员占比最高的邦立法机构中，女性成员的比例甚至达到了 14.44%。尽管有部分印度女性在国家层面和地方层面占据着重要的决策位置，但是与她们占社会人口总量的数值相比，其参政议政的比例仍显过低。印度世俗民主国家建立后的第一次大选，仅有 66 名女性参与议会选举，19 名女性候选人入选人民院。对此，时任总理贾瓦哈拉尔·尼赫鲁表示极度震惊，并充分表达了他对女性角色的肯定和信任，他说：

> 我已经与我们议会的新成员谋面了。两院的议员数量超过 700 人。我遗憾地注意到被选任的女性议员数量如此之少。我想邦议会和地方议会的情况也如此。对此我认为我们应该备受谴责。……我十分确定只有当女性有机会在公共生活中扮演她们的角色，国家的经济才能实现真正地增长。一旦妇女拥有这样的机会，她们作为一个整体会做得很好，如果我可以这样说，她们将比平常人做得更好。我们的法律是男性所制定，我们的社会是男性主宰，因此我们大部分人很自然地采取一边倒的态势来看待整件事。对此我们不能客观对待，那是因为我们在某种思想和行为的状态中长大。最后印度的未来有可能更多的是依赖女性而非男性。[1]

所以说女性预留法案只是女性在法律条文上获取的胜利，男性在实际生活中仍然是政治决策的主导力量，女性仍然被排除在政治权利结构之外，她们的参政议政仍然受到传统观念、宗教文化、种姓、阶层、经济状况、学历、家庭背景、家族势力以及家族成员的态度等诸多因素的制约。

---

① Reservation of Seats for Women in Legislative Bodies: Perspectives; Rajya Sabha Secretariat; New Delhi, July 2008; OCCASIONAL PAPER SERIES—1/2008.

数据显示，2004 年人民院待选候选人共 5435 人，其中男性候选人 5081
人，女性候选人仅 355 人。其中成功获选的女性候选人有 50 名，仅占女
性候选人总数的 14.08%。[1] 如此一来，社会运转仍以男性的价值观为基
准，女性从政遭遇重重障碍，她们不仅难有属于自己的政治发展空间，还
会逐渐丧失通过政治参与改变境遇的信心和决心。

阿尔帕娜议员（Councillor）接受采访时表示："我是一名女性不算问
题，我是一名家庭主妇才是问题；当我要去某个地方时，不能骑自行车又
成为了问题"。

黛瓦蒂议员接受采访时表示："当人们在夜晚带着问题来找我的时
候，我不能外出，除非情势迫使我不得不外出"。

图尔西议员接受采访时表示："如果让我半夜外出，那会是个问题，
因为我必须让某些男同志护送我；我也要保护自己免于受到吸毒者的骚
扰；尽管我非常喜欢从政，但我的孩子却因此承受了太多，我不会再担任
议员了"。

苏佳塔议员接受采访时表示："男性高层们常因我们（女性）初来乍
到而设置很多难题，对此我们羞于大声说出来"。

阿鲁提议员接受采访时表示："我从早忙到晚，同时我还得照看家里。
但是我的男同事们似乎忽略了这点，他们不明白有时我也需要休息"。[2]

表 3-1　　　　　　　　选举进入人民院的女性议员数量

大选	选举进入人民院的女性议员数量（人）	女性议员占议员总数的比例（%）
第一次大选	22	4.4
第二次大选	27	5.4
第三次大选	34	6.7
第四次大选	31	5.9
第五次大选	22	4.2

---

[1]　Reservation of Seats for Women in Legislative Bodies: Perspectives; Rajya Sabha Secretariat;
New Delhi, July 2008; OCCASIONAL PAPER SERIES—1/2008.

[2]　Women in the Calcutta Municipal Corporation: A Study in the Context of the Debate on the
Women's Reservation Bill; Stephanie TAWA LAMA-REWAL; CSH Occasional Paper, No. 2, 2001;
Publication of the French Research Institutes in India.

续表

大选	选举进入人民院的女性议员数量（人）	女性议员占议员总数的比例（%）
第六次大选	19	3.4
第七次大选	28	5.1
第八次大选	44	8.1
第九次大选	28	5.29
第十次大选	39	7.02
第十一次大选	40	7.36
第十二次大选	44	8.07
第十三次大选	49	9.02
第十四次大选	51	9.51

Source: Who's Who, Lok Sabha; quoted in Reservation Of Seats For Women In Legislative Bodies: *Perspectives*; Rajya Sabha Secretariat; New Delhi, July 2008; Occasional Paper Series—1/2008.

表 3-2　　　　　　　　　　联邦院女性议员数量和占比数量

年度	联邦院女性议员数量（人）	联邦院女性议员占联邦院议员总数的比例（%）
1952	15	6.94
1954	17	7.79
1956	20	8.62
1958	22	9.52
1960	24	10.25
1962	18	7.62
1964	21	8.97
1966	23	9.82
1968	22	9.64
1970	14	5.85
1972	18	7.4
1974	18	7.53
1976	24	10.16
1978	25	10.24
1980	29	11.98
1982	24	10.16

续表

年度	联邦院女性议员数量 （人）	联邦院女性议员占联邦院 议员总数的比例（%）
1984	24	10.24
1986	28	11.98
1988	25	10.59
1990	24	10.34
1992	17	7.29
1994	20	8.36
1996	19	7.81
1998	19	7.75
2000	22	9.01
2002	25	10.2
2004	28	11.43
2006	25	10.41
2008	23	9.50

Source：Who's Who, Rajya Sabha, quoted in Reservation of Seats for Women in Legislative Bodies：*Perspectives*；Rajya Sabha Secretariat；New Delhi, July 2008；Occasional Paper Series—1/2008.

　　某些从政女性利用自身的职权便利来为女性谋福利，她们希望通过自身的职务之便，促使女性的价值观与理想观成为政府决策时的参考要素之一，也促使政府不仅考虑社会经济的发展，更考虑社会经济发展对女性赋权及其可持续发展所带来的影响。遗憾的是，政治事务中女性代表人数的增加并不意味着所有女性都能够站在性别立场来思考和处理女性所面临的问题，并使女性问题成为社会的主流问题。以投票选举为例：据2009年印度大选选举委员会提供的人民院选举数据显示，当时人民院席位共543席，其中女候选人占候选人总数的47.73%，女选举人占选举人总数的45.79%，但是实际投票给女候选人的女选举人仅占55.82%，且各邦存在差异。安得拉邦和特里普拉邦实际投票给女候选人的女选举人分别占女选举人总数的71.37%和82.52%；比哈尔邦和古吉拉特邦实际投票给女候选人的女选举人分别占女选举人总数的42.62%和43.36%；北方邦和西孟加拉邦实际投票给女候选人的女选举人分别占女选举人总数的44.23%和80.25%。这充分说明，女选举人并没有从性别角度出发，认同女候选人并选择投票给女候选人。甚至某些时候，部分从政女性仅是简单地重复男性的主张或者让男性代替自己表达意愿。卡纳塔克邦的希莫加县（Shimoga）自诩拥有一个所有妇女都参与的潘查雅特。然而该县的一位女性活动家却表示，"让男性家庭成员代表女性参加潘查雅特会议是民主进程的耻辱"。这番话让公众对希莫加县妇女参与潘查雅特的实际情况产生了质疑。另外一对夫妇成功当选。当二人被要求在委员会会议上发言时，丈夫高声宣讲地区问题，而妻子则转向丈夫表示"他已经说出了一切"。①

在女性参与政治的过程中，其所在的利益集团和党派并不会从女性主义或社会性别的角度来支持女性参选，也不会完全遵循席位预留的原则或者民主公平的原则来支持女性从政。尽管各党派纷纷发表言论支持女性参与政治的行为及从政的理想，然而女性希望在短期内实现真正的选举政治却是不可能的。因为印度的政治文化就把女性定位成男性政治权力的补充，因此不可能有党派愿意拿出有限的席位来全力支持女性参选。如若某个邦被分配的人民院席位低于3个或者在诸如联邦院这种不为女性设立席位预留的机构，集团和党派断不会拿席位做赌注来支持在父权社会具有较低认可度的女性竞选，他们会从自身经济和政治利益出发，从父权文化角度出发来推选男性候选人。印度国大党的领导人就曾对参与马德拉斯竞选的拉达拜·苏巴拉衍这样说过，"国大党不可能仅仅因为一名女性候选人寻求当选而放弃一个席位。我不相信女性政治家的先进典型会因为自身是女性而希望政治施舍"。② 早在1957年，印度国大党就决定了党内女性候选人的数量占党内候选人总数的15%，同时他们也承诺执行宪法中的平等准则，并注重增加女性的受教育和就业机会。然而迄今为止这一目标却从未实现，实际女性候选人的数量远远低于国大党所设定的目标数量。20世纪60年代初，国大党工作委员会共21名委员，其中仅有女性3名；在国大党的分支机构中情况可能更糟，有一些邦的工作委员会甚至无女性委员任职达十多年之久。又如，印度共产党认为要在资本主义的体系下实现男女的完全平等是不可能的，只有社会主义制度才能彻底解放女性，使其摆脱各种形式的剥削。因此印度共产党倡导"国民生活各领域的性别平等"。然而印度共产党共有党员25万人，女党员却仅占其中的5%。因此，从某个方面来说，女性预留制并不是政党或集团谋求选举利益的利

① Women's Rights: Access to Justice, P. D. Kaushik; D. K. Fine Art Press (P) Ltd., 2007.
② "Women in Modern India"; Geraldine Forbes; Cambridge University Press, 1996.

器，其在某些场合只是那些因各种原因不能登上执政舞台的男性谋求掌控权力的工具。

与此同时，对于女性政治赋权的过程与做法，有声音表示女性因为外出就业或参与公共政治活动而面临暴力和性骚扰等一系列问题，因此女性政治赋权没有必要；有代表较低阶层的声音表示，农村妇女首先关注的是家庭的幸福。妇女除肩负照顾家庭之责外，还要承担挤奶、喂养家畜等工作，因此女性接纳新科技的能力、管理事务的能力以及受教育的权利等应被重点关注，而非支持在政治领域为女性设置几个预留席位的做法；"印度存在'政治进入门槛'，这形成一种'我们（女性）对他们'的状况。尽管成百万的女性在政治上被赋权，然而实际的政治参与（不仅仅是行使选举权）却极其有限。印度政治创造了独享的政治领地，而非创造一种党派内部活力民主的传统。普通民众（包括女性）进入政治遭遇门槛，而此举限制了人才库的扩充以及促使人民对政客始终抱持怀疑态度。"① 换句话说，印度政治上男性特权性的存在及政治传承性和连续性的特性限制了女性在政治上的代表席位总量，且限制了她们在政治决策中的效用发挥。因而席位预留等政治赋权的举措虽然对促使女性参政议政及进入公共领域有一定的积极作用，但其参政议政的参与力度及广度却有待进一步提升。正如同对改革官僚机构下了莫大决心的曼莫汉·辛格在竞选总理时所说：

> 如果在我们任下，不进行政府和公共机构改革的话，那么我们关于促进女性发展的目标将难以实现

——然而事与愿违，他手中握有的权力却未能成功改变印度长时间以来的官僚政治。

时至今日，印度女性已经享有了与男性同等的投票、竞选等政治权利，而且印度妇女的参政水平以及参与国家和社会事务管理的能力都在不断提高和增强，她们的从政记录获得了绝大多数国家的认同。有印度女性研究学者认为这既是印度历史的产物，也是印度独立运动时期煽动性政治的催生物。随着女性越来越多地参政议政，她们中的一部分人逐渐意识

---

① India's Political System and its Political Class: The Way Forward, By Baijayant "Jay" Panda, Member of Parliament, India and Rohit Kumar, Yashita Jhurani and Iravati Damle.

到，在印度文化的消极困扰及影响下，社会民众对女性从政已形成负面态度，而她们在现阶段难有与之对抗的能力及可能性。与此同时，要让这部分女性摒弃自己所代表的集团或党派的利益，而完全站在女性的角度来思考问题亦是不可能的。最后的解决办法就是这些女性妥协于把自己推上政治巅峰的集团和党派，并服务于这些团体的利益；对表列部落、表列种姓、中下落后及草根阶层的劳动妇女所面临的困境和问题，她们表示理解和关切，并在不触动自身集团和党派利益的前提下，谋求妥善的方法来改善女性处境。女议员尼蒂娅·维拉奎兹（Nydia Velezquez）这样说：

> 之前，我在国会工作……我发现妇女问题并不属于国家议程之列，而这至今也未有何变化……作为议员，我们在议会中的责任是参与所有问题的讨论。如果我们不迫使其他人关注妇女问题，则妇女问题永远不会成为议会热议的一部分。[1]

虽然担任政治管理职务的印度女性不可能单纯从社会性别视角或底层女性角度来处理和解决问题，但她们无疑已经超越了种姓、阶层及宗教限制的范畴，无论从前总理英迪拉·甘地到前女总统普拉蒂巴·帕蒂尔，从前北方邦长梅雅瓦蒂（Mayawati）到德里的前首席部长谢拉·迪克什特（Sheila Dikshit），还是从联邦政府的部长、立法机构主席、邦长、高等法院法官、政府秘书、执行总裁到驻外使节等，她们已成为印度女性从政和赋权的典型，起到了积极的引领示范作用。

在印度最重要的政界女性是英迪拉·甘地夫人（1917—1984 年），如若按照权威类型来看，她因其在特殊历史时期无可替代的作用以及非凡的魅力而成为国大党的掌舵人。甘地夫人亦被后人称为"铁娘子"，其执政时间为 1966—1977 年、1980—1984 年。1984 年 10 月，英迪拉因蓝星行动（即指派印度军方冲入锡克教圣地阿姆利则金庙）而被她的两个锡克教警卫开枪射杀。英迪拉是印度共和国首任总理贾瓦哈拉尔·尼赫鲁唯一的孩子。1942 年，在其母亲逝世后的第六年，英迪拉嫁给了费罗兹·甘地（Feroz Gandhi），之后生下儿子拉吉夫·甘地（Rajiv Gandhi）和桑贾

---

① The Impact of Women in Congress; Debra L. Dodson; Center for American Women and Politics (CAWP) Rutgers, The State University of New Jersey; Oxford University Press, 2006.

伊·甘地（Sanjay Gandhi）。英迪拉先后在国大党工作委员会等部门任职，并陪伴其父亲多次出访美、中、法等国以及参加各种国际会议。也正是因为这种历练，英迪拉在政治上逐渐成熟起来。1959 年，在国大党元老的支持之下，英迪拉顺利当选印度国大党主席。1964 年，经忠诚的甘地主义者和尼赫鲁主义者拉尔·巴哈杜尔·夏斯特里（Lal Bahadur Sastri）介绍，英迪拉进入内阁。1966 年，夏斯特里总理因心脏病发作离世之后，作为派系斗争下的妥协产物，英迪拉担任了印度历史上的首位女总理。然而她在执政期间的表现与选任之时"妥协之初衷"大相径庭——雷厉风行，铁腕政治。不仅在国内胜利组阁，还在国外协助东巴基斯坦（即孟加拉国）独立。1975 年，阿拉哈巴德的高等法院发现英迪拉在大选期间派一个公务员在其竞选阵营里服务，因而废除了她的选举。英迪拉的政敌也借此要求甘地夫人下台，并在全国进行示威游行，到了后期示威无法控制继而演变为骚乱。英迪拉拒绝接受高等法院的裁定，并要求总统法赫鲁丁·阿里·艾哈迈德颁令宣布国家进入紧急状态。印度国内维持紧急状态19 个月。到了 1977 年，国大党在大选中遭受了自独立以来的首次败北，丧失了议会中的多数席位，而人民党则大获全胜上台执政。

尽管英迪拉·甘地否认自己是女性主义者，但她在印度却被视为湿婆的妻子"杜尔迦女神"（Durga），拥有着强大的女性力量。她为印度女性的发展做出了自己的贡献。1980 年在新德里全印妇女大会开幕式的演讲中，英迪拉说：

> 我经常说我不是女性主义者。尽管我关心那些被剥夺基本权利的群体。我如何能忽略女性，这群自有史以来便被社会风俗和法律掌控和歧视的群体？

而对于印度女性，英迪拉是这样看的，她说：

> 印度女性是传统保守的，但也能借鉴及汲取他人之长。如此一来，印度女性能快速走出苦难磨砺，冷静应对巨变，以不变应万变。与此同时，女性应该无拘无束，在能力和个性上都别和男性较劲。①

---

① http://gos.sbc.edu/g/gandhi1.html.

对于女性接受教育，英迪拉持肯定和支持的态度。在因陀罗普拉沙女子学院 50 周年庆祝典礼上，她说：

> 梵文曾说，女人是家，而家则是社会构建的基础。我们组建了我们的家，那样我们的国家才得以构建。如果家有所欠缺，不论是缺乏物质或生活必需品，又或者是缺乏孩子成长和发展所需的友爱关怀的氛围——如此一来，国家在任何层面都不能和谐发展。因此女性接受教育的重要性远胜过男性。[①]

普拉蒂巴·帕蒂尔是印度独立 60 年来的首位女总统，于 1934 年出生于马哈拉斯特拉邦贾尔冈县（Jalgaon）的一个检察官家庭。先后获政治和经济学硕士学位，法律学士学位。毕业后，在其出生地开业当律师。1962 年，帕蒂尔被选入邦议会，直至 1985 年，她一直担任邦议员之职。1985 年，在甘地家族的建议和帮助下，帕蒂尔进入联邦院担任议员。1991 年她进入人民院。2004 年，阔别政治舞台 8 年之久的帕蒂尔获选担任拉贾斯坦邦邦长。2007 年卸任邦长之职，并于同年入主印度总统府。媒体对于帕蒂尔的描述是，"从政时间长，但行事低调"。

帕蒂尔认为女性赋权、女性发展及提高女性地位对印度社会的发展和进步至关重要。她一直致力于解决社会不平等问题，并积极推动印度妇女的教育和社会福利事业的发展。她认为，印度女性富有能力和智慧，然而因为社会的限制和偏见，要实现性别的平等仍然有很长的路要走。2012 年在新德里召开的妇女农业大会上，帕蒂尔致告别词时就引用了尼赫鲁的话来说明女性发展及女性赋权的重要性：

> 为了唤醒人民，则必须唤醒女性。只有当女性进步了，家庭才能发展，村庄才能发展，国家才能发展。

为此，她在新德里和孟买创建了专为职业女性服务的酒店，在贾尔冈开办了面向农村青年的工业技术学院和一家由女性合办的合作银行。此

---

① 《受教育女性能做什么》，英迪拉·甘地，http://www.edchange.org/multicultural/speeches/indira_ gandhi_ educated. html。

外，她还为穷苦儿童开办了多所学校，并在她开办的培训学校里设置了帮助盲人和贫困妇女学习谋生技能的课程。[①]

二 达利特女性及其参与的运动

"我，普斯帕（Pushpa）和我的丈夫被我的公公带着一伙人叫到河里洗了个澡。之后我的丈夫离开了，我却被公公他们阻止离开。他们进到河水里按住了我，并让一个理发师开始给我剃头。我尖叫，试图逃跑，却被公公拿水罐砸了三下头。丈夫站在旁边，却任由着这一切的发生。至少有十名男性和女性围着我。剃发之后，公公让我脱去衣服。当我试图反抗之时，婆婆上前捜下了我的纱丽，扯破了我的罩衫……那还不算完，妯娌用燃烧的灰烬来烫烙我的舌头，为的是让火来净化我……"讲述的女子（普斯帕）并不是生活在 19 世纪社会宗教改革前的印度，而是生活在 21世纪的一名女性。她遭受了身体上的折磨和心理上的羞辱，而这一切的原因仅仅是因为她递了杯水给一名表列种姓（也称达利特，即贱民）。

"2006 年 9 月，在马哈拉斯特拉邦一起针对达利特的暴力案件中，巴伊亚拉尔·博特曼格（Bhaiyyalal Bhotmange）的妻子、女儿、儿子共四人被杀害。事后巴伊亚拉尔仅获得了 45 万卢比的赔偿。""达利特女性与邻里发生冲突时，经常会被捶打、斥骂，剥去衣服在村中游行，甚至杀害等。""2006 年 11 月，一名达利特女孩因拒绝撤销对一名高种姓男性的强奸指控，而被焚烧致死。""达利特讨钱被打""达利特年轻人在警局监禁期间遭毒打""因为孩子的犯罪行为，达利特母亲被强奸""达利特女孩在很小的时候便被送到寺庙当神妓"，等等。[②] 这些事件在现代印度社会仍然具有普遍性，那是因为这种人与人之间的等级划分制度在印度已经存在了上千年之久，且其所承载的"宗教性"已悄然融入印度的文化

---

① http：//baike. baidu. com/link? url = rYVSUJK6be_ Zmw7R8Hfm6QKa2BZWZjY-1RPl4roNDC0kdObBn6yeWsjhVSoE6MzSZg67OqLMZUz5vZXZ7oC－－K.

② Dalit Women Speak Out Violence against Dalit Women in India；Overview Report of Study in Andhra Pradesh，Bihar，Tamil Nadu/Pondicherry and Uttar Pradesh；Aloysius Irudayam s. j. Jayshree P. Mangubhai Joel G. Lee；National Campaign on Dalit Human Rights New Delhi；March 2006.

Dalit Rebellion against Untouchability in Chakwada, Rajasthan；Bela Bhatia；*Contributions to Indian Sociology* 2006.

Human Rights and Dignity of Dalit Women；Report of the Conference in the Hague 20－25 November 2006；Ruth Manorama.

习俗及人民的生产生活中，要在短时间内消除其给印度社会所带来的负面影响是不可能的。更重要的是，达利特群体作为社会上的一个特殊存在，已经为政客们所关注和利用，因此达利特问题正在逐渐转变为政治问题。

这种人与人之间的等级划分制度也称种姓制度，它是印度教社会独有的一种社会现象。吠陀经典《原人歌》这样表述，"原人普鲁沙之口衍生出婆罗门、原人普鲁沙双臂衍生出刹帝利、原人普鲁沙双腿衍生出吠舍、原人普鲁沙双脚衍生出首陀罗"。然后依据衍生部位的差异，把人分为婆罗门、刹帝利、吠舍、首陀罗 4 个大的社会集团，之后因种姓之间的相互通婚以及社会职业的进一步分化，还衍生出了新的亚种姓集团"迦提"，而贱民则属于最下层的迦提，司职一些污秽和污染性的工作，如清扫、腐尸处理、制革、粪便清理和下水道疏通等。印度教徒的社会地位及尊奉的秩序规则随着其分属种姓集团的差异而被人为界定，表现出严重的不平等性和不公正性，正如美国社会学家金斯利·戴维斯所说：

> 在处理社会关系上，印度教所倡导的社会秩序是人类历史上出现的完全不平等的法则。①

在部落斗争频繁的印度列国时代，政治和军事扩张致使国家的宗教、经济以及社会关系都受到了颠覆性的冲击，其间刹帝利阶层以及吠舍阶层的重要性日渐突出，首陀罗阶层和贱民阶层也对无力改变被迫害和被压榨的悲惨境遇表达不满，婆罗门的特权遭受质疑。然而因种姓制度维护的是权贵阶层的利益，因此尽管印度教不断吸纳其他宗教教义来推陈出新，但种姓制度却未发生根本性变化。到了 19 世纪社会改革运动时期，印度的本土文化因近距离接触西方事物以及西方推行的自由、平等等思想而受到了巨大冲击。社会上开始有人对不可接触者的权利及种姓制等问题进行思考。其间出现了两个反对种姓制度的代表，其一是圣雄甘地，他在贝拿勒斯和马德拉斯公开演讲表示"反对贱民制度"，他称贱民为上帝之子"哈里真"；另一位是出生于不可接触者家庭的安培德卡尔，他一生致力于与印度教的种姓制度以及社会的种姓歧视作斗争。1947 年印度独立，颁布

---

① Caste in Contemporary India: Beyond Organic Solidarity; Pauline Kolenda Universty of Houston; Rewat Publications, 1984, p. 3.

了废除种姓制的法律制度。印度宪法的公民基本权利篇第十五条明文规定，国家不得仅根据宗教、种族、种姓、性别、出生地点或任何一项为由，对任何公民有所歧视；不得仅仅由于宗教、种族、种姓、性别、出生地点或任何一项为由，而使公民在商店、公共饭店、旅店、公共场所之出入以及全部或部分国库维持或供大众所用之井泉、水池、浴场、道路及公共场所之所用，遭受限制、丧失资格、承担责任或接受附加条件。《宪法》第 16 条规定，任何种姓公民公职受聘机会均等。《宪法》第 17 条规定，废除任何形式的贱民制。《宪法》第 46 条规定，增进表列部落和表列种姓的教育和经济利益，保护其不受不公平待遇及其他形式的剥削。①而泰米尔纳德邦、北方邦、卡纳塔克邦、马哈拉斯特拉邦、比哈尔邦、喀拉拉邦和拉贾斯坦邦等各邦也相继立法肯定了表列种姓的民事等各种法定权利，从法律法规层面保护及赋权表列种姓。与此同时，许多邦还设立了警戒和监督委员会以及特别法庭，负责监督涉及表列种姓的相关法律法规的实施情况以及审理涉及表列种姓的相关案件。

　　而今印度在摒弃种姓制度上已经做出了重大成绩，在法律、社会权利与分工、决策参与、财产所有权和债务债权关系等层面已经有了新的发展和变化，然而人为划分社会等级、身份和地位的评价标准、生活和行为的规范守则等种姓制的特点，在某些时候及某些地区依然无形地存在于印度教社会体系和政治体系中，只是在法律上不再使用原有的四大种姓集团的称谓，而改用其他落后种姓（主要来自社会和经济落后家庭，包括部分中产阶级和农民等。约占印度人口总数的 54%）、表列种姓（多数是不可接触者。约占印度人口总数的 16%）、表列部落（印度次大陆的部族和东北部的部分部族，是一群在社会和经济上都极为滞后的群体。约占印度人口总数的 8%）、普通阶层（主要包括婆罗门、刹帝利、吠舍等种姓。约占印度人口总数的 18%）等称谓。值得一提的是，信仰耆那教（Jain）和锡克教（Sikhs）的教徒约占印度人口的 4%，他们并没有进入这一划分体系。可以这样说，即使在今天，一个人的种姓身份依然由其出生决定，是终生不变的，它无关乎个人的意愿、职业和经济地位，而取决于其父母所处的社会集团。换句话说，种姓规定依然严格。个人可能借助土地或金钱等资源在阶层上实现向上流动，但是这一流动却难以在种姓间实

---

①　http://wenku.baidu.com/view/f88258671ed9ad51f01df2b3.html.

现。有学者曾这样表述："倘若一个人偶然从事某一种并非专属某一种姓的职业——比如说军事，他仍然是个属于原来种姓的人。一个属于婆罗门种姓的将军与一个马拉塔种姓出生的将军，虽在军队的官衔一样，但在其私生活中他们却从属于两种不同身份的集团，彼此之间不可能按平等条件发生任何社交关系。"① 需要强调的是，现代的种姓制度是"封闭"和"开放"的集合体，表现为种姓间的流动受到严格限制；职业选择较之以前随意性增大。如木匠种姓的孩子在以前只能承袭木匠的职业，而到了现代则可以成为教授或医生。

种姓秩序和阶层秩序在社会关系中被表现出来，达利特无疑处于这两种秩序的最底层；而达利特女性则更为悲惨，她们不仅遭受种姓秩序和阶层秩序的制约，甚至也为父权秩序和性别秩序所否定。亚洲人权委员会在1999 年就曾经这样表述过，"达利特女性受到三重歧视，首先她们是女性（性别）、其次她们是达利特（种姓）、再次她们是达利特女性（种姓和性别）"。达利特在印度社会中占国民人口总数的 16.7%，但握有的资源却少于 5%。近乎一半的达利特生活在印度官方制定的贫困线下，超过 62%的达利特是文盲。90%以上的达利特无法享有安全饮用水源、电力及卫生设施。② 而在政治、经济、文化、社会、权利等各层面，达利特女性却遭受着最为严重的歧视和不公正待遇。很多例子都指出达利特女性即使因为国家的席位预留制而得以进入地方决策机构，也不能充分行使自身应有的权力。她们常常遭受其他高种姓机构成员的侮辱、嘲弄，甚至发生肢体冲突。"一位潘查雅特的达利特女主席甚至不被允许坐下，除非其他种姓成员允许；她仅仅充当挂名领袖，而实际权力却掌控在其他高种姓成员手中。"③

达利特女性的不可接触性、被隔离性以及较低的资源占有率使她们最易成为社会上犯罪和暴力袭击的群体。她们主要遭受身体暴力和心理暴力两类暴力形式，其中性暴力侵袭又为主要的身体暴力侵害模式，其他的暴

① 转引自尚会鹏《种姓与印度教社会》，北京大学出版社 2001 年版。

② The Dalit Women's Movement in India: Dalit Mahila Samiti; By Jahnvi Andharia with the ANANDI Collective; from Changing Their World 1st Edition Edited by Srilatha Batliwala Scholar Associate, AWID; Building Feminist Movements and Organizations, 2008.

③ http://idsn.org/fileadmin/user_folder/pdf/New_files/Key_Issues/Dalit_Women/CERD-India_unheard_voices.pdf.

力模式还包括责打、斥骂、禁闭、绑架、诱拐、堕胎、溺婴、拔舌或拔牙、肢解、饮尿或吃粪便、家暴、强迫卖淫、性虐待等。[①] 暴力实施者通过"暴力欺压"达利特女性来彰显自身的优越性和权威性，他们主要来自高种姓集团、本种姓集团及达利特女性的家庭。据 2001 年的人口普查数据显示，印度达利特女性约 8000 万人，占印度女性总数的 16% 左右；75% 的达利特女性都居住在农村地区，主要分布在旁遮普邦、喜马偕尔邦、西孟加拉邦、北方邦、泰米尔纳德邦、拉贾斯坦邦、奥里萨邦、马哈拉斯特拉邦、卡纳塔克邦、安得拉邦、比哈尔邦、中央邦等地区。其中遭受过言语辱骂的达利特女性占其总数的 62.4%，遭受过身体攻击的达利特女性占其总数的 54.8%，遭受过性骚扰的达利特女性占其总数的 46.8%，遭受过家庭暴力的达利特女性占其总数的 43%，被强奸的达利特女性占其总数的 23.2%，而司法部门关于非表列种姓针对达利特女性暴力案件的定罪率仅达到 0.79%。[②]

遗憾的是，尽管国家制定了相关政策及法律法规来维护表列种姓的利益，但执法群体却未能履行其法定职责，某些时候甚至滥用权力及权威，成为侵害表列种姓利益的群体。乌玛（Uma）是泰米尔纳德邦提如奈维力县（Thirunelveli）一名 33 岁的达利特女性。2004 年 6 月，因投诉之故，她找到了警局的一位巡警，谁知却被性侵。这位巡警性侵乌玛的原因是，"我帮助你解决了家庭土地纠纷，因此需要你与我共度一天，就如同丈夫和妻子那样"。乌玛拒绝了他的无理要求，并威胁要指控他。巡警随即性侵乌玛，并对其进行了虚假立案。乌玛被强行关入监狱，直至其丈夫聘请律师保释乌玛，她才得以离开。[③]

拥有土地、水、教育、卫生、经济等资源是确保达利特女性社会地位及其生产生活权益的重要保障，然而因为性别和种姓身份，她们为社会所排斥和边缘化，因此无力保证其资源的安然性。最有可能的结果是，她们

---

① Dalit Women Speak Out Violence against Dalit Women in India; Overview Report of Study in Andhra Pradesh, Bihar, Tamil Nadu/Pondicherry and Uttar Pradesh; Aloysius Irudayam s. j. Jayshree P. Mangubhai Joel G. Lee; National Campaign on Dalit Human Rights New Delhi; March 2006.

② http：//idsn. org/caste-discrimination/key-issues/dalit-women/india/.

③ Dalit Women Speak Out Violence against Dalit Women in India; Overview Report of Study in Andhra Pradesh, Bihar, Tamil Nadu/Pondicherry and Uttar Pradesh; Aloysius Irudayam s. j. Jayshree P. Mangubhai Joel G. Lee; National Campaign on Dalit Human Rights New Delhi; March 2006.

被迫与自身掌控的资源相分离，甚至有可能遭遇暴力或利诱而丧失这些重要资源，从而完全丧失政治、经济和社会文化的独立性，呈现出对男性、家庭及社会极强的附属性和屈从性。根据印度农业普查数据显示，2010—2011 年，无地的表列种姓家庭和接近无地的表列种姓家庭（占地 0.01—0.4 公顷）占绝大多数，占表列种姓家庭的 77.47%；边际表列种姓家庭（占地 0.41—1 公顷）占表列种姓家庭的 14.41%，其中绝大部分有地的表列种姓家庭的户主是男性。同时 2001 年的人口普查统计数据也显示，2001 年表列种姓的毛入学率为 8.4%，其中属于表列种姓的男性识字率仅为 66.6%，女性识字率仅为 41.9%；而非表列种姓和非表列部落群体的毛入学率则达到 15.6%，其中属于非表列种姓和非表列部落的男性识字率为 78.7%，女性识字率为 58.2%。另外非政府组织"纳乌萨贾恩信托"（Navsarjan Trust）在对古吉拉特邦 1589 个村庄进行关于"贱民身份"的调查研究时发现：其中 1135 个村庄都不允许达利特前往不属于达利特居住区域的地方取水；1052 个村庄的非达利特阶层的助产士拒绝为达利特女性服务。该组织开展的另外一项研究也表明，46.5% 的达利特女性无法享受产前和产后护理，而有 54.8% 属于"司职垃圾和动物死尸处理"种姓的达利特女性无法享受产前和产后护理。[①]

因受各种秩序的制约压迫以及鲜少掌控生产生活资源，达利特女性是印度教正统文化下的异类存在，她们不仅在政治生活上缺乏代表性，在经济生活中也表现出严重的脆弱性。她们处于社会的最底层，不仅受到高种姓人士的歧视，即使是在表列种姓内部，也受到达利特男性的歧视。没有文化及技术的她们只能被迫从事一些不受重视或歧视性的工种，主要就职于农业部门和建筑部门，靠打短工、临时工或租赁地主土地等方式谋生；即使她们具备了某项技能，也会因为身份低贱而被某些行业或工种拒绝，如养蚕业和腰果皮剥离等。据 2001 年的人口普查数据显示，2001 年从事农业劳动的表列种姓人数占表列种姓人口总数的 72.93%；从事家庭工业的表列种姓人数占表列种姓人口总数的 3.57%；从事其他工种的表列种姓人数占表列种姓人口总数的 23.5%。尽管达利特女性所从事的工作既耗时又耗力，然而其所获报酬数额却远远低于国家规定的该工种应被支付

---

① http：//www.ohchr.org/Documents/HRBodies/CEDAW/RuralWomen/FEDONavsarjanTrust-IDS.pdf.

的报酬额。据一项调查显示，达利特女性工作的时间为 3485 个小时/年，这远远超过了"牲口劳作"和"男性工作"的时间，其劳作和工作时间分别为 1064 小时/年和 1202 小时/年。① 为此中央和各邦政府启动了一系列针对达利特女性和达利特家庭的项目，以使他们享有平等权和发展权，涉及饮用水、住宅、卫生保健、电力、道路、抽水设施、排水系统、学校、市场销售、免疫等各方面。启动"农村综合发展项目"及其子项目"农村自雇青年培训"、"农村妇女和儿童发展项目"、"农村技工改良工具供给"（Supply of Improved Tool Kits to Rural Artisans）、"恒河劳动力计划"（The Ganga Kalyan Yojna）以及"受过教育的无业青年自雇计划"（Self-Employment Scheme for Educated Unemployed Youth）、"以工换粮计划"（Jawahar Rozgar Yojna）、"基础设施项目"（Jawahar Gram Samridhi Yoj-na）、"农村贫困家庭综合自雇计划"（The Swaranjayanti Gram Swarozgar Yojna）等项目。达利特最少可享受这些项目资金的 20%，最多可享受项目资金的 50%。其中最引人关注的是"农村贫困家庭综合自雇计划"，该项目惠及的农村表列种姓贫困家庭数量占该项目家庭总数的 50%，其中 20% 的受惠群体是达利特女性。然而可以享有政策及项目实惠的达利特女性毕竟是少数，她们中的大多数仍遭受着最严重的社会不平等，她们无法正常拥有中央政府和邦政府配置的相应基础、卫生保健和市政设施等资源，以三组数据举例说明：表列种姓性别比例严重失衡，尤以旁遮普邦、德里、梅加拉亚邦、哈里亚纳邦、昌迪加尔等地为最，其男女性别比例（2001 年人口普查）分别为 1000：892、1000：852、1000：882、1000：869、1000：829；达利特女性的预期寿命仅为 50 岁；而达利特婴儿的死亡率则高达 90‰。

达利特女性发出这样的哀叹：

> 为何我们不能如同男孩？我们不被允许大声说话，大声笑。我们总是看着我们的脚趾，低着头走路……一醒起来，我们就开始劳作，在田间我们筋疲力尽，还要警惕地主的骚扰；回到家来不及喘口气，我们就要打水、拾柴做饭来喂饱饥饿的丈夫和孩子……

---

① http://idsn.org/fileadmin/user_folder/pdf/New_files/Key_Issues/Dalit_Women/CERD-India_unheard_voices.pdf.

　　如此一来，遭受最深层次压迫和剥削的她们成了"反种姓"和"反贱民"等各种运动的主导者或参与者，成为达利特运动的中流砥柱。她们通常站在运动的最前沿，通过参与或领导示威游行或斗争，动员其他民众的参与，建立组织或收容所等形式引起社会的同情，并促使其他享有特权的群体关注达利特女性的权利需要及其所遭遇的问题，并期望借此改变表列种姓游离于政治经济和社会权利之外的状况。她们成为安培德卡尔"达利特皈依佛教运动"的积极拥护者，短短数月间，皈依佛教的达利特人数达到了上百万人；不满足于社会现状的她们还参与了如孟加拉的"三一减租"、马哈拉斯特拉邦无地部落民反对地主的"萨哈达（Shaha-da）运动"、孟买的"抵制物价上涨运动"以及"纳萨尔运动"、"抱树运动"、"妇女斗争运动"（Stree Sangharsh）、"反嫁妆运动"、"农场主联合会运动"（Shetkari Sangathana）等运动；她们也成为土地权利运动最忠实的拥护者和倡导者，在参与"菩提伽耶土地权利运动"（Bodhgaya movement）等运动中展现了高度的团结性和统一性。印度是一个以农业为主的民主国家，这也意味着掌握土地资源能够确保掌控者的生存安全。因此印度女性积极参与土地权利运动，通过土地权利的争取向社会明确"土地是女性的利益诉求"以及"女性需要土地"的观点，同时转化这种需要，使女性在现实生活中成为土地资源的实际掌控者。为此近乎被完全剥夺土地权利的达利特女性为摆脱世俗认定的受奴役的角色以及摆脱因肤色而遭受到的社会排斥，迫切需要掌控土地资源来提升自身及其所属种姓集团的社会地位，迫切需要建立自尊意识和自信心来构建正面积极的身份，为此她们积极参与相关的示威游行、请愿活动等。截至 2013 年 4 月，全国 18 个邦 300 个县的 250 万名达利特女性提出土地权利的请求，集体向政府表达她们的要求和关切，并敦促各邦政府确实采取行动来保障她们的土地权益。此外，达利特女性还在国际舞台上崭露头角，她们成为各种"反种族歧视会议"及"反针对达利特女性暴力会议"中的重要力量，同时组建自己的组织并且与国外国内相关组织机构建立密切联系，如与"荷兰达利特网络"、"尼泊尔达利特女权主义者组织"、"达利特人权全民运动"、"达利特妇女团结网络"、"全印达利特妇女权利论坛"、"全国达利特妇女联盟"、"达利特土地权利国家联盟"等组织建立联系。同时达利特女性在邦级层面也积极参与决策和安保工作，北方邦原首席部长，大众社会党（Bahujan Samaj Party）领导人梅雅瓦蒂（Mayawati，号称贱民女王）就是达利特女性的典型代表。她们借参与这些活动让自己的生活发生了积极的变化，亦使自身成为赋权达利特女性的关键性力量。值得一提的是印度女性运动的主题总是与妇女近一段时间面临的诸如"土地权利"、"家暴"、"性别差异"、"环境污染"、"供水"、"杀婴"、"嫁妆谋杀"、"物价上涨"等问题相关。

三　妇女组织成为促进女性发展的重要载体

随着意识觉醒及妇女问题的研究和深入，越来越多的人士认识到鉴于妇女的脆弱性，有必要成立专门的妇女机构、妇女组织或妇女中心，以方便女性在需要之时向其提供必要的帮助，或应对相应突发性问题，或监管法律法规的实施情况，或促进妇女融入社会经济的现代化发展进程，或拓宽妇女民主参政议政的渠道，抑或是提出相应对策建议供政府制定针对性政策时决策咨询。同时倡导机构或组织在开展活动之时，注重其所承担的社会责任，尤以慈善责任和道德义务为首要。

印度的妇女组织主要分为政府组织和非政府妇女组织两大类，它们成为女性表达诉求和愿望以及经验交流和分享的平台。其中政府组织包括在中央、邦及各县设立的政府法定组织，它们经常独立开展或与国际非政府组织或国内非政府组织共同协作来共同开展一些项目，涉及打击犯罪、法律咨询及意识提升、技能培训、小额信贷等多个领域。如印度政府努力构建和完善"促进性别平等"的国家机构——国家妇女委员会和国家人权委员会。依据1990年《国家妇女委员会法案》成立的国家妇女委员会属于国家法定机构，1992年1月正式成立，旨在审查针对女性的宪法及法律保障措施的实施情况，以及就影响女性发展的问题提出补救性立法措施及建设性意见，以确实提升妇女地位及加强女性赋权。主要以组织研讨会/咨询会、组建专家组、开展宣讲活动等方式开展工作，下设投诉咨询室、法律室、研究室、公共关系室、信息室及非印度居民室等。而国家人权委员会则开展了如下工作：设立了中心组作为人权监督机制，其中11名成员来自非政府组织的代表机构；中央政府开展了"技术教育社区延展项目"（Technical Education Community Outreach Scheme），之后还选择了22个非政府组织机构来实施该培训项目。自项目实施以来，共有1.2万人接受了技术教育培训；针对女性犯罪成立政府组织，并通过非政府组织和妇女儿童特警队（The Special Police Unit for Women & Children）共同开展诸如咨询、和解、投诉仲裁、救助热线，自卫培训等工作，以使妇女免受暴力侵袭等。

印度的非政府组织是非营利性的自愿自治组织，活跃在农村和城市地区，它们有着草根基础，对于妇女的关切及问题认识到位，利于找到项目合作点和解决问题的措施，对地区的发展及社会问题的解决都起到了积极的促进作用。它们在 20 世纪 50、60 年代因为商业机构或团体的大量注资而兴盛起来；20 世纪 60、70 年代它们以农村为基地开展工作，但因为英迪拉·甘地政府背弃民主的行为而与之冲突；20 世纪 80 年代，政府与非政府组织之间的关系由之前的冲突关系进入关系恢复期，政府在肯定非政府组织在农村服务性工作上的贡献的同时，仍然对非政府组织在其境内的发展持审慎态度。政府严格监管非政府组织的活动、性质与价值观、资金来源、资金出入及其用途等事项，同时限制非政府组织在国家问题上的参与力度与影响力度。其间，印度非政府组织主要关注促进社会公正与福利及创收增收的项目；20 世纪 90 年代，政府肯定了非政府组织在服务性领域及女性赋权问题上发挥的积极促进作用，并正确看待与非政府组织的合作关系，主要采取资助、支持和组织自愿团体的形式来开展工作。另外，为响应《北京宣言》和《行动纲领》中提及的赋予妇女权力及能力和提高妇女地位的号召，女性赋权成为非政府组织开展活动所围绕的主题，因此促进女性发展和赋权的项目逐渐成为非政府组织的工作日程重心。因为印度政府没有设立专门机构来统计印度境内登记的非政府组织数量，因此没有确切的数据，但据大致估算，印度全国大小非政府组织数量在 100 万—200 万个之间，其资金来源以国外资金或印度地方和中央资金资助为主。N. 库德瓦在卡纳塔克邦首府班加罗尔召开的一次会议上，做了一个关于"不容易的关系：非政府组织和印度卡纳塔克邦的情况"的发言，他表示，"依赖外国资金的非政府组织，无论大小都积极寻求从国内资源筹措资金的途径。许多非政府组织积极寻找或已开始发展一种与邦政府之间的紧密资金关系"。又据 2007 年印度内政部公布的数据显示，2006 年在印度联邦政府登记的接受外国援助开展工作的非政府组织约达 3.214 万个。值得一提的是，非政府组织的信誉度因部分非政府组织的欺诈、犯法等不名誉行为而遭受质疑。

在印度申请注册的非政府组织必须以《国外出资管制法》（Foreign Contributions Regulation Act）为依据，同时出具区管理者关于该组织过去和现在开展活动的说明书。此外依据《社团登记法》（1860）、《印度信托法》（1882）、《印度公司法》（1956）、《合作社法》（1904）、《工会法》（1926）、《宗教捐赠法》（1863）、《慈善和宗教信托法》（1920）、《教区法》（1954）、《伊斯兰教区法》（1923）、《公共教区法》（1959）、《公益信托法》（如《孟买公益信托法》、《拉贾斯坦邦公益信托法》）等①法律申请注册或组建的非营利性的非政府组织团体，其资格将5年审核一次。

非政府组织主要分为三类，包括草根团体，其是立足于社区的自助性团体，直接充当"社会政治的代表"；社区机构，旗下有地方决策机构，但不能直接充当人民的代表，也不能完全参与服务性的工作；自愿组织，是较大型的机构，对服务对象没有设置正式的反馈机制。② 依法登记为以下五种类型：第一，依据1860年《社团登记法》登记为社团；第二，依据各邦的《公益信托法》登记为公益信托团体；第三，依据1956年的《印度公司法》第25节登记为公司；第四，依据1904年的《合作社法》登记为合作社；第五，依据1926年的《工会法》登记为工会。③ 印度非政府组织主要具备以下特点：相对保守的服务性组织；渐进主义式的组织（即寻求渐进式地改善人民生活）；在开展工作时，提倡非暴力；一般避免与党派结交。④ 非政府组织开展的活动涉及社会福利、基础设施、卫生保健、教育和培训、资源和灾害管理、生态环境保护、法律援助、人身与工作环境安全、能力建设、减贫、信贷、救济、赋权等多领域内容。

以自雇妇女协会（Self Employed Women's Association）和"沙克提·莎莉尼"（Shakti shalini）两个非政府妇女组织为例。印度就职于无组织部门的劳动力人口数量占国家劳动力人口总数的93%，而就职于无组织部门的女性劳动力人口数量则占到国家女性劳动力人口总数的94%以上，其中很多女性仅通过打短工、做小生意等方式来维持生计，她们的边际化程度较为严重，且权利未得到应有保障。为此自雇妇女协会于1972年成立，其服务对象是贫困、苦力、无固定工作及自雇的女性劳动力，旨在以

---

① http：//www. interhoo. com/content/4259. aspx.

② NGOs in India：The challenges of women's empowerment and accountability；Patrick Kilby；Routledge 2 Park Square, Milton Park, Abingdon, Oxon OX14 4RN, 2011.

③ http：//www. interhoo. com/content/4259. aspx.

④ NGOs in India：The challenges of women's empowerment and accountability；Patrick Kilby；Routledge 2 Park Square, Milton Park, Abingdon, Oxon OX14 4RN, 2011.

协会和合作社联合行动的方式以及组建自助组的方式来扶持妇女自主创业，助其实现经济独立和完全就业（年就业天数超过 200 天），从而保障她们在决策、收入、生活、工作、安全等领域的相关权益，使女性的社会价值和经济价值得到认可和体现。在协会成员看来，该协会不仅代表着非政府组织，且代表着一种汇集了"劳工运动"、"合作运动"、"妇女运动"及"自雇工人运动"在内的运动。① 该协会具有很强的草根基础，已在全国设立自助组、生产者合作社、水务委员会及手工艺协会等众多农村机构，其会员人数已经超过 100 万，主要分布在古吉拉特邦。目前该协会开展的经济活动主要涉及手工艺、卫生保健、教育、农业、奶制品、小额信贷等领域，惠及女性及其家庭人数超过 1700 万。

为了消除中间商的盘剥及便于被边缘化女性生产者享有市场便利，自雇妇女协会于 1999 年设立农村妇女市场（Gram Mahila Haat），与此同时构建自雇妇女协会成员产品的零售和分销网络"农村城市发展倡议"（RUDI）来极大地改善小农与市场之间的关系，以助产品销售不受突发危机、价格波动和供需关系等因素的影响，从而促使农民获取相对公平和稳定的收入。据 2007 年的数据显示，当年"农村城市发展倡议"公司所创营业额已接近 40 万美元，且该分销网络覆盖的村庄超过 3000 个，惠及女性及其家庭超过 4 万户，人均月收入在 33—66 美元之间。值得一提的是，"农村妇女市场及零售和分销网络"成功运作的案例说明，领导层的创新力及决策的高效力、产品多样化及其附加值的提升、有效的管理及协调、信息及科技分享、农民能力建设及教育培训、资金支持及物资投入、紧密的市场联系等因素以及建立应对突发状况的预警机制和解决机制在改善边缘化女性劳动力的生产生活状况上以及在促使项目的可持续发展上都起到了积极重要的作用。

另外，"自雇妇女协会"还积极寻求与其他机构和组织开展合作，以提升项目实施及完成的可行性及有效性。2001 年 1 月古吉拉特邦地震之后，该协会与中央政府、邦政府、国际农业发展基金会和世界粮食计划署共同合作，启动了以重建生计、恢复及发展为目的的"综合性农村发展生计安全项目"（Jeevika project），帮扶受灾女性及其家庭多达 1.2 万人。2002 年，古吉拉特邦爆发教派冲突之后，"自雇妇女协会"再次携手中央

---

① http：//www.sewa.org/.

政府和古吉拉特邦政府共同启动了"山塔"（Shanta）康复项目，通过心理康复等方式帮助那些在冲突中受过心理创伤和身体伤害的印度教女性、穆斯林女性及儿童群体等。甚至在有关当局和当地女性机构的邀请下，"自雇妇女协会"在不丹、斯里兰卡等南盟地区成功开展了涉及生态、经济等领域的帮扶项目，把在印度的成功经验推广到了这些国家。

20世纪70年代晚期至80年代，印度各地开始显著地报道大批年轻的新婚妇女因家庭发生火灾或厨房发生爆炸后死亡的案件。这些意外的神秘死亡案件引起了女性活动家们的高度关注。由此引发的抗议、示威游行等活动再次让妇女问题进入了公众视野。尽管政府针对突现的各种妇女问题制定了相应的法律法规，但却收效甚微。在这种情况下，"沙克提·莎莉尼"等非政府组织应运而生，它们力图通过咨询、援助、热线、培训、基层项目以及建立救助之家等多种形式来提升女性的自主、独立和权利意识，并使女性免受社会的不公正待遇及歧视，以此来弥补政府职能的空缺。

"沙克提·莎莉尼"成立于1987年8月，关注基于性别实施的针对性暴力，如家暴、嫁妆谋杀等。一开始的时候，萨雅拉尼·昌达（Satyarani Chaddha）和莎迦罕（Shahjahan）两位母亲因为嫁妆而失去了自己的女儿。为此，二人踏上了为死去的女儿寻求正义之路。在此过程中，两位母亲结识了其他有着同样目的的人士。大家一致认为需要构建一个平台，使受害者的父母能够借此表达对相关问题的关切。之后，萨雅拉尼·昌达和莎迦罕以及一些父母共同创建了"父母协会"，该协会最终发展成"沙克提·莎莉尼"。该组织的愿景是赋权于女性，让每位女性都过着有尊严和有价值的生活，而非在屈从和恐惧中艰难度日，以此建立一个性别平等和女性赋权的社会。该组织认为在社会上存在着一群被虐待、被忽视、被压迫、被欺凌、被剥夺权利的女性弱势群体，基于此需要发展一种可以与父权制、社会歧视等现象相对抗的性别平等思想，从而通过集体和个人的力量来改善这些女性的生产生活状况。"沙克提·莎莉尼"开展的具体工作涉及向遭受暴力的女性提供心理、物质和法律援助；就女性享有的法律权利等内容开展社区教育，并组建妇女互助小组；创建一种有利的社会文化环境，对政策的形成产生一定的影响；为遭受家暴等不幸的女性群体提供避难之处；对重回婆家的妇女起到良好的监管和保护作用；改变女方姻亲的看法，使女方免受因姻亲索要嫁妆而遭受暴力和骚扰；帮助借住于避难之所的女性组建新的家庭；开设生活技能课程，涉及儿童护理、生殖健康、压力舒缓和家庭管理等方面；构建与其他非政府组织、警察、律师、医生、媒体等利益相关者的联系，以便"沙克提·莎莉尼"能充分发挥其作用。

除此而外，还有众多关注妇女问题的非政府组织，它们只是因为服务对象、工作侧重点及其工作策略异同而有所差异。有的以服务自雇妇女和表列部落及表列种姓团体为主；有的以开展改善民生的基础项目为主；有的以慈善捐赠活动为主；有的以技术扶持和职业培训为主；有的以法律援助和妇女赋权为主；有的以帮助被边缘化女性重回社会发展主流为主等。这些非政府组织都抱着一个共同的目的，即通过各种项目或帮扶形式来赋权女性，以改变女性的弱势地位以及纠正社会对女性存在的不公正和歧视态度，最终使女性在政治、经济和文化领域享有与男性一样的权利和正义。

一些重要的女性组织包括关注针对女性暴力的"反对压迫妇女论坛"（Forum Against the Oppression of Women）、"妇女之声"（Aawaaz-e-Niswaan）；关注女性家政从业人员及其子女权利的"妇女唤醒委员会"（Stree Jagruti Samiti），该组织由著名女性主义者和活动家吉塔·梅龙（Geeta Menon）与其他社会工作者及家政从业者于1988年建立，主要通过联合地方小型家政机构共同开展工作；关注居住于城市贫民窟的女性群体的"女神之家"（Annapurna Pariwar），其下设有"安娜普尔纳女性团体"（Annapurna Mahila Mandal）等6个非政府组织，分别就女性福利、女性卫生保健、女性赋权、女性领导力、女性就业、女性小额贷款、女性职业教育、女性暴力等问题开展工作；关注女性在政治、社会、文化、教育、经济等领域享有正义及公正的"印度国家妇女联合会"（National Federation of Indian Women），该组织是属于印度共产党组建的妇女组织，由阿鲁娜·阿萨夫·阿里（Aruna Asaf Ali）等人士于1954年建立；"全印女工协调委员会"（All India Coordinating Committee of Working Women）关注提升劳动妇女参与工会活动的强度和力度，并通过相关职场训练，促使这些女性走上领导岗位；关注家庭暴力和性骚扰问题的小型妇女中心"女友"（Saheli），其创建于1982年，主要为面临危险的妇女提供咨询和庇护；"妇女技能委员会"（Mahila Dakshata Samiti）与"妇女之争"（Stree Sangharsh）两组织关注的是与妇女相关的法案、暴力事件等，通常以参与或组织示威游行等方式来向有关当局施压，借此表达诉求；"全印妇女大会"（All-India Women's Conference）1927 年成立，关注教育、童婚、深闺制、劳工、农村重建、本土工业、教科书、《童婚限制法》等内容，并积极支持农民运动、鼓励政治参与及不可接触者接受教育；此外各邦也设有相应的妇女组织，如古吉拉特邦设有古吉拉特邦自雇妇女协会合作联盟（Gujarat State Mahila SEWA Cooperative Federation）、艾哈迈达巴德妇女储蓄和贷款协会（Ahmedabad District Women's Savings and Credit Association）、艾哈迈达巴德县蔬菜种植户和卖家协会（Ahmedabad District Vegetable Growers and Sellers Association）、古吉拉特邦妇女住宅自雇妇女协会信托（Gujarat Mahila Housing SEWA Trust）、A. M. A. 管理发展中心（A. M. A. Management Development Centre）等。

值得一提的是，现代化进程的加速对丰富印度妇女组织及机构的服务内容以及拓宽其服务领域都起到了积极的正面作用，这些组织和机构较之以往更为成熟和务实，它们正逐渐成为促进女性发展的重要载体。然而其内部也存在一些问题亟待解决。首先，组织和机构推广的某些项目难以做到因地和因时制宜。它们通常采取一刀切或自上而下的模式，因而难以照顾到某些女性的实际需要。甚至某些项目实施者亦未能从最大化目标群体的利益出发来开展项目。其次，某些非政府组织不愿继续开展农村工作，因为未能得到它们所服务对象应有的响应。遗憾的是，这些组织忽略了某些女性在项目开展时必须外出务工来养家糊口的现实。最后，某些女性本应享有却未能享有项目所带来的实惠。以农村项目为例：绝大部分女性活动家来自中上层阶级或精英阶层，这也意味着受阶层及地域的局限性，她们对问题的理解、看法与农村女性都存在差距，甚至居住在城市的她们不愿居住在农村或不愿持续与贫困女性共同生活和共事，[①] 故难以完全从农村女性所面临的实际困境或需要出发来解决问题或开展项目，因而其主导的非政府项目在某种程度上难以惠及相关女性群体。马杜·基什沃承认，

"在西方接受教育的城市精英的身份"在我与未能享有我所享有的特权地位的印度大多数女性之间制造了障碍。我作为一个印度女性

① Challenging the NGOs Women, Religion and Western Dialogues in India; Tamsin Bradley; Tauris Academic Studies, 2006.

所具有的经历不能简单的与大多数农村妇女所具有的经历相比较。因此我对生活的期望就与农村女性的期望有异，而我作为一个政治活动家与我所为之斗争的群体的共性很少。我假设自己的声音代表所有印度妇女的声音，然而鉴于自己的背景，这如何可能？精英女性所谈及的女性利益难道能够代表印度农村的贫困女性吗？[①]

第二节　女性与经济

得益于信息科技及服务外包等知识型服务行业的驱动，印度经济近年来一直保持高速增长，2010 年的 GDP 增速达到 10.26%，2011 年达到 6.64%，2012 年达到 5.62%，2013 年达到 6.64%，2014 年达到 7.24%，2015 年达到 7.34%，预计 2016 年达到 7.45%。[②] 据乐观估计，印度国内生产总值总额将在 2016 年超过意大利，2019 年超过法国，2022 年超过英国，2023 年超过德国，2032 年超过日本，届时印度将成为继美国和中国之后的世界第三大经济体。[③] 经济全球化与科技的进步在调整印度家庭结构和社会结构的同时，也在敦促着女性角色的转换，然而其不均衡发展的特性亦导致了性别差异的加剧与女性的延迟发展。男性在劳动领域中依然占据着主导地位，其所扮演的角色及其劳动产出被给予了充分的肯定；相反女性的劳动力价值及其就业能力却遭受质疑和否定，女性在印度社会的经济发展进程中仍处于劣势地位，仍面对着"贫困"、"失业"、"不平等"、"不安全"、"不协调"等一系列发展困境。为此需要经济赋权女性和提升女性的创新及创造能力，以应对全球化及全球本土化进程所带来的负面影响。正如同妇女工作委员会在第十一次报告中指出的那样，"经济全球化和自由化以及私有化服务的出现并未能让女性分享到成功的果实，相反女性被远远甩在了后面"。美国学者也认为，发展经济的先决条件是必须首先摧毁陈旧的宗教观念、文化模式和社会结构，印度经济问题只有

---

① Challenging the NGOs Women, Religion and Western Dialogues in India; Tamsin Bradley; Tauris Academic Studies, 2006.

② www. statista. com.

③ Indian Economic Superpower: Fiction or Future?; Jayshankar M. Swaminathan; World Scientific, 2009.

靠直接向有产种姓和有产阶级发动进攻才能得到解决。[1]

一　女性与农业

　　始于 20 世纪 60 年代中期至 80 年代中期的 "以先进农业技术提高农作物产量" 的绿色革命给印度农业带来了翻天覆地的变化,至此印度的粮食实现了自给有余,其农业亦成为印度经济的重要组成部分,约占国内生产总值的 13.7%,且保持一定的年均增长幅度。据中央统计局发布的数据显示,"十一五" 计划 (2007—2012 年) 期间,印度农业的年均增长率为 3.6%,但各邦的农业年均增长率有所差异,如中央邦 7.6%、拉贾斯坦邦 7.4%、卡纳塔克邦 5.6%、北方邦 3.3%、西孟加拉邦 2.8%、泰米尔纳德邦 2.2%、马哈拉斯特拉邦 2%、旁遮普邦 1.6%。印度一半左右的人口都依靠农业谋生,其中妇女对促进印度农业发展起着至关重要的作用,她们是印度农业生产的支柱性力量。她们参与农业及农副业劳动,包括粮食耕种及收割、林业、渔业、家畜养殖、园艺种植等领域。据估计,从事农业、制造业、建筑和服务业的农村女性劳动力在 2007—2008 年度分别占该年度农村女性劳动力的 80.2%、10.9% 和 8.9%;同期从事农业、制造业、建筑和服务业的城市女性劳动力分别占城市女性劳动力的 11.5%、30.3% 和 58.2%。其中 60% 左右的印度妇女从事农业劳动,而农活的 70% 左右又都由女性负责。[2]

　　尽管从事农业劳动的女性在农业发展历程中的作用不可或缺,但她们却面临着超负荷工作、低廉的收入、生产性资源匮乏、人力资本投资欠缺以及性骚扰等各种问题,所受到的关注与自身在农业中所发挥的重要作用不相符。原因是:首先,女性在接近核心资源的过程中,被隔离和被边缘化。尽管农业现代化及机械化进程在加速,但传统社会价值观与男性家长制对女性在农业生产中的角色认定却是否定和负面的。正如苏洛特 (Sullerot) 所说:"实际上,女性角色概念有着僵化的式样,难以迅速改变。人们坚持把女性描述为家庭的基石,传统的守护者,社会稳定的护卫者。女性代表的是过去和现在的斡旋者,而男性则把自己视为现在和将来的斡

---

① http：//news. sina. com. cn/z/jmjc9/.

② http：//seea. org. in/vol10 - 2 - 2010/24. pdf.

旋者。女性意味着维护过去的美好，而男性则必须创建未来。"① 联合国粮农组织调查也发现，在印度以妇女为家长的家庭占印度家庭总数的14.9%，而占有农业资产的妇女仅占印度妇女的10.9%。截至 2000 年，印度各邦在被挑选出的受益者间分配了 1900 万英亩土地，而男性因持有户主的身份成为绝大多数获益者。② 因此相当一部分女性在接触现代科技、培训、贷款等资源上属于被剥夺权利和被边缘化的群体，她们无法完全掌握现代科技、改良器械及加工设备等资源和相关知识，从而不得不进入报酬相对低廉的农业、林业、渔业等不要求从业人员具备较高专业技能和较高受教育程度的行业就业，从事一些粗笨及无技术含量的活计。而男性则成为农业活动中的决策者和主导者，掌控着管理、土地、经济及市场等关键性资源。据 K. 查亚尔（K. Chayal）和 B. L. 达卡（B. L. Dhaka）在拉贾斯坦邦邦迪县（Bundy district）所做的随机抽样调查数据显示，妇女在粮食生产中，主要从事清理土地、育苗、播种、移苗、灌溉、除草、剪枝、收割、打谷、筛糠、洗谷、加工等无技术含量工种，而犁地、平整土地、施肥、喷洒农药等技术活计和轻便活计却多由男性完成，特别是市场销售这一环节基本由男性负责，女性完全不参与其中。又据抽样调查数据统计，在农业活动中，决定家庭购买化肥的男性占比 90.2%，决定家庭购买化肥的女性占比 2.9%，男女共同决定购买化肥的占比 6.8%；决定家庭购买农用设备的男性占比 92.1%，决定家庭购买农用设备的女性占比 1.9%，男女共同决定购买农用设备的占比 5.8%。③ 这意味着女性的劳动付出与利益获取不成比例，她们难以通过参与农业劳动来掌握关键性资源从而实现自身的经济独立。

其次，农业生产活动中存在着性别差异和阶层差异。男女两性农民在生产活动中的参与度、生产决策、薪酬支付、信息获取途径等方面存在着显著的性别差异，女性在其中通常属于被压迫和被歧视的对象。2007—2008 年度，从事农业活动的农村男性与女性，其受教育年限的差距为 2

① Changing Status and Role of Women in Indian Society; edited by C. Chakrapani and Dr. S. Vijaya Kumar; M D, New Delhi, 1994.

② http://www.fao.org/docrep/007/j2602e/j2602e04.htm.

③ https://www.google.com.hk/url? q = http://ncw.nic.in/pdfreports/impact% 2520of% 2520wto% 2520women% 2520in% 2520agriculture.pdf&sa = U&ei = ZlopU52PMIesiAfc14DgBg&ved = 0CCoQFjAC&usg = AFQjCNEEAxlzTivdE9c0KGddw6UZ5aEHtg.

年，而农村女性该年度的工资仅为农村男性同行的 67.1%；同期从事农业活动的城市男性与女性，其受教育年限的差距为 2.7 年，而城市女性该年度的工资仅为城市男性同行的 47.7%。[①] 又根据印度劳动局 2012 年 9 月的数据显示，安得拉邦从事播种职业的男性日平均工资是 163.06 卢比，而女性仅为 147.94 卢比；古吉拉特邦从事播种职业的男性日平均工资是 132 卢比，而女性仅为 112.53 卢比；卡纳塔克邦从事播种职业的男性日平均工资是 157.86 卢比，而女性仅为 106.85 卢比；中央邦从事播种职业的男性日平均工资是 120.52 卢比，而女性仅为 110.67 卢比；马哈拉斯特拉邦从事播种职业的男性日平均工资是 174.44 卢比，而女性仅为 114.8 卢比；拉贾斯坦邦从事播种职业的男性日平均工资是 246 卢比，而女性仅为 160 卢比；泰米尔纳德邦从事播种职业的男性日平均工资是 222.03 卢比，而女性仅为 170.6 卢比。其中性别差异最大的邦是拉贾斯坦邦，男女日平均工资差距高达 86 卢比；而地区差异最严重的邦是泰米尔纳德邦和卡纳塔克邦，两邦女性的日平均工资差距竟高达 63.75 卢比。除却性别差异外，农村女性还会因为自身所属阶层地位的高低而遭遇不平等，致使她们在农业生产活动中创造的生产力和财富收益不断下降。布兰德沙哈尔县（Bulandshahar）约有 1000 户家庭，其中 85% 的家庭生活在绝对贫困线下。这些家庭以务农为主，家庭主妇们通常在凌晨 4 点以前完成日常家务。地主在自己的田间放水，但不允许女性使用。这时，女性只好使用公共场合的水资源，此举经常招致嘲弄和性骚扰。[②] 另据印度全国抽样调查数据显示，2004—2005 年度，属于表列种姓、表列部落和其他落后阶层的女性劳动力在从事耕种这一职业时，日均收入分别为 33.64 卢比、22.1 卢比和 40.69 卢比；在从事播种这一职业时，日均收入分别为 29.38 卢比、20.85 卢比和 29.58 卢比；在从事种植这一职业时，日均收入分别为 56 卢比、43.68 卢比和 45.72 卢比；在从事家禽饲养这一职业时，日均收入分别为 23.01 卢比、14.91 卢比和 10.21 卢比。

　　再次，农村女性肩负的传统职责影响其择业标准。印度的传统观念认为印度妇女需要承担的职责包括做饭、扫除、洗衣、洗杯碟、打水、带孩子、喂孩子、侍奉家人等，而这些却不属于男性的职责范围。因此印度农

---

①　http：//eprints. lse. ac. uk/38367/1/ARCWP40 – BhallaKaur. pdf.

②　Women's Rights：Access to Justice, P. D. Kaushik；D. K. Fine Art Press（P）Ltd. , 2007.

村妇女的精力经常为这些事务所分散,她们难以全身心地投入到农业活动中去;同时承担这些难以计算工作量的事务也意味着女性必须放弃根据薪酬选择职业的做法,她们不得不选择时间上和距离上都与其所承担的职责不相冲突的工作,如此一来,个体经营及临时性的工作或零工、粗活成了她们维持生计的最佳选择,但也意味着女性经济独立的难度进一步增大。根据印度抽样调查数据显示,每 1000 名印度农村妇女中就有 347 名女性料理家务,而每 1000 名印度农村男性中仅有 5 名男性料理家务。其中取水和存储水的工作基本上由女性承担。农村仅有 55% 的家庭可以获得安全的饮用水,这表明农村女性大部分的时间要用去水井等水源处取水。甚至在拉贾斯坦邦的某些农村地区,妇女要步行去 10 公里以外的地方取水以备家庭之需。调查数据还显示,2009—2010 年,开展个体经营的农村男性占农村男性劳动力的 53.5%,开展个体经营的农村女性则占农村女性劳动力的 55.7%;有稳定工作的农村男性占农村男性劳动力的 8.5%,有稳定工作的农村女性仅占农村女性劳动力的 4.4%;农村男性临时工占农村男性劳动力的 38%,农村女性临时工则占农村女性劳动力的 39.9%。从该组数据来看,从事个体经营和打零工的农村女性相较从事个体经营和打零工的农村男性占比高,而享有稳定工作及稳定收入的农村女性却较男性占比低。这再次说明农村女性不以经济独立为择业标准,她们更多考虑的是自身选择的职业是否影响到其所肩负的传统职责。

最后,农村女性的生活因非正规就业而面临严峻挑战。对于从事农业生产的她们来说,农村狭窄的就业渠道以及农民权利缺失的现状,迫使越来越多的农村男性外出务工或流向非农部门,而留守家中的女人则承担了繁重的农活和家务活及照顾孩子之责。这些农村女性目前的就业形式主要包括:从事季节性和零时性工作来获取报酬;或者附属于地主,靠帮活或租借地主土地谋生;或者在自家有限的农业用地上劳作进行无报酬劳动;或者少部分受聘于一些正规农业部门获取有偿报酬。遗憾的是,农业机械化的发展,在提升土地及劳动力资源的利用率以及增加农业产出和减少产出成本的同时,也使得原来由女性承担的部分工作被机器取代。而这部分被"替代"的女性因为在获取土地、科技、机械、资金、管理、生产资料等农业生产和资本要素上处于劣势地位,致使她们在很多时候难以寻找到替代性工作。在失去生存条件的她们中间,自杀、陷入高额债务、流离失所等现象时有发生。英迪拉·甘地就曾这样表示,"我们必须给予那些无地农业劳动力特别关注。尽管印度自独立以来已经取得了重大发展，但是有一拨人却艰难度日，他们值得被给予特别关注"。

农村女性边际化程度加重、农民靠天吃饭等突出问题已经引起了政府的高度重视。印度原人力资源发展部部长达古巴蒂·普拉德斯瓦丽（Daggubati Purandeswari）就表示，"为了保持国内生产总值的增幅在10%以上，我们需要重新审视农业政策以及实施推动妇女融入农业发展进程的方案"。为此政府高度强调政策措施、有序管理、科技创新在振兴印度农业中应发挥的重要作用，并采取如下措施着力加强及保障妇女在农业生产中的作用及权益。

第一，以项目带动为核心，全面促进女性发展。政府实施了涉及土地、水资源、渔业、生物资源、科技、管理、保健、培训、贷款等领域的众多项目，同时各邦还就"至少30%的项目预算必须用于女性及农民身上"达成共识。例如，启动"改革计划延展项目（Programmes for Extension Reforms Scheme）"。政府于2005—2006年度在各县一级启动并实施了该延伸项目，主要通过农业技术管理局与各县及县级以下的农民、农民团体、非政府组织、潘查雅特等个人或机构合作来共同实施完成。自项目启动以来，共有2300多万农民参与了农业科技培训，并开展了建设农业示范园等一系列活动，其中惠及农村妇女572万。同时建成农民学校5.56万所，农民利益团体及组织11.6万个。

第二，组建各类组织，督促将农村女性进一步纳入现代农业发展的主流。例如，建立"国家农业性别资源中心"（National Gender Resource Centre in Agriculture）旨在践行国家赋权女性的承诺，并为农村女性劳动力设置赋权日程。又如，建立"农业诊所和农业商业中心"（the Agri-Clinics and Agri-Business Centres），旨在为那些未就业的农业大学的大学生及文凭持有者提供并创造就业机会。其中"农业和农村发展银行"作为"该项目补贴计划"的银行执行机构和贷款监察机构，曾明确规定44%的项目补贴必须用于女性申请人以及来自表列种姓群体、表列部落群体及其他弱势群体的申请人身上。再如，建立"国家合作发展局"（National Cooperative Development Corporation）。截至2012年3月，合作发展局共开展了涉及果蔬、蔗糖及食品加工、农作物种植、油料加工、渔业、手摇和动力织布机、纺纱、服务等多项内容的活动，并筹措到支援妇女合作社发展的援助资金22.75亿卢比。

第三，加大对农业部门的扶持和发展力度，同时重点关注小型农户、边际农户以及农村女性劳动力在获取生产资料投入、贷款、教育、科技、市场等资源上存在的实际困难，并大幅提升女性劳动力在农业产出中的收益比例。例如，启动实施"农业宏观管理计划"（Macro Management of Agriculture scheme）。该项目始于 2000—2001 年，旨在确保中央支援的农业项目落实到位。该项目 33% 的资金被用于小型农户、边际农户和妇女身上，其中 10 个子项目涉及园艺发展，27 个子项目涉及合作社的运营等内容。另外启动"国家旱作地区流域开发项目"（The National Watershed Development Project for Rainfed Areas），旨在通过对自然资源的管理使居住于旱作地区的民众受益；启动关注农业发展困境以及帮助农民促进农业可持续发展的"社区管理可持续农业发展项目"（the Community Managed Sustainable Agriculture programme）等。

第四，技术赋权与技术开发。主要针对田间作业、生物多样性的保护、营养安全、有机农业、兽医知识以及园艺业中的蘑菇和花卉栽培等内容开展职业培训。例如，启动技术培训项目"国家园艺任务"（National Horticulture Mission），涉及花卉园艺种植、栽培技术、种植材料、育苗及收后管理、产品附加值及市场开拓、园艺农产品加工等知识培训；启动专注大米、小麦、豆类等三类粮食作物的"食品安全任务"（The scheme 'National Food Security Mission）项目；启动专注农业投入、培训和示范等内容的"油料作物和豆类技术任务"（Technology Mission on Oilseeds and Pulses）项目；启动支持妇女组织开展的建设生物防治实验室等活动的"印度病虫害管理方法的加强与现代化"（Strengthening and Modernization of Pest Management Approach in India）项目等。

第五，组建自助小组和互助团体，帮助农村女性就业创业。针对农村妇女居住较为分散、无组织性、无处申诉权利等特点，鼓励政府组织和非政府组织积极帮扶并组建相关互助团体或合作社，敦促外部力量成为推动女性事业发展的动力和催化剂。例如，启动支持创新理念及鼓励投资农商企业的"小农农商企业社"（Small Farmers Agri-Business consortium）项目；启动"强化合作教育特别计划"（Special Scheme of Intensification of Cooperative Education）。该项目主要设立在卡纳塔克邦的希莫加（Shimoga）、奥里萨邦的贝汉布尔（Berhampur）、曼尼普尔邦的因帕尔（Imphal）以及中央邦的博帕尔（Bhopal）四地，旨在通过组建互助组、开展培训、

组织展销会、营销产品等形式帮助妇女增收创收。2011—2012 年，共有
2.39 万名妇女接受了相关培训。

第六，模范效应。让个人或集体的先进典型发挥榜样的力量。例如，
启动关注培养合作社女性领导人的项目"妇女乳制品合作社领导培养项
目"（Women Dairy Cooperative Leadership programme）；启动关注妇女合作
社、妇女生产集团等机构的"安得拉邦得干发展社"（Deccan Develop-
ment Society in Andhra Pradesh）项目等。

第七，财政支持。依托小额信贷和提升妇女土地占有比例来推动妇女
脱贫和科技致富。例如，启动"萨巴坎塔女性农民合作社"（Sabarkantha
Women Farmer's Cooperative）项目。该项目自实施后，已帮助 73 个村庄的
农村妇女开垦了面积达 3000 公顷的峡谷地带的土地。她们的收入从过去
的 5000 卢比/年上升至目前的 15000 卢比/年。①

值得肯定的是，这些政策、项目及组织的实施和建设成为女性赋权及
利益申诉的平台，尤其是它们在很大程度上改善了那些被社会边缘化的女
性弱势群体的生存状况和生存环境，同时强化了农村妇女在振兴及发展农
村经济中的重要作用。

二 女性与第二产业

20 世纪 60—70 年代，印度产业政策强调的是国家的产业活动，同时
产业政策的侧重点也从大型产业向中小微产业转移。但需要强调的是
1970 年的产业许可政策把印度工业分为"核心产业"（Core sector，包括
基础性、关键性和战略性产业）、"巨额投资产业"（Heavy Investment sec-
tor，包括逾 5000 万卢比的大型产业项目）、"中级产业"（Middle sector，
包括 1000 万—5000 万卢比的中型产业项目）、"取消工业许可的产业"
（De-licensed sector，包括低于 1000 万卢比的产业项目），其间外国公司投
资核心工业、重工业和以出口为导向的工业受到限制；80 年代，印度产
业政策强调产业在国内市场中的竞争力，强调技术革新以及产业现代化，
强调基础性工业和基础设施建设的发展，并取消了某些早先限制外资进入
的行业限制。另外把印度的产业主要分为制造业、采矿业和电力等三块内

---

① The State of Food and Agriculture, 2010 - 2011; Food and Agriculture Organization of the Unit-
ed Nations Rome, 2011.

容；90 年代，为了降低失业率、消除贫困以及消除社会及经济领域存在的不平等现象，印度政府对经济政策进行了重大调整，其倡导的经济改革通过放松政府管制、强调私企参与、开放国际贸易和吸引投资等方式来进行，涉及商业、制造业、建筑业、供水供电业、燃气业、采矿业以及金融业等领域；90 年代至今，政府注重保持工业产出的可持续增长，注重增加民众的就业机会，注重最优化利用人力资源、注重增强国际竞争力以及促进印度发展使其成为国际产业的领导者之一。为此政府制定的产业政策强调大力吸引外资、支持微小型及小型产业和农村产业的发展、加强技术改造、推进市场自由化和民营化、提高产业竞争力、加强工业园区建设以及实行税收新法等。尽管第二产业所吸纳的就业人口仅占总就业人口的17%，但该产业却是国家经济发展议程的重要内容，国家制定的政策以及相应的发展战略也都围绕其展开，成果有目共睹。不仅第二、三产业取得了巨大发展，更促使印度成为经济增速最快的新兴经济体之一。

（一）制造业中的印度女性及其所面临的问题

印度制造业在世界制造业中处于较为领先的位置，主要涉及机械、食品和饮品制造业、纺织业、箱包业、皮具业、鞋业、皮毛业、家具业、编织业、造纸业、印刷业、出版业、炼油业、化工业、橡胶业等行业。因国内旺盛的消费需求及经济的快速发展，印度的制造业呈现向好发展态势，据德勤全球制造业竞争力指数，预计印度 2018 年将成为仅次于中国的全球第二大制造业强国；[①] 又据麦肯锡公司的研究报告指出，印度制造业产值在 2025 年将达到 1 万亿美元，创造就业岗位逾9000 万个。制造业作为印度国民经济的支柱性产业，日益受到印度政府的重视，并为此做出大幅政策调整，即努力建设印度成为世界制造业中心的同时，积极谋求与国外著名手机、汽车、箱包等制造业公司的合作，并同意建设 5 个国立投资制造区（National Investment and Manufacturing Zones），计划实现制造业产值占 GDP 的比例由原来的 16% 上升至 24%，吸纳就业人员超过 1 亿人。其中纺织业是促使印度迈入世界制造业行列的推动者和主导者，主要涉及成衣业、棉纺织业、丝织业、毛纺织业、手工制品业、黄麻制品业等。目前，印度国内纺织业产值已占国内生产总值的 5%，印度产业产值的14%，印度外汇收入的 27%，特别是纺织业及相关行业所创造的就业岗

[①]　http：//intl. ce. cn/specials/zxgjzh/201410/15/t20141015_ 3709272. shtml.

位已超 4000 万个。

在农村地区，为降低资本成本、机器购置成本、享有国家对中小微企业的补贴政策以及规避技术引进限制，纺织厂厂主不是通过扩大纺织厂的生产规模、改进工艺生产技术或提升生产能力来实现工厂产值的增加，相反更多考虑的是利用廉价的纺织劳工和建设密集型纺织作坊来应对，因此从事纺织业的妇女主要受雇于以家庭为单位和合作社为单位的作坊，这些妇女同时面临就业环境差、就业不稳定、工资收入低、政府对劳工的保护弱等诸多问题。她们中的绝大部分人具有纺织技能，且有的妇女自小就从家庭长辈那里接受了纺织的相关知识，并掌握了这种谋生技能。也有掌握了纺织知识的妇女，在从业后获得了职业教育的机会，她们在操作效率以及新技术的掌握上较传统纺织女工有所精进，成为独当一面的人才，但这部分女性数量有限，仅占纺织女工的 15%—30%。[1] 值得一提的是，印度的中小微企业主要聚集在农村，它们在吸纳就业人口、产出、出口等方面都表现出了巨大的潜质，特别是 1991 年的产业政策强调加强微小及小型产业以及农村产业的发展之后，中小微企业在印度制造业和印度服务业中的作用更加突出和明显，其数量已占行业部门总数的 95%，出口额占国家出口总额的 35%，提供就业岗位 3000 万个。[2] 又据印度中小微企业部的年度报告数据显示，印度中小微制造企业已经达到 1150 万家，吸纳就业人口数量超过 3200 万；而中小微服务企业数量则达到 2467.5 万家，吸纳就业人口数量高达 4851.7 万。遗憾的是，中小微企业行业内亦存在种姓歧视。农村地区的中小微企业数量达到 2001.9 万家，占中小微企业数量的 55.3%，而属于表列部落和表列种姓的中小微企业家仅占中小微企业家总数的 13.6%。

随着全球化和现代化进程的加速，印度妇女亦希望参与其中，并借由外出务工实现自身的经济独立，从而提升她们在社会和家庭中的地位。然而据印度政府劳动就业部劳动局 2009—2011 年的调查数据显示，女性在参与制造业及其经济活动中存在如下特点。第一，性别差异显著。2008年就职于各类制造业工厂的从业人数为 263 万，其中女性从业人数为

---

① 数据来源于 "Survey of Development Innovators, Bhubaneswar, 2004".

② Liberalisation And Small Scale Industries In India; Ranchay Bhateja, Amit Tyagi and Mani Tyagi.

22.1 万，占就职于各类制造业工厂的从业人员总数的 8.41%。其中就职于安得拉邦各类制造业工厂的男女从业人数为 47.1 万，女性仅有 6.043 万；就职于哈里亚纳邦各类制造业工厂的男女从业人数为 15.43 万，其中女性仅有 8593 人；就职于奥利萨邦各类制造业工厂的男女从业人数为 14.18 万，其中女性仅有 6479 人；就职于西孟加拉邦各类制造业工厂的男女从业人数为 43.7 万，其中女性仅有 1.48 万人。又如，女性中小微企业家的数量仅占中小微企业家总数的 7.4%，且男性和女性在中小微企业中的就业人数分别为 6846.8 万和 1205.6 万，男性就业比例高达 85%。第二，男女从业人员领到工资后，其消费结构和消费内容存在差异。男性的工资主要用于个人生活用度上，他们购买食品、米、牛奶、香烟、酒及软饮料、衣物、鞋类、肥皂等商品及支付水电、住房和铺盖等费用；而女性则更多考虑的是家庭及其成员，并为他们的发展谋划，她们的工资主要用于购买家庭器皿、种子、香料、油、米、牛奶、食品、衣物、鞋类、肥皂等商品及支付水电、住房和铺盖等费用。第三，参与制造业及其活动上出现了明显地分化。在以农业和种植园经济为主的各邦，就职于制造业工厂的男女从业人员的数量相对较少。2008 年，就职于梅加拉亚邦各类制造业工厂的男女从业人数为 2956 人，其中女性仅为 379 人；就职于比哈尔邦各类制造业工厂的男女从业人数为 1.36 万，其中女性仅为 53 人；就职于特里普拉邦各类制造业工厂的男女从业人数为 1.817 万，其中女性仅为 3860 人。第四，阿萨姆邦是印度唯一一个使用童工的邦，且女童工的数量普遍多于男童工。阿萨姆邦男、女童工数量在 1991 年分别为 293 人和 1158 人；2007 年分别为 24 人和 35 人；2008 年分别为 91 人和 180 人。第五，女性在生产过程中被进一步边缘化，他们多承担一些无技术含量、临时性或低端的工种，如采摘、清洁、编织、摇纱、缝纫、剪线、包装等工作，且部分女性至今仍然以债务劳工的身份工作，因此她们的薪酬支付通常不参照市场标准。第六，女性成为企业或工厂裁减员工时的首要考虑对象。为保护女性的相应权益，国家制定了一系列保护性法规，包括"男女就业机会均等"、"禁止女性夜间加班"、"享有产假以及儿童保健福利"、"单位设置托儿所"等，但这些条例却极大地增加了私营企业主或工厂厂主的生产成本及他们触犯法律的可能性，因此女性成为企业或工厂裁减员工时的首要考虑对象。第七，区域差异显著。首先，产业依托的地理环境不同，各邦就职于制造业工厂的女性从业人数就存在较大差异。就

职于卡纳塔克邦各类制造业工厂的男女从业人数为 28.2 万，其中女性为
8.35 万人，占到该邦各类制造业工厂从业人员总数的 29.6%；就职于果
阿邦各类制造业工厂的男女从业人数为 4.42 万，其中女性为 6987 人，占
到该邦各类制造业工厂从业人员总数的 15.81%；而就职于拉贾斯坦邦各
类制造业工厂的男女从业人数为 13.44 万，其中女性为 3634 人，仅占该
邦各类制造业工厂从业人员总数的 2.7%；就职于中央邦各类制造业工厂
的男女从业人数为 15.83 万，其中女性为 4725 人，仅占该邦各类制造业
工厂从业人员总数的 2.98%；就职于旁遮普邦各类制造业工厂的男女从
业人数为 10.13 万，其中女性为 3738 人，仅占该邦各类制造业工厂从业
人员总数的 3.7%。其次，同一行业的从业者，其工资水平也会因地域差
异而存在差距。以纺织业为例，据《印度劳工期刊》（*Indian Labour Jour-
nal*, Feb., 2013）数据显示，2012 年 1 月，棉纺织从业者当月平均工资
为 4430.8 卢比。其中加尔各答的棉纺织从业者平均工资为 4165.1 卢比；
哥印拜陀的棉纺织从业者平均工资为 4459.4 卢比；班加罗尔的棉纺织从
业者平均工资为 4649 卢比；艾哈迈达巴德的棉纺织从业者平均工资为
3685.8 卢比；孟买的棉纺织从业者平均工资为 4420.5 卢比；那格普尔的
棉纺织从业者平均工资为 3728.1 卢比；坎普尔（Kanpur）的棉纺织从业
者平均工资为 3209.1 卢比；印多尔（Indore）的棉纺织从业者平均工资
为 3035.2 卢比。班加罗尔和印多尔两地的棉纺织从业者当月平均工资的
差距竟高达 1613.8 卢比。最后，不同工种、不同性别、不同年龄段的从
业者的收入水平也会因地域差异而存在差距。《印度劳工期刊》指出，
2012 年 11 月，安得拉邦的木匠、铁匠、鞋匠的日均工资分别为 222.66
卢比、176.51 卢比和 122.25 卢比；哈里亚纳邦的木匠、铁匠、鞋匠的日
均工资分别为 321.58 卢比、234.67 卢比和 211.14 卢比；而中央邦的木
匠、铁匠、鞋匠的日均工资则分别为 159.12 卢比、144.78 卢比和 110.95
卢比。同期，阿萨姆邦从事非技术工种的男性、女性及童工的日均工资分
别为 146.35 卢比、114.23 卢比和 90 卢比；安得拉邦从事非技术工种的
男性、女性及童工的日均工资分别为 168.1 卢比、124.39 卢比和 95.74 卢
比；马哈拉斯特拉邦从事非技术工种的男性、女性及童工的日均工资分别
为 141.51 卢比、93.72 卢比和 92 卢比；中央邦从事非技术工种的男性、
女性及童工的日均工资分别为 97.75 卢比、87.69 卢比和 62.41 卢比；北
方邦从事非技术工种的男性、女性及童工的日均工资则分别为 166.67 卢

比、137.93 卢比和 110.28 卢比。

（二）建筑业中的印度女性及其所面临的问题

为应对城镇化进程的加速以及中产阶级队伍的壮大，印度的建筑业快速发展起来。在实行经济改革之后，跨国公司大量涌入印度的建筑业市场，主要涉及旅游、科技、社区、经济特区等领域的建筑投资和基础设施建设项目。2005 年，印度政府放宽了建筑领域的投资管制政策，允许外国直接投资全面进入，并对投资规模等相关政策进行了调整，印度的建筑业正彰显出新的活力。然而社会态度和文化动因使然，建筑业一直都被视为男性垄断的行业，女性的插足被视为与男性抢夺饭碗，遭受嫉恨。因此大部分从业于建筑行业的女性在其中仍然只是从事一些临时性的、低端性的和无技术含量的工作，如挖掘、搅拌、运送土块、搬砖、送水等工作。另外因行业存在流动性强及员工进出频繁等特点，建筑行业中的从业人员多为外来员工。这种"外来"的特性，使得建筑女工并不受当地人的欢迎，她们被视为抢夺当地就业机会的群体，因此政府的福利法案和保障措施对于她们来说形同虚设。《印度教徒报》曾转引果阿邦时任首席部长曼诺哈·帕里卡特（Manohar Parrikat）的话，他表示"果阿邦不能承付成千上万外来民工所带来的压力"。

鲜有建筑女工获得擢升及培训的机会，她们在恶劣的工作环境中辛苦地劳作着，获取低廉的收入养家糊口。对于建筑女工劳作的艰辛及所处的生存状况，格里贾和吉塔递交给印度社科理事会的《泰米尔纳德邦建筑工人的社会经济状况》的报告就做了很好的反映——"妇女挖土后，把土装到篮子里，顶到头上，其重量约为 15 公斤每篮。她们要走 30 英尺左右去倒土，然后返回。一个小时之内，这样的动作要重复 180 次。按照一天工作 8 小时来计算，这些妇女每天要走 13 公里，运送的泥土重量高达 2.1 万公斤。"另外贾格里中心（Jagori）的研究报告《权利和脆弱性，德里非正规部门的移民女民工》也可一窥端倪：宾伊（Pinky）是一名建筑女工，她每年在德里工作 8—10 个月。被问及是否喜欢自己的工作时，宾伊表示：

　　　　我没有其他的选择。建筑工作是我们这些季节性劳工所能选择的唯一工种。我坚持要回到村里，因为我想我的孩子了。……建筑工作非常艰苦，我们经常负重 100 公斤。手和脚疼的不得了。我大多数时候从事一些公共设施的建筑工作，包括道路、公共设施、厕所、垃圾场等。垃圾太臭了，搞得我们都吐了……我们得整天工作。日班的时间从早上 9 点左右至下午 5 点结束，中间有 1 个小时的午餐休息时间。我们经常在 5 点以后仍然继续工作，有时工作时间甚至持续整晚直至第二天凌晨 5 点……中间没有休息。5 点以后的劳作时间属于加班时间，有加班费，但加班费的多少需要看我们工作时间的长短。上夜班，我们一般可以得到 135 卢比。建筑承包商一般每天支付我们 65 卢比的报酬。每个星期我们每个工人还可额外得到 200 卢比的生活开销补助。我们一般在离开工地时向承包商索要我们应得的费用。一般来说，我们都没有假期。承包商在有活做的时候会提前通知我们，并在早晨用农用拖拉机来拉我们，承包商会支付这项费用。我们在工作时只能自己带吃的，承包商不负责吃的喝的。这样我们不得不问附近的人要一点喝的水，或者找个水龙头喝水。我们到各种各样的地方打工，老德里啊、尼桑穆丁（Nizamuddin）啊、奥克拉啊（Okh-la），什么的。夜晚我们回到住处的时候，路上的时间通常要花 1—2 个小时……这还要看我们是在什么地方工作。我们接到通知叫我们去哪，我们就去哪。

随着工业化进程的加速，建筑行业的机械化已经成为工业化的标志之一，其有利于加快施工进度和减轻建筑工人的劳动力强度，提高施工效率及减少施工成本，加之现代化的发展要求政府全面保障社会基础设施、公共设施及服务设施的快速跟进。这些条件本应有利于促进更多的女性进入建筑行业，享受劳动力解放之后带来的愉悦。但事实恰恰相反，印度建筑女工因为机械化程度的日益提高，而面临失业、孩子受教育难等众多问题，且建筑女工失业的概率远远高于男性。这些从建筑工地上消失的女工，不得不寻找一些替代性的工作，她们或在中小微制造业作坊打零工或在地头田间劳作或帮别人浆洗缝补或靠计件帮佣来生活，但还是有很大一部分女性难以就业。国家妇女委员会在举办关于"全球化对就业影响"的听证会上就收集到了这样一些案例，它们反映了建筑女工所遇到的现实问题：

建筑女工马莉阿莫尔（Mariammal）表示，"建筑女工没有工作可干。以前在揽混凝土搅拌一活时，我们的日均收入拿到 70、80 卢比是没有问题的。当引入混凝土搅拌机以后，我们要找到一份两天的工作都很难了"。

建筑女工德瓦萨贾亚梅里·里拉瓦蒂（Devasagayameri Leelavathi）表示，"我有两个孩子。20 世纪 70 年代，我每天都工作，每天的收入有 20 卢比。我们一家生活得很舒适。当没有机器的时候，我们自己建房。就在过去 5 年间，机器从国外涌入。3 年前，我还能有每周 400 卢比的收入，但现在我一周的收入只有 140 卢比。我还算好的了。大部分的建筑女工因为没有活干而不得不离开。我们不断的抗争要求不再使用机器，但是政府并未采取行动"。

建筑女工萨罗佳（Saroja）表示，"因为机器的存在，我们没有任何活计可干。过去 3 个月来，我没有找到一份工作。要让我的两个孩子接受教育更加困难了。我的丈夫也没有找到活干。我们甚至连稀粥都要喝不上了。如果我和丈夫都没有工作，我们怎么生活。我们没有选择，只能喝毒药死了算了"。

混凝土铺设女工卡拉玛尼（Kalamani）表示，"过去两年来，我没有得到一份固定的工作。要获得一个星期工作两天的机会是很困难的。这样一来，我们如何支付每天 60 卢比的生活用度？孩子也不能读书……我们没有吃的、没有穿的和住的地方。我们甚至难于支付房屋的租金……"

对此委员会在之后公布的报告中，这样警告说："建筑业中引入现代科技已经成为一种趋势，它改变了传统的劳动力市场。当机器引入建筑行业后，建筑女工成为首批失业的人群，因为她们被认为是不具备技术的劳动力。在大型建设项目中，建筑女工的身影在不断地消失。"

需要强调的是，根据国家妇女委员会的报告指出，现在在印度从事建筑工作的妇女和儿童的数量已经占建筑劳工总数的 1/3，他们多属于外来务工人员的家属、在贫民窟生活的女性群体、无地的贫困农村群体、就业市场上等待就业的女性群体或契约劳工。而因为工种的原因，这部分建筑女工和儿童不得不接触木屑、烟尘、金属粉尘、水泥及石灰等工业灰尘、有害气体、噪声等危害身体健康的物质，然而因为这些建筑女工和孩童多来自表列部落、表列种姓或其他落后阶层等较低种姓集团，且绝大多数的他们未接受过教育，因此建筑承包商和建筑女工及儿童的关系极不稳定，致使他们很难享有医疗保健、福利设施及保险等相应服务，也难以就自己遭遇的同工不同酬、拖欠工资、安全、事故等问题做出合理申述。其中建筑女工多为临时工、短工和契约劳工，她们的作业时间很难控制，并随时面临失业的危险，承包商更不会为其建立健康及安全监护档案或者支付建筑女工应享有的福利费用。对此印度社会普遍认为应该综合性立法来保障建筑女工和儿童的权益，为建筑女工提供最低就业保障、提供医疗和安全保障、提供劳工福利保障，并改善建筑女工的工作及就业环境、服务等方面的管理；另外还应完善监管机制，严格贯彻相关法律，预防和打击违法使用童工行为等。

（三）采矿业中的印度女性及其所面临的问题

采矿业是又一个一直被视为男性主导的行业。女性要进入其中，必须跨越传统理念设置的职业障碍，她们不愿也无力通过撼动男性的优势地位来肯定自身的能力。女性进入采矿业，其原因包括增加家庭收入、丧失土地等依附性资源、职业世袭、无力偿还债务、缺乏其他部门就业的能力、难以找到替代性工作等因素。其中，出现两种特殊情况，其一是，矿工因收入水平不高，很多时候难以支付家庭生活开销，为此不得不向矿场主举债，最后无力偿还债务而举家成为"抵债性劳工"。其二是，因社会分工的严格性、区域性就业等因素的影响，女矿工难以找到其他替代性工作，因此女性从事采矿业工作的年限都相对较长，且出现家中女性长辈把女性晚辈带入该领域就业的情况。

　　40 岁的拉梅里就是尾随着母亲、祖母和婆婆的脚步而成为一名女矿工。她和其他许许多多的妇女一样，幼年时便被贫困所迫而进入了这一行当。她人生大部分的时光都在敲碎石块和装卸石块。矿区的粉尘早已损害了拉梅里的肺功能，因此虚弱的身体让她再难继续原来的工作。尽管家中的几代人都在矿区干活，但是矿场主却不愿意为辛苦劳作了几十年的拉梅里提供任何经济补偿，也不愿意为她提供其他的就业机会。拉梅里再一次陷入贫困。[①]

据农村发展技术中心（Gramin Vikas Vigyan Samiti）在拉贾斯坦邦的调研数据显示，在焦特布尔（Jodhpur）、马克拉那（Makrana）和比卡内尔（Bikaner）三地，工作年限在 5 年以下的女矿工数量分别占当地女矿工数量的 5%、12.5% 和 5%；工作年限在 5—10 年间的女矿工数量分别

---

　　① Women Miners in Rajasthan, India: A Reflection on Their Life, Challenges and Future; Gravis; 2010.

占当地女矿工数量的 20%、31.25% 和 35%；工作年限在 10—15 年间的女矿工数量分别占当地女矿工数量的 50%、37.5% 和 45%；工作年限在 20 年以上的女矿工数量则分别占当地女矿工数量的 25%、18.75% 和 15%。

矿场女工在进入采矿行业时，通常会遇到这些问题：首先，她们大多从事一些技术含量低或无技术含量的工种，因此报酬低廉，且可被替代性高，就业机会难以保证。25 岁的女矿工桑杜·德薇（Santu Devi）每天可以获得 40 卢比的报酬，这勉强够应付患病的丈夫和孩子们的开销，然而这份工作并不固定。她可能等上一整天也等不到一个工作机会。[①] 女矿工们在矿场主要负责清扫、敲碎石块、筛选、搬运、加工、挑选等简单工作。

其次，女矿工为生活所迫，并不认可维护其权益的法律法规。古拉伯·德薇（Gulab Devi）的丈夫去世后，留给她四个待抚养的孩子。因此尽管政府于 1952 年已立法"终止矿场女工地下作业，允许她们从事露天开采和地面工作"，然而为了养家糊口，古拉伯·德薇不得不深入矿井，赚取一天 50 卢比的费用，较之从事地面工作，地下作业可让德薇每天多赚取 10 卢比的费用。另外大型露天开采项目尽管要求倒班，但支付报酬相对较高，然而不允许女性夜间工作的规定却剥夺了女性参与这些项目的权利。她们不得不选择就职于一些小型私人矿山获取低廉的报酬。

再次，女矿工及其子女难以接触到培训、教育及卫生保健等各种资源。农村发展技术中心对拉贾斯坦邦的女矿工进行了抽样访谈，发现仅有 6.57% 的女矿工接受过生计培训，且她们接受的生计培训仅涉及缝纫、烹饪、农业等内容，与其所从事的"采矿"职业无关。而对于女矿工的子女来说，因为存在种姓及性别歧视、距离学校较远、家境贫困、家长意识薄弱等负面影响因素，这些孩子不得不辍学在家或者尾随父母外出打工维持生计。女矿工德薇为了应付家庭日常开支及丈夫的医疗费用，不得不带着 8 岁和 11 岁的两个女儿一同在矿区打工。德薇表示自己的女儿梦想着上学，但她认为教育无助于就业和赚钱，而孩子们早点就业则有助于适应繁重的体力活。她说："对于像我们一样的穷人来说，即使上了学，境况

① Women Miners in Rajasthan, India: A Reflection on Their Life, Challenges and Future; Gravis; 2010.

也不会有任何改变。如果孩子们上了学，将来她们就干不了重活了。"卡莉·拜（Kali Bai）的儿女同样面临如此境遇。卡莉·拜的丈夫死于硅肺病，为了安葬丈夫，她大量举债。如果卡莉·拜把每天的收入都拿去偿还债务，生活就成问题了。她只好让一双儿女辍学去矿场打工。①

复次，女矿工遭遇虐待、辱骂、性骚扰等现象并不罕见。12 岁的苏琪（Suki）和姐姐在巴梅尔（Barmer）县的盐矿上工作，她们的母亲 3 年前去世，家中只剩一个无所事事整天酗酒的父亲。为了应付每天的家庭开支，她们不得不放弃上学的机会而去矿区赚取每天 60 卢比的费用。姐妹二人每天都会遭受矿区承包人和父亲的虐待和毒打。②

最后，女矿工陷入债务循环怪圈，难以脱离被剥削和被奴役的命运。女矿工的工资收入较男性同行的工资收入低，他们长时间工作却没有带薪假期，也不享有产妇津贴、医疗救助设施、补偿机制等，且难以获取 1948 年《最低工资法》规定的最低工资。因此当家庭出现变故之时，收入菲薄的女矿工不得不举债应付各种花费和开销，从而陷入这种"借债与偿还债务"的怪圈，甚至历经数代之久。迪瓦拉姆（Devaram）常年患病在床，主要靠妻子和家中的孩子到矿场打工生活。2009 年，他嫁了家中的 4 个女儿，因为支付嫁妆和婚礼开销，他从矿场主和一些亲戚的手中借了 6 万卢比，为偿还本金和高额的利息费用，他迫使出嫁的女儿与其母亲一起在矿场打工。这种债务循环使家庭和个人高度依附矿场主，明知被盘剥和奴役，却无法脱离这种生活。据"健康、环境和发展联合会"（"Health, Environment & Development Consortium", HED-CON）2005 年在拉贾斯坦邦的焦特布尔、巴梅尔、比卡内尔、那高尔（Nagaur）四地开展的访谈记录显示，所有的受访者都认为女性在生理、社会及经济上的弱势地位导致女矿工在矿场受到了剥削，其中 42% 的受访者认为女矿工受到了严重剥削；37% 的受访者认为女矿工和孩子都受到了剥削。③ 另外，女矿工的健康问题亦值得关注。80% 以上的女矿工面临贫血、肺结核、尘肺病以及腰背疼痛、咽炎、眩晕、鼻炎等慢性疾病。

---

① Women Miners in Rajasthan, India: A Reflection on Their Life, Challenges and Future; Gravis; 2010.

② Ibid. .

③ Ibid. .

尽管《产业就业法，1942》、《矿业法案，1952》、《矿山和矿产法，1957》、《劳动合同法，1970》、《劳工福利金条例》、《非组织劳工社会保障法，2008》（The Unorganised Workers Social Security Act）等一系列法律都力图保障女矿工的权益，然而印度矿业部在其 2012—2013 年的财政预算案中，却未就女矿工的社会经济赋权做出相应经费预算，而更多关注的是矿业部门的可持续发展以及矿产资源的开采与保护等内容。鉴于女矿工仍然在为生存等基本权利而斗争，众多的非政府组织、草根组织以及国际组织积极举措，以图培养及提升女矿工的问题解决能力、决策能力以及领导能力等。而女矿工亦积极参与各种活动和示威游行，为其正当享有资源的权利、工作的权利、土地的权利、最低工资的权利、反剥削的权利、政治决策力以及经济的独立性而奋斗和抗争。

三　女性与服务业

全球化进程中，众多跨国企业纷纷前往发展中国家开设业务，其中印度因得天独厚的条件而成为世界外资投资和商务中心之一，且快速发展的国际业务亦推动了印度国内服务业的发展和壮大，如银行业、保险业、广告业、法律咨询、娱乐业、旅游业、酒店业、零售业等。印度的服务业对国内 GDP 的贡献率在 20 世纪 50 年代时超过了 33%，到了 2014—2015 年，它对 GDP 的贡献率已经达到 52%，复合年均增长率高达 9%。印度的服务业正日益成为吸引与容纳大量女性劳动力就业的重要部门，其中女性在个人服务和公益服务部门中占有优势，而男性则在生产性服务业和分销型服务业中占有优势。现以就业于信息业和医疗保健部门的女性为例加以说明：

印度的信息产业起始于 20 世纪的 50、60 年代。1951 年，印度在西孟加拉邦成立了印度科技所，由多家管理工程机构自发性组建；1968 年，塔塔集团成立了当时最大的软件公司——塔塔咨询服务公司。20 世纪 70、80 年代，印度著名的信息科技机构先后成立，包括国家信息中心（National Informatics Centre）、电脑维修公司（Computer Maintenance Company）、塔塔咨询科技（Tata Infotech）、帕特尼计算机系统公司（Patni Computer Systems）、威普罗科技公司（Wipro Technologies Company）等。但那时的信息产业多由私人集团投资操作，政府未发挥关键性作用，期间很多信息技术专业人员多往他国寻求就业机会。到了 20 世纪 80 年代末期，印度政府认识到科技与教育的重要性，继而启动了建设"计算机网络"的方案，主要覆盖印度 IBM 主机服务、印度国家信息中心网络、教育和科研网络等三大领域。20 世纪 90 年代末期和 21 世纪初，印度实施了"管理软件园项目"以及设立了负责计算机软件发展和出口的政府机构"印度软件技术园"，并出台了《通讯新政策，1999》和《信息科技法案，2000》，电子商务随即在印度兴盛起来。之后随着印度软件业实力的逐步增强，印度更成为跨国企业业务流程外包和知识密集型服务业的研发投资重地。据印度国家软件和服务公司协会的数据显示，2012 年，印度软件业的收入已经突破 1010 亿美元，其中业务流程外包已占出口总额的25%，出口收入达到 691 亿美元，增幅 16.4%。时任总理 P. V. 纳拉辛哈·拉奥（P. V. Narasimha Rao）提出了"促进外商直接投资，在优先级产业提升外资股权比例"、"国际资本注入可以选用合资或独资的方式"、"减免关税以及取消定量限制"等改革性意见之后，外资大量涌入印度，印度在商业、金融、科技等各方面都取得了一定的成绩。在这样的背景下，信息通信技术全面改变了女性的生活，也使女性对从事信息行业的工作充满了自信。

新科技成功打破了原有的性别分工模式。相对中立的性别政策、高额的收入、稳定的工作时间、良好的工作环境及职业所带来的名誉地位一时之间使就职于信息业成为受教育女性趋之若鹜的高新技术行业。一位就职于 IT 业的女性表示她之所以能全神贯注地经营自己的事业，全仰仗于丈夫。因为自身的工作稳定及高额报酬，家中雇请了保姆，同时丈夫也在保姆离家期间肩负照看家庭及孩子之责。更重要的是，随着女性受教育程度的提高，越来越多的女性就职于软件业，并成为该行业未来发展的生力军。《哈佛商业评论》曾报道说，印度的 IT 业成为吸纳印度年轻专业人士的重要就业领域，其中有很大一部分专业人士是女性（2010 年的印度大学毕业生中，女学生占到学生总数的 42%，而且这个数字将进一步增长）。

然而不容忽视的是，在 IT 业就业的女性数量并没有随着该行业的工作岗位的增加而有所增长，相反呈现下滑趋势。据 2012 年"跨氏最佳雇主调查"（Quest's Best Employer Survey）的数据显示：2012 年就职于印度 IT 业的女性占比 22%；2010 年就职于该行业的女性占比 26%；2007—2008 年就职于该行业的女性则占比 47%。其次，女性难以摆脱信息产业中的低端就业，也难以获取向高端职位晋升以及国际流动和成长的机会。

　　传统观念认为女性适合一些"软技能"工作，她们更擅长于常规作业、标准化作业以及重复作业。[①] 在 IT 业中，80% 左右的从业女性仍然做一些诸如测试、数据处理、程序维护、客户互动、后台操作、保险理赔等低端性的工作，而任职于项目管理、软件开发与设计、咨询、技术领导等高级管理岗位的女性仅占 IT 业从业女性总数的 14%，任职于顶级管理岗位的女性仅占 3%—5%。2011—2012 年财政年度，塔塔咨询服务有限公司董事会和执行管理岗位成员人数分别为 14 人和 30 人，在其中担任职务的女性分别为 1 人和 2 人；孚瑟斯有限公司（Infosys Limited）董事会和执行管理岗位成员人数分别为 15 人和 14 人，在其中担任职务的女性分别为 1 人和 1 人；威普罗有限公司董事会和执行管理岗位成员人数分别为 12 人和 23 人，在其中担任职务的女性分别为 0 人和 2 人；HCL 科技有限公司董事会和执行管理岗位成员人数分别为 9 人和 18 人，在其中担任职务的女性分别为 1 人和 0 人；马恒达拉科技公司（Tech Mahindara）董事会和执行管理岗位成员人数分别为 11 人和 7 人，在其中担任职务的女性分别为 0 人和 1 人；马恒达拉·萨蒂杨软件技术有限公司（Mahindra Satyam）董事会和执行管理岗位成员人数分别为 6 人和 6 人，在其中担任职务的女性分别为 1 人和 0 人。[②] 同时女性因为缺乏提升技能和能力的培训机会，因而职位晋升以及国际流动相对困难。有数据显示，男性抱怨单位"不予升迁"的人数占比 24.59%，而女性抱怨单位"不予升迁"的人数却占比 31.01%，女性升迁受阻的概率明显高于男性。[③] 此外女性对家庭责任、工作环境和人身安全等综合性因素的考虑亦成为限制女性国际流动和成长的因素。换句话说，信息产业领域中的就业结构失衡现象和两性关系不平等的现象并未因女性的成功进入而发生任何改变；该领域的就业结构仍然以男性为主导，女性仍主要从事一些报酬少及国际流动性少的低端工作。一位受访者在接受采访时这样表示："我想要确保有足够的时间照顾我的孩子，尽管我有机会选择较高职位的工作，但我仍选择了一份报酬相对低廉的工作。现在我发现自己拿着低工资却要做许多不属于我的工作，我根

---

①　Women in Indian Information Technology（IT）sector：a Sociolog-ical Analysis；Asmita Bhattacharyya and Dr. Bhola Nath Ghosh；IOSR Journal Of Humanities And Social Science（JHSS），ISSN：2279–0837，ISBN：2279–0845. Volume 3，Issue 6（Nov. – Dec. 2012）.

②　Research Initiative：Women in India's IT Industry；Jadine Lannon；Feb. 28, 2013.

③　Professional Status of Women；Rajendra Prasad Jaiswal；Rawat Publications New Delhi，1993.

本没有时间做我想做的事。我发现在选择较低职位这件事情上我做出了错误的职业选择。"这与纳蒂拜·达莫达尔·萨克莱夫人印度女子大学的调研成果相符，该调研报告显示，"就薪水、职位和管理权力来说，被调研者（全部是女性）处于中间水平；82%的女性表示对自己的职业生涯满意；较少有女性认为有机会提升自身的专业技能或获得职位的晋升"。

印度的医疗卫生行业涉及医院、基础医疗设施及器械、临床研究、医疗外包、远程医疗、健康保险等内容，其在国内保健设施的配备以及向民众提供医疗保健服务上做出了卓越的成绩，特别是国家启动了"农村健康计划"项目后，农村的医疗卫生服务与卫生基础设施都得到大幅改善；与此同时，政府还在税收方面给予医疗卫生行业相应扶持，其中在中央政府层面，免去与科技相关设备及配件的进口关税、降低本土医疗设备及药品制造商的消费税等；在邦政府层面，免除医院资本货物的营业税和货物入市税等。这些举措使印度医疗卫生业的产值大幅攀升，据印度财政部的数据显示，预计该产业的产值将在2017年达到1600亿美元，其中医院服务行业2012年的产值为450亿美元，2012—2017年的复合年增长率将达到20%，占医疗卫生行业产值的70%，更重要的是医疗保健市场的动员潜力将达到12亿人。[1] 医疗卫生行业产值与行业内就业机会的增长（2010年新增就业岗位100多万个），加之相对固定的就业时间、良好的就业环境以及传统观念认为女性适合医疗服务行业（具备亲和力、温婉、顺从、柔弱、忍让、守时、不推卸责任、非竞争性等诸多特性）等原因，促使医生、护士等职业成为女性追逐的热门白领职业。虽然医疗服务行业已成为女性青睐的从业行业之一，但就职于其中的她们仍然面临如下问题与挑战。

首先，印度卫生保健部门内，专业卫生工作者和女性卫生工作者严重短缺。2011年，印度卫生人员的密度仅达到2名卫生人员/1000人，而2000年世界卫生组织建议的卫生人员密度就已经达到了2.56名卫生人员/1000人，其中印度每名医生配备的护士和助产士的数量仅为1.6人，且37%的卫生工作者未接受过专业培训。[2] 而印度女性卫生工作者仅占到卫生工作者总数的33%，且大部分都就职于护士和助产士岗位，她们分

① Arogya Raksha Yojana website. 30 Apr. 2012.

② India's Health Workingforce: Size, Composition, and Distribution; Krishna D. Rao, Aarushi Bhatnagar and Peter Berman; Indian Health Beat, Volumen I, Number 3.

别占到女性卫生工作者数量的80%和85%。2006年印度共有初级卫生院2.3536万所，女医生仅占医生总数的15%，甚至在那加兰邦、拉克沙群岛等地，初级卫生院没有配备女医生。在这样的情况下，出现了那加兰邦的女病患前往阿萨姆邦就医的情况，而梅加拉亚邦的女病患则前往泰米尔纳德邦就医的情况。值得注意的是，缺乏女性卫生工作者已经严重影响到女性使用及享有医疗资源的公平程度。以印度各邦的卫生人员密度差异举例说明，2000—2009年，印度卫生人员密度为0.6名卫生人员/1000人，其中古吉拉特邦的卫生人员密度为7.4名卫生员/1000人，安得拉邦的卫生人员密度为4.4名卫生员/1000人，而梅加拉亚邦的卫生人员密度仅为2.5名卫生员/1000人，昌迪加尔的卫生人员密度仅为1名卫生员/1000人等；其中德里的医生密度为1名医生/471人、果阿邦的医生密度为1名医生/554人、旁遮普邦的医生密度为1名医生/714人、卡纳塔克邦的医生密度为1名医生/794人、哈里亚纳邦的医生密度为1名医生/15547人等。同时住院分娩的女性（15—49岁）仅占印度女性总数的46.9%；安全分娩的女性占比52.3%；在家分娩的女性占比52.4%，其中有专业人员协助的仅占比5.5%。

　　其次，印度卫生人员的分布极不均匀，城乡差异巨大。80%的卫生基础设施与60%的卫生工作者集中于城市地区，其中城市地区的卫生人员的密度是农村地区的4倍，城市地区的护士和助产士数量是农村地区的3倍；66%的农村人口难以获得治疗重症病的药物；31%的农村人口需要去往30公里外的地方寻求医疗救治。更重要的是，未接受过专业培训或没有专业行医执照的人员大量集中在农村地区，数量占全国未接受过专业培训和不具有专业行医执照人员总数的42%，而城市地区未接受过专业培训和不具有专业行医执照人员的数量仅占比15%。数据显示，2011年城市地区的女医师（医学院的女毕业生或者具有印度医务委员会认可的行医资格的女性）的密度是6.5名女医师/1000人，而农村地区女医师的密度仅达到0.5名女医师/1000人。① 又据印度2001年的人口普查数据显示，城市地区的医师密度是1.33名医师/1000人，农村地区的医师密度是0.33名医师/1000人；城市地区的护士和助产士密度是1.59名护士和

---

① http：//timesofindia. indiatimes. com/india/Shortage-of-female-docs-affecting-health-plans/articleshow/7292947. cms.

助产士/1000 人，农村地区的护士和助产士密度是 0.41 名护士和助产士/1000 人；城市地区的牙医密度是 0.059 名牙医/1000 人，农村地区的牙医密度是 0.006 名牙医/1000 人；城市地区的药剂师密度是 0.43 名药剂师/1000 人，农村地区的药剂师密度是 0.13 名药剂师/1000 人。

最后，收入低廉、无发展机会、婚姻、家庭、生养孩子、超负荷工作等成为影响女性就职于医疗卫生行业的负面影响因素。每年从印度 335 所医学院校毕业的 70% 以上的毕业生选择到私人医疗卫生机构上班，而避免前往农村地区或公立卫生机构就业。这就意味着私人雇主更加看重降低医院的经济运行成本以及最大化效益产出，而女性因生理、婚姻与家庭责任等多重因素的客观存在，其肩负的工作岗位职责会受到一定程度的影响，致使其离职、解聘等现象较男性严重。另外工作环境不安全亦成为影响女性就职于医疗卫生行业的负面因素。印度有 60% 以上的女医生和女护士在职场上曾遭受过不同程度和不同形式的性骚扰及暴力事件，而出于恐惧名誉丧失，或者报复性暴力伤害，或者停职降职等因素，65% 以上的女性不得不选择沉默以对或自动离职等处理方式，只有 15% 的女医生和女护士关注过"印度投诉委员会"等机构，而利用国家设立的投诉机制来维护自身权益的女医生和女护士则少之又少。据《印度时报》2013 年 9 月 18 日报道，德里人民医院（Lok Nayak Hospital）当班的一名女住院医师遭到病人家属的殴打，且衣服被撕破。原因是这名女医生先去给另一名重症患者治病，而非先给这名病患治病。对此，现场的警察和保安没有任何制止行为。又据该媒体 11 月 6 日的报道，在勒克瑙一家私人诊所工作的女医生向警察报案称，其雇主表示将给予这名女医生更优越的报酬，继而在其工作室中意图不轨。此类事件已经成为女医生和女护士挥之不去的梦魇，但她们却被迫接受此类事件或淡然处之，有女医生这样表示：

　　　　我们随处都会碰到骚扰这种事，因此在医院碰到这样的事又有何不同呢？触碰或拉手在医院都是很平常的现象，许多女护士很害羞，她们不愿意和任何人讨论此类话题。①

————————

① Sexual Harassment in the Workplace, EXPERIENCES OF WOMEN IN THE HEALTH SECTOR; Paramita Chaudhuri; Health and Population Innovation Fellowship Programme Working Paper, No. 1, 2006.

四 贫民窟女性与印度的代孕产业

城镇化是指人类生产和生活方式由乡村型向城市型转化的历史过程，表现为乡村人口向城市人口的转化以及城市不断发展和完善的过程。[①] 为加快印度城镇化建设的步伐，印度政府制定了促进城镇化发展和城市可持续发展的城市政策，强调结束"城市和农村现存的对立状态"，创建"城市农村两相结合"的发展新模式，并鼓励通过"综合性利用土地和清洁能源"、"有效规划交通资源"、"提供城市贫民廉价的住房设施"、"有效管理土地资产"、"透明和包容性发展"、"积极推动中小型城市的发展"等措施来促进印度城镇化的发展。与此同时，现代化进程的加速以及市场经济的快速发展，又对国内的交通、服务、卫生等基础设施提出了迫切要求，从而产生了大量的就业机会，为农村剩余劳动力的转移创造了条件。借此机会，很多农村贫困妇女"随监护人被动迁往"或"个人主动迁往"城市成为"外来人口"。然而有限的城市资源使城市人群难以平和地认同以及接纳"外来的"她们，并迫使她们与城市贫困人口共同聚集在城市的贫民窟中，形成了一种独特的贫民窟文化。而按照印度底层研究的发起人拉纳吉特古哈（Ranajit Guha）的理论来看，居住在贫民窟的居民绝大多数属于"处于社会中从属地位的下层"，而贫民窟女性则是"从属之从属"，尽管她们为社会创造着巨大的财富，却是一个被极度边缘化的群体，呈现如下特点。

居住在贫民窟的女性人数呈渐增趋势。贫民窟居住群体主要指生活在贫困线下，居住在临时安置点、棚户区和贫民区的贫民及无生活来源的失业者，其中女性人员占比47%以上。据印度人口普查数据显示，1981年居住在贫民窟的人口为2790万，到2001年该数字近乎增加了一倍，达到4260万，占城市人口数量的22.58%。2011年贫民窟人员数量再次大幅攀升，达到6500万，占城市人口数量的17.2%，他们分布在全国的2613个城镇中。值得一提的是，部分机构及媒体对现有的贫民窟人数持质疑态度，他们认为随着城镇化进程的加速，涌现出了大批扩建中的城市，未统计的城市人口就逾5000万，其中就包含了贫民窟的居民；此外，2011年的统计数据仍沿用旧有统计方法，按照"60—70户人家汇住一起"为一

---

① http：//baike. baidu. com/view/102584. htm.

标准来界定贫民窟，但随着城市人口的剧增以及市场经济的驱使，贫民只能找任何可以"安身立命的地方"来居住，因此国家界定贫民窟的标准必须改变，最适宜的衡量户数应该以20户为一单位，否则统计出来的贫民窟居民数量难以做到精准。

居住在贫民窟的女性难以享受到社会福利和法律保障。贫民窟里的女性群体多属于中下层或底层经济群体或下层种姓团体，她们的权利和声音常常被忽略，也常常被排挤在城市发展的外围。她们深受贫困、教育程度低、高失业率及高患病率等问题所带来的困扰，是一个被边缘化和隔离的弱势群体。她们的收入水平只够支付简易、非正式及低成本住房的费用，其居住区域狭窄拥挤，卫生条件及生活环境极为恶劣。现实状况及形势迫使贫民窟女性不得不选择现有的生活方式。孟买的达拉维（Dharavi）贫民窟覆盖区域仅达到427英亩，但棚户居民却超过60万人，拾荒者超过3万。安得拉邦维萨卡帕特南（Visakhapatam）的贫民窟斯瓦纳加尔（Shivanagar）的环境问题令人担忧。到了夏天，居住在此地的居民们纷纷把鱼晒到狭窄的过道上，引来无数苍蝇。孩子们选择在贫民窟的排水沟旁大小便，而大人们则选择去往邻近的铁路轨道解决生理问题。此外贫民窟的供水供电设施和排污设施也相当不完善，约33%的贫民窟家庭没有室内卫生间，约64%的贫民窟家庭难以享有排污管道，约50%的贫民窟家庭的家庭成员需混居一个房间或与其他家庭共享房间，仅约5%的贫民窟家庭安装有室内自来水管道。[1] 一位接受电话采访的居住在孟买贫民窟的男士表示：

> 我羞于告诉你我们是如何生活的。我们必须排队数小时去上个厕所，这让我们不得不选择去海里解决问题。政府不断承诺要安置我们，但我们却仍然在贫民窟中挣扎。[2]

此外，贫民窟居民对于政府的安置力度和安置进度都十分不满，就以孟买的"贫民窟重建项目"（slum rehabilitation programme）举例说明，居

---

① India's Slumdog census reveals poor conditions for one in six urban dwellers; Maseeh Rahman in Delhi and agencies; The Guardian, Friday, 22 March, 2013.

② Ibid. .

住在孟买贫民窟的居民占孟买居民的 55%，为提高他们的生活水平，政府启动重建项目，然而该项目在过去 22 年却乏善可陈，仅修建了 13.7 万所房屋。不乏声音表示：

　　　　邦政府不愿承认在他们管辖的城市中有更多的贫民窟，那是因为他们不得不向这些贫民窟提供一些基础性的服务设施，如供水设施和排污设施等。①

　　赋闲在家承担照顾家庭之责的贫民窟女性占比 90% 以上。她们因为目不识丁或受教育程度过低或没有掌握一定的生存技能或没有固定的居所而难以就业；而那些外出就业的贫民窟女性也多从事一些较底层的工作，如保姆、性工作者、小摊贩、缝补工、清洁工、搬运工、建筑工、线香制作工、卷烟工等。据印度家庭健康调查数据（2005—2006 年）显示，15—49 岁年龄段，钦奈任职于专业技术及管理岗位职务的贫民窟女性占比 9.1%，而非贫民窟女性则占比 20.5%；德里任职于专业技术及管理岗位职务的贫民窟女性占比 9.5%，而非贫民窟女性则占比 35.4%；海德拉巴任职于专业技术及管理岗位职务的贫民窟女性占比 19.1%，而非贫民窟女性则占比 28.4%；加尔各答任职于专业技术及管理岗位职务的贫民窟女性占比 19.6%，而非贫民窟女性则占比 32.4%；孟买任职于专业技术及管理岗位职务的贫民窟女性占比 13.4%，而非贫民窟女性则占比 22.1%；那格普尔任职于专业技术及管理岗位职务的贫民窟女性占比 8.7%，而非贫民窟女性则占比 29.3%。又以性工作者为例：贫民窟女性因"贫困"、"患病的家庭成员需要救治"、"养家糊口"、"拐卖"、"威胁"、"职业承袭"等各种原因被迫陷入这一商业性的性侵害或性剥削的生存泥沼。甚至有的女性是被其父母引诱或逼迫进入该行业，为的是"牺牲女儿，成就家庭中其他的家庭成员"。妓女拉迪卡（Radhika）表示：

　　　　我出生在一个中产阶级家庭，也曾憧憬过以后的工作和婚姻家庭生活。然而妹妹生下来就患有身体疾病和精神疾病，加之赚钱养家的

---

① 17% of urban India lives in slums：Census；the Times of India, Mar, 22, 2013.

父亲又死于心脏病，并欠下了大笔债务，我只好进入这一行业以应付家庭开销。

妓女丽都（Ritu）表示：

我离开家投奔姨母是因为姨母承诺给我在浦那（Pune）找一份工作。谁知道，她却把我以500卢比的价格卖给了妓院的鸨母，我的生活自此完全改变。

妓女缇娜（Teena）表示：

我的家很穷，父亲常要外出赚钱养家，母亲则在父亲不在家的时候与另外的男性保持不正当的关系。后来母亲让我跟当地的一个祭司发生关系以换取豆子等可吃的食物。自此，母亲常常让各种男人来到家里。

温蒂·默里·乔巴（Wendy Murray Zoba）在文章《隐藏的奴隶》(The Hidden Slavery) 中也讲述了一个关于拐骗的故事：乔蒂（Jyoti）在南印度本地治里的一个孤儿院中生活，因为拒绝为孤儿做饭而被赶了出去。不知道该去哪和该干什么的乔蒂大哭起来，这时一个女的和两个男的靠近她，问发生了什么事，乔蒂告诉他们自己需要一份工作。这三人告诉乔蒂将帮助她找一份女佣的工作。乔蒂表示自己非常需要工作，并且会按照他们的要求尽力为之。三人把乔蒂带去住宿之地，之后她发现那是妓院。尽管这些妓女明白教育等渠道可以助其摆脱现下这种境遇，但她们却无力改变这种现状，贫民窟的卖笑生涯只能周而复始。经常有从事性工作的女性发出这样的感叹："作为一名妓女，我遭受了鄙夷和嘲笑……难道我生来就是妓女？为什么人们以那样的眼光看我，如同我不值得活着一样。"[1] 更为糟糕的是，贫民窟的女性在从事性工作时，很少采取有效的安全防护措施，同时政府也未能针对高风险和边缘人群提供相应的干预措施，致使她们成为最易感染艾滋病、梅毒、淋病等性病的高危人群。

---

① http：//www.virtualpune.com/women/html/woman_sex_work.shtml.

贫民窟女性面临众多安全隐患。首先是被绑架、诱拐、暴力等隐患。贫民窟基础设施及卫生设施极为薄弱，根据印度非营利性研究和教育组织"公民社会中心"（Centre for Civil Society）2009 年的报告显示，新德里仅有 132 所公共女厕，但公共男厕的数量却达到 1534 所。因此很多女性因生理需要不得不到空旷地带或贫民窟外围地区借树木和草丛的遮掩来上厕所，然而经常有犯罪团伙和犯罪人前往这些地区隐藏，甚或潜伏在女性前去入厕的路上，趁女性疏忽大意，或者不知所措，或者人烟稀少，或者天黑的时候实施犯罪——绑架或性侵女性。桑吉塔·德薇（Sangeeta Devi）是居住在德里贫民窟的一名妇女，她回忆有一次外出上厕所的经历时这样表述道：

> 有一次，几个男人把一床毯子罩到我的头上，试图绑架我。我高声叫喊，尝试逃跑。但不是所有的女性都如同我一样的幸运。①

其次是健康安全隐患。贫民窟缺少住宅规划和住宅设计的环节，多为随意性建造或临时性搭建的住房。因此住宅容积率过高，建设密度过大，且缺乏良好的采光通风性能。此外，贫民窟供水排污设施严重匮乏，垃圾收集处理体系十分滞后，居民的生活用水都倾倒在门口的排污渠或排污沟中，加之儿童及牲畜还在此处排便排尿，造成贫民窟垃圾遍地，污水横流，卫生状况十分糟糕，那已成为蚊虫滋生和疾病蔓延的地方。居住在贫民窟的女性和儿童因为免疫力低下及营养不良，常常萎靡不振、体弱乏力，成为最易感染哮喘、呼吸道疾病、腹泻、麻疹、风疹、腮腺炎、霍乱、贫血、疟疾、结核病等各种疾病和传染性疾病的群体。而患病后的女性和儿童因为没钱无法去正规医院进行救治，只好求助于未接受过正规培训和不具备行医资质的赤脚医生或庸医，造成贫民窟区域内的病人死亡率明显高于其他地区。

最后是人身安全和财产安全隐患。贫民窟人员混杂，是难民、吸毒者、赌徒、妓女、皮条客、窃贼、犯罪分子以及低种姓者、中下层人士等边际群体聚集的地方，加之政府对贫民窟的监管极不到位，致使贫民窟成了城市地区治安的死角，故而居住在该地区的女性与儿童的人身安全和财

---

① http：//womennewsnetwork. net/2012/12/19/india-women-new-delhi-slum-toilets/.

产安全经常受到威胁。在扎娜·布里斯基（Zana Briski）最广为人知的纪录片《生于妓院：加尔各答红灯区的孩子们》中，阿维吉特（Avijit）的母亲被她的皮条客给谋杀了——他在厨房中放火烧死了她。对于这一谋杀事件，一直没有任何结果。居住在贫民窟的家庭女佣维尔玛（Velma）说：

> 我非常关心孩子的安全。晚上六点以后，我通常是把他们锁在家中。不单是在铁轨附近玩不安全，他们也有可能被绑架和被暴力袭击。①

全球化和城镇化的发展在带动经济增长的同时，也对供水排污等基础设施建设以及道路、房屋的改扩建都提出了新的要求，如国家需要征地建设公路、铁路等交通基础设施以及建设物流园区、工业园区或经济特区，等等。在这样的情况下，贫民窟居民作为弱势群体首当其冲，被动迎合政府对土地的需求，从而被迫丧失已经拥有的财产权、居住权、就业权等权利，出现"非自愿搬迁"或"非自愿移民"的现象。需要强调的是，贫民窟女性首当其冲成为被迫迁移或异地安置的主体之一。达拉姆·帕尔（Dharam Pal）是一位居住在德里贫民窟的小店主，他被强制要求搬迁。他说：

> 警察开始殴打我。他们把我放在地上拖行了 50 米之远，然后跟我说，如果我不乖乖地自行离开，他们将把我扔出去。离开了我现在居住的地方，我无处可去。②

更关键的是，这些被迫搬迁的群体可能丧失或中断他们在原居住地所享有的某些服务，原因是新迁入的居住区域功能不完善，从而出现了服务的盲区或服务的空白区；也可能因为新迁入居住区域的环境恶劣，而被迫陷入更为糟糕的境遇。自 2004 年 11 月以来，孟买共有 40 万贫民窟居民流离失所。尽管孟买市政当局承诺 2000 年前建成的贫民窟住宅合法，然

---

① https：//reidyhistory. wikispaces. com/Dharavi，+ India.

② Shining India' makes its poor pay price of hosting Commonwealth Games；Jason Burke, Delhi；The Guardian, Sunday, 11 July, 2010.

而当局以"城市重建"名义所发起的房屋拆除大型项目却持续了几个月，估计9.2万间房屋被夷为平地。此举意在为商业与娱乐中心等基础设施项目腾出空地。①

无论社会上存有何种否定或质疑的声音，印度政府确实推行了众多"自上而下"的贫民窟项目，涉及"住宅扩建项目"、"津贴或补贴项目"、"免疫和生殖系统项目"、"医疗保健项目"、"成人家庭教育项目"、"儿童免疫接种项目"、"法律宣讲项目"等内容，同时力邀各邦与非政府组织参与其中。例如中央邦的"城市贫民服务项目"（Madhya Pradesh Urban Services for the Poor）投入资金达到5.8亿卢比，旨在向城市贫民提供公共服务基础设施，包括水泥路、供水和排污管道、社区活动中心、电线杆、公共厕所等内容，以促进该邦的社会经济发展。居住在贫民窟的居民和贫民窟附近的居民反映，"自项目实施后，孩子们有了娱乐嬉戏的场所、积水路段减少、黑暗路段实现路灯照明、环境卫生大幅改善……"值得称许的是，很多非政府组织或志愿组织常常征募贫民窟女性来参与开展一些项目或社会实践活动，从而向这些女性提供更多的替代性就业机会。与此同时，这些非政府组织或志愿组织也借助项目为平台来加强贫民窟女性的能力建设，并助其增加接近教育、科技、信息以及贷款等各类资源的机会。如"女童教育协助中心"（Sakhi for Girls Education）获得了"阿育王青年创业"（Ashoka's Youth Venture）的资金支持，成立于2008年，旨在通过课后培训项目以及提供阅读书籍的方式提高贫民窟辍学女孩的识字能力及教授她们计算技能，助其构建社交网络，并培养她们的权利意识。为此具有针对性地组建了"女童学习中心"、"女童书籍银行"、"女童生计学校"等机构来开展教学及技能培训等项目。

贫困及经济利益的驱动促使很多居住于贫民窟的中下层和低种姓女性进入商业代孕行业，它已成为这群妇女的一种谋生方式。印度《辅助生殖技术管理法案》明确了代孕的含义，即"一名印度女性公民或一名居住于印度的女性，同意植入他人的受精卵子，由其替寻求代孕服务的夫妇或个人完成怀孕和生产的过程"。商业代孕指的是"以盈利为目的的代孕

---

① Nations High Commissioner for Human Rights, 2006. Quoted in Understanding the impact of involuntary slum resettlement on women's access to healthcare in Mumbai, India; Qudsiya Contractor; Journal of Comparative Social Welfare, Vol. 24, No. 2, October 2008.

行为，个人或夫妻二人支付代孕母亲一定的费用后，借助代孕母亲并采用人工辅助生育方式为个人或夫妻二人生育子女的行为或过程"。商业性代孕行为在很多国家都是非法的，而在印度却是合法的。早在 2002 年，印度高等法院就通过法律认可了包括商业性代孕行为在内的任何代孕行为。2006 年印度医疗协会（Indian Medical Association）也出台了指导方针来规范代孕行为，但专业性的法案如《辅助生殖监管法案》［Assisted Reproductive Technologies（Regulation）Bill］却一直未获议会通过，使得印度代孕市场呈现出一种无序竞争的非良性发展状态。尽管如此，因为代孕费用相对低廉、较为先进的代孕和生殖技术、代孕父母的社会和经济条件差，且代孕母亲在孩子出生后将自动放弃对孩子的任何法律权利，这些因素的客观存在为印度发展"代孕旅游业"（Surrogacy Tourism）或"生殖旅游"（Reproductive Travel）提供了无限的机会，代孕业正逐渐发展为新兴产业之一。"印度医学研究理事会"（Indian Council of Medical Research）预测印度商业代孕的年产业产值将突破 60 亿美元。目前印度已被称为"世界婴儿工厂"，国内的代孕诊所多出现在大城市及二线城市中，要求代孕业务的客户群则遍及全球。另外有数据显示，在加拿大或美国包括医疗费用在内的代孕费用需要 3 万—7 万美元不等，而印度的代孕价格优势明显，甚至极为低廉，费用仅需 1 万美元左右。

对于居住在贫民窟的女性来说，她们无须支付代孕期间的日常花销，且还可以享受免费的医疗保健及营养补给品，生产后还可以赚到大约 3000—7000 美元的代孕费用。她们可以用这笔钱来帮助清还家庭所欠债务，或者补助家庭成员的医疗费用，或者修建新房子，或者让孩子接受良好的教育，或者获得事业的启动资金，或者改善家庭生活，或者老有所养，等等。因此，对于居住在城市贫民窟和农村地区那些处于社会经济中下层的女性来说，这是摆脱贫民窟及贫困生活的最佳途径之一。萨尔玛（Salma）是一对美国夫妇选择的代孕母亲，她在接受采访时这样表示：

　　　　谁希望选择做这种事？接受了相关注射后，我每天服药的数量为 20—25 片。感觉自己任何时候都是肿胀的。但是我知道，代孕能够让我的孩子将来好过点。代孕对我来说不是一个选择，而是我必须要做的事。天下雨后，我们的屋顶坍塌了，而被雨淋湿的我们却没有换衣服，因为我们仅仅只有一套衣服。在这种时候我们听说了代孕，试问我们应该怎么做？如果你的家庭正在忍饥挨饿，你会做什么有尊严的事？声誉是填不饱肚子的。①

代孕女性因为代孕行为而遭受道德和伦理的谴责。印度社会传统理念认为女性应该保持对丈夫的绝对忠诚和贞洁，女性的身体理所应当只能孕育丈夫的孩子，因此"租借子宫"或"肚皮外包"在印度仍然是一个敏感话题，这种非自然怀孕的过程被视为一种让家人和家庭丧失名誉和尊严的行为，一种让代孕妇女所属经济利益集团或种姓集团鄙视生厌及嘲笑讥讽的不洁行为，是不为大多数人所理解和接受的行为。甚至女性有可能因为代孕行为拖累整个家庭，使家庭与自身遭遇社区及集团驱逐之风险；或者女性在代孕后，被其所属家庭成员孤立和抛弃。塔克莎（Daksha）说：

当我待在为代孕妇女安排的居所里的时候，我的丈夫没有告诉任何人我在干什么或我上哪去了。他对外说我去另一个城市打工去了。每个人都认为代孕是件不好的事，我们这些代孕者则更加糟糕，我们不仅出卖我们的身体，还出卖了自己的孩子。②

埃弗雷特·休斯（Everett Hughes）在描述代孕等不体面的工作时，引用了"脏活"一词。他认为某种活计用"脏"字来形容，是因为这种工作从身体上让人厌恶，比如护理工作和屠宰工作；是因为这种工作要求的卑屈行为损伤了个人的尊严，如家政工或擦鞋者；或者是这些工作挑战了道德观念，如性工作者、跳艳舞、代孕者等。③ 因此经常有代孕女性因为"胆敢为外人（指代外国人或印裔或本土的中上层人士）怀孕"而遭受家庭的抛弃或社会的谴责。她们不得不搬离原来的居住区域，去到代孕中介机构或"代孕委托方"安排的住处或诊所，直到生产后才回到原来的地方；也有的女性开始时对外宣称怀的是自己的孩子，之后找出不幸流产等种种借口作为对其代孕行为的遮掩。萨巴娜（Sapna）用代孕赚来的

① "At Least I Am Not Sleeping with Anyone"：Resisting the Stigma of Commercial Surrogacy in India；Atnrita Pande；Feminist Studies 36，No. 2（Summer 2）.

② http：//blogs. reuters. com/photographers-blog/2013/09/30/birth-in-indias-surrogacy-capital/.

③ "At Least I Am Not Sleeping with Anyone"：Resisting the Stigma of Commercial Surrogacy in India；Atnrita Pande；Feminist Studies 36，No. 2（Summer 2）.

钱为公婆修建了房屋，但是她决定不告诉自己的父母，她说：

> 我的父母离我很近，就在艾哈迈达巴德。当我显怀的时候，我告诉我的父母那是我自己的孩子。当生产后，他们问我孩子去哪的时候，我告诉他们说孩子在生产的时候不幸夭折。我是他们的女儿，但是我想他们不会理解我干的事。他们会认为自己的女儿和一个美国人发生了关系。①

需要指出的是，充当代孕母亲的女性绝大部分为已婚女性，年龄在21—35 岁之间；她们必须身体健康，没有抽烟、吸毒、酗酒等任何不良嗜好；必须有成功孕育健康孩子的经验，且须获得家庭监护人的同意后方可实施代孕行为。另外为避免分娩并发症所引发的任何危险，代孕母亲一般被要求进行剖宫产，这也是为什么代孕女性的代孕次数有限的原因。

代孕女性主动选择进入或被他人强迫进入代孕行业。有的女性把代孕行为视为一种商业性的行为，她们认为自身与选择自身代孕的人士属于"卖买"双方，一方需要钱，而另一方需要孩子；同时她们也认为自身从事的代孕工作和性工作者从事的工作有着本质的区别，自身只是提供了孕育孩子的一个容器，而性工作者则是通过提供性服务来获取利益，因此媒体宣称"代孕者所扮演的是契约性质的和'用完即可丢弃'的角色，她们的工作与性工作有相关性"的观点不仅完全站不住脚，且对代孕母亲是一种污蔑。因此她们认为代孕行为没有什么过错，自身并非是外人所认为的"道德败坏的女人"，从而主动选择进入代孕行业。而被他人强迫进入代孕行业的女性，要么是完全从他方或第三方的利益出发，而非考虑个人的根本利益，如帮助朋友或亲戚代孕，或者帮助丈夫创业以及考虑家人的未来发展，或者家人患上某种疾病需要治疗等等，即"利他主义代孕"；要么是无自主选择权利，完全听从丈夫或公婆的意见，因此有部分代孕女性表示自身仅仅参与怀孕这一过程，而代孕合同和代孕的费用却由丈夫签署和掌握。值得一提的是，女性因为代孕行为所产生的"经济效益"，并不为所有的丈夫及其姻亲所认可，他们仅认为这是女性为改善家

---

① "At Least I Am Not Sleeping with Anyone": Resisting the Stigma of Commercial Surrogacy in India; Atnrita Pande; Feminist Studies 36, No. 2 (Summer 2).

庭经济状况所应承担的责任和义务。

　　有女权主义者指出，代孕是医学化、商业化和技术殖民化的产物，是父权社会对女性经济剥削时所表现出的一种奴役形式；有学者指出代孕是一种新的商业关系，它体现着新的阶级剥削、性别剥削和种族剥削形式，是对女性身体的剥削、精神的剥削以及经济上的剥削；也有学者指出代孕践踏了代孕母亲和孩子的人性尊严，是一种对妇女新的、独特的奴役方式，同时孩子成了市场上满足供需关系的"商品"，其所具备的"商品意义"要大于"作为人的个体意义"，这种行为不仅不值得提倡，甚至可以说是一种犯罪；还有学者认为用"礼物赐予"、"姐妹关系"、"使命"、"拯救贫困者"等词语来描述代孕委托方及其被委托方之间的关系，是弱化了她们之间存有的"契约性质"（contractual nature）的关系。① 但是参与代孕的女性普遍因为受教育程度较低，贫困程度较为严重，因此并不认同自己是被剥削和被奴役的对象，相反对"十个月"后的优渥酬金给予充分的肯定，认为那是痛苦和努力之后的劳动成果。她们完全忽略了自身所得的代孕报酬只是代孕委托方支付费用中的一小部分；忽略了代孕中介机构及代孕医疗诊所从她们身上所抽取的高额佣金及诊疗费用；忽略了因为代孕在其所生存的集团和社会中遭受到的蔑视及排斥；忽略了自身被视为孕育孩子的一种工具；也完全忽略了代孕出生子女被作为"商品"买卖以及自身被剥夺抚养及教育代孕出生子女的权利……

　　印度代孕产业的发展将因政府出台代孕新法规而遭受重创，同时贫困女性希望通过代孕来摆脱个人和家庭经济压力的做法也将受到制约和打击。早在2006年，印度政府卫生和家庭福利部下属的医学研究理事会就公布了《国家辅助生殖技术诊所认证、监管及管理指导方针》（National Guidelines for Accreditation, Supervision, and Regulation of Assisted Reproductive Technology（ART）Clinics）；2010年，政府又出台《辅助生殖技术管理法案》[Assisted Reproductive Technology（ART）Regulation Bill]，试图从"与代孕行为相关的权利和义务"、"孩子身份的确定"以及"孩子对'捐助者'和'代孕者'的知情权"等三方面来诠释和保护代孕母亲、孩子以及委托代孕者三方的权利和利益。然而这些法律的出台并未能规范印

---

① Transnational commercial surrogacy in India: gifts for global sisters?; Amrita Pande; Reproductive BioMedicine Online（2011）23, 618 – 625.

度的代孕市场，相反高额利润的驱动使国内代孕市场呈现恶性竞争，为此2012 年 12 月 17 日，印度内政部正式向外国驻印度使馆发出印度规范代孕服务的新条例，加强了对外国人申请医疗签证的严格控制。首先，新条例载明只有获得印度政府签发的医疗类签证，外国人才能在印度接受合法的代孕服务，旅游签证不属此例。任何未持有效的医疗签证试图在印度寻求代孕服务者，将受到法律的惩罚，最长可处以 5 年的监禁和相应数额的罚款。其次，想在印度寻求代孕服务的外国夫妇必须是在有效婚姻期内，且结婚时间至少应持续两年以上。特别值得注意的是，印度目前的法律并不承认同性婚姻。此外，提出代孕服务的夫妇应当出示本国外交部或驻印度大使馆的书面文件，写明这个国家承认代孕行为，委托印度代孕者所生的孩子将以代孕委托者的亲生孩子身份获准进入他们的国家，享受与亲生孩子一样的权利。最后，委托代孕夫妇需要出示一份有效的公证文件，由这对夫妇和预期的印度代孕母亲双方签订。这份有关代孕服务的协议只允许在印度医学研究委员会认可的经注册了的辅助生殖技术诊所之一形成。外国夫妇在离开印度回国之前必须获得离境许可，须持相关诊所签发的证书表，写清孩子的具体情况、孩子们将得到外国父母的有效监护，涉及印度代孕母亲的所有费用已经根据协定全部付清。① 根据新条例来看，那些来自不承认代孕行为国家的人士、同性恋人士、离异人士、未婚人士、结婚不到两年的人士很难在印度寻求到代孕服务。如此一来，严格的规定将使前往印度寻求代孕服务的人士大幅减少，印度代孕产业的发展势头必将放缓，而希望通过充当代孕母亲帮助家庭摆脱贫困的做法也将受到一定程度的遏制。

第三节　女性与文化

父系文化和宗教文化是印度文化的重要组成部分，它们已深入印度社会的各个层面，其中"男性被视为养家糊口之人，女性则需肩负照看家庭之责"、"女性被视为危险的物种，具有污染和诱使男性道德败坏的因

---

① http：//www. legaldaily. com. cn/bm/content/2013 - 03/05/content_ 4244874. htm？node = 20737.

子"、"养儿可以赎往日之罪孽，进入天堂"等观念仍然具有一定的影响力。随着现代化和全球化进程的加剧，印度文化与他国文化亦因国家之间合作内容的丰富及深化而交互影响、交互作用和交互渗透，在某些方面呈现趋同或融合的特点。对此，很多印度学者持负面看法，他们认为这种趋同或融合是西方文化霸权和知识霸权通过现代科技所展现的一种侵略过程。媒体人 V. 孙达拉姆（V. Sundaram，《今日新闻》的副编辑）认为：

> 印度文化实际上意味着印度文化、印度宗教、印度社会、印度文明、印度的生活方式，现在正受到全球化这一无情势力的致命威胁。历史教科书中出现的英统治时期的"殖民主义"一词正在被"全球化"这一同义词所取代。……这种新的殖民主义戴上了新的面具，聪明地用诸如"民主"、"人权"、"性别平等"、"国际性"、"自由贸易"、"人道主义"等标签和口号乔装了自己。借现代化和全球化的名义，新殖民主义伴装改善人民福祉，实际却是剥削人民。

德里大学的安妮塔·贝拉（Anita Bhela）也认为：

> 在人类学和社会学中，文化通常表示生活方式，或者世代相传的那种观念和习惯。全球化影响下，印度人深受西方文化的吸引而逐渐远离其祖辈的精神价值观。

在笔者看来，文化是历史和现实的结合，其作用于和渗透于人的思维方式、行为方式和价值观念中，具有连贯性和传承性的特点。对于文化交互作用的利弊见仁见智，但可以肯定的是，现代化进程已然对印度文化造成了影响，一些旧的观念在不断更新和转变，陈规陋习遭到一定程度的抵制，而印度女性作为社会人，亦深受影响，她们有了更多的权利与机会，能够主动参与民主化和现代化的进程及其活动，逐渐脱离被边缘化和被隔离的命运，两性关系随之悄然改变。

一 女性与教育

爱德华·博内特·泰勒（Edward Burnett Tylor）曾这样定义文化：文化，或文明，就其广泛的民族学意义来说，是包括全部的知识、信仰、艺术、道德、法律、风俗以及作为社会成员的人所掌握和接受的任何其他的才能和习惯的复合体。① 知识、信仰、艺术、道德、法律以及其他能力如何获取？最直接的途径便是教育。于文化，教育有传递、保存、净化以及创新的作用；于教育，文化则有激发、推动、指导和影响作用。鉴于文化和教育之间的这种紧密关系，我们很容易就可以发现：深受现代文化影响的印度妇女，其主体意识和能动意识将通过教育程度的提升得到充分展现；而随着受教育程度的显著提高，印度妇女对文化又具有积极的建设和推动作用。对此，可依托主流教育和支流教育，在文化的传承过程中实现女性的可持续性发展。主流教育主要指学校开展的正规教育课程，其能正确引导女性的文化观的发展；支流教育则指的是社会教育，通过优化女性发展的舆论环境，并加大政府对女性文化地位的宣传和支持力度，使社会对女性的价值和可持续发展有正确认识。

印度的教育普遍实行"10 + 2 + 3"的教学体制，主要分为初等教育，其学制为 8 年。初等教育又分为初级和高级两个阶段，即小学初级 5 年（Primary I - V）、小学高级 3 年（Upper Primary VI - VIII）；中等教育，其学制 4 年（High IX - XII）；高等教育，其学制为 3 年或者 3 年以上（学士 3 年，硕士 2 年，硕士研究生"Mphil"3 年，博士 2 年）；此外还有职业教育和成人教育等分类。印度政府已深刻认识到"教育是消除不平等现象和改善女性家庭及社会地位的最强有力工具"，为此政府加大了教育政策的倾斜力度，并在教育基础设施的建设上积极作为，力图强调并促进女性和少数民族等弱势群体的受教育权益。1920 年，"印度中央教育咨询委员会"成立，它是中央和邦政府的教育咨询最高机构。该委员会下设 7 个分支委员会，其中一个委员会主要针对"女童教育及学校体系"开展工作。1950 年《宪法》规定"印度女性公民享有平等受教育权利"；"向所有 14 岁以下儿童提供免费义务教育"；"各邦政府在其管辖范围之内拥有自行决定教育标准的权力"。1968 年，印度政府根据教育委员会报告《教育与国家发展》的建议，对国家的教育政策和教育体制进行了完善和改革，确立"实行义务教育"等多项措施，这为印度教育的快速发展提供了依据和保障。1986 年，印度议会进一步完善《国家教育政策》，并于

---

① ［英］爱德华·泰勒：《原始文化：神话、哲学、宗教、语言、艺术和习俗发展之研究》，连树声译，广西师范大学出版社 2005 年版。

1992 年进行修正，旨在促进教育及其相关部门的发展，缩小受教育者间的教育差距，并强调教育是促进社会正义和社会平等的工具。1989 年，印度政府启动女性赋权项目"女性用同样的声音说话"（Mahila Samakhya Programme），旨在通过教育使女性摆脱"被动接受和被动参与的状态"，并通过"独立和有意识的集体行为使女性真正掌控自己的生活以及充分肯定自身的潜力"。1992 年修订的《行动方案》，预计在 21 世纪开始前保障国家 14 岁以下的学龄儿童免费接受优质义务教育，另外政府承诺将国内生产总值的 6% 划拨给教育部门，其中 50% 的教育资金投入基础教育。2001 年，在全国启动政府的旗舰项目"初等教育普及项目"（Sarva Shiksha Abhiyan）。自该项目实施以来，学生的辍学率一再下降，从 2006—2007 年的 45.9% 降至 2010—2011 年的 40.6%。2002 年第《86 次宪法修正案》强调教育是 6—14 岁儿童应享有的基本权利。2004 年 5 月印度国会通过的《国家最低共同纲领》（National Common Minimum Programme）提出"教育和就业是赋权少数群体的关键"、"政府承诺提高初等和中等教育的公共支出"、"营养午餐计划"等内容。同期政府划拨的教育经费一度大幅增长，"八五"计划期间（1992—1997 年），国家教育经费预算达到 744.3 亿卢比；"九五"计划期间（1997—2002 年），教育经费预算达到 2038.164 亿卢比。2009 年《免费义务教育权利法案》落实《86 次宪法修正案》的内容，强调政府学校将向所有 6—14 岁年龄阶段的孩子提供免费义务教育；私人学校该年龄段享有免费义务教育的孩子比例必须达到 25% 以上等。2012 年《免费义务教育权利法案修正案》再次强调学校须向孩子提供免费义务教育，同时强调来自弱势群体及残障群体的孩子也享有免费义务教育的权利，此外还对小学教师的职责以及学校管理委员会的职能做出了相应规定。其中中央政府除制定教育政策和拨付教育经费之外，还负有对教育事业的领导和管理责任。

印度政府立志走在世界经济和世界知识的前沿，并在 2020 年迈入发达国家的行列。在此过程中，印度女性和国内教育的重要性毋庸置疑。内丽·斯特蒙奎斯特（Nelly Stromquist, 1995）在其"四维度赋权理论"中强调从"认知"、"心理"、"经济"、"政治"四个层面来赋权于女性，这有利于"女性对自身从属性以及对造成自身从属性的根源产生认知"，有利于"女性获取新知识来理解性别关系以及打破传统理念从而构建强有力的性别意识形态"。因此在笔者看来，印度政府在推进经济现代化和经济自由化的过程中，教育成为助推女性融入知识型社会发展主流以及构建现代女性新身份的重要媒介，成为女性参与政治、经济及社会活动的重要工具和手段，也成为女性掌控资源和调整现有权力关系的途径。联合国基金会的调查数据指出：女性每增加一年的学校教育，其个人的挣钱能力将提升10%—20%；女性接受教育被证实不仅有利于增加自身的工资收入，也有利于提升女性的产出能力，造福于社区及社会；投资女性教育的影响达数代之久，接受过数年正规教育的母亲更愿意送她的孩子去上学，这也是打破贫困链的关键所在。正如贾瓦哈拉尔·尼赫鲁表述的那样：

　　　　如果你教育的是一名男性，那么你教育的仅是个人。如果你教育的是一名女性，那么你教育的将是整个家庭。女性被赋权意味着印度母亲被赋权。

　　与此类似，拿破仑也认为"摇摇篮的手可以支配世界"，因此在回答"法国需要什么"这一问题时，他也说道：

　　　　母亲没有受过教育，则国家的进步是不可能的。如果法国的妇女没有受过教育，则国家一半的人口都将是蒙昧无知的。

　　为此政府制定的《国家教育政策，1986》、《学校教育国家课程框架，2000》、《教育权法，2009》等法律法规不仅强调女性的受教育权利和教育机会中的"性别公平"和"社会群体公平"，还通过设立"国家儿童中心"（National Bal Bhavan）、"国家培训资源中心"、"大学教育资助委员会"、"全印技术教育理事会"、"远程教育理事会"、"成人教育理事会"等组织，大力发展职业技术培训、职业教育和成人教育以及实施"初等教育普及项目"、"午餐项目"、"妇女联合会项目"、"教育保障计划＆替代教育和创新教育项目"、"教师教育和培训项目"、"教育设施供给项目"、"残障孩子综合教育计划"、"职业化教育"等诸多国内、地区及国际项目等切实措施来消除各教育阶段间的性别差距；改善女性的受教育环境和受教育状况；保障来自落后阶层、表列部落、表列种姓等阶层和团体的女性的受教育权益以及孩子的受教育权益；保障女性接受中高等教育的机会；提高印度妇女的受教育水平和受教育年限。值得称道的是，非政府

组织亦在普及初等教育及促进女性接受教育中发挥了积极的作用，全国
32 个邦共 930 个非政府组织涉入印度可持续性及包容性教育的相关项目。

　　"联合会项目"（Mahila Samakhya programme）是正在进行的女性教育
赋权项目，始于 1989 年。该项目旨在把国家教育政策落到实处，通过具体
方案的实施确实赋权于农村女性，特别是赋权那些在社会中和经济上都被
边缘化的女性群体，使她们能够克服"孤立、贫困、自卑"等各种负面因
素的影响，在享有受教育权利、能力构建及赋权的过程中实现平等。截至
到目前，该项目已在安得拉邦、阿萨姆邦、比哈尔邦、贾坎德邦、卡纳塔
克邦、喀拉拉邦、古吉拉特邦、北方邦、恰蒂斯加尔邦、北阿坎德邦等 10
个邦之间推行，覆盖 121 个县 563 个区。共组建村级妇女组织 4.7 万个，招
募农村女性成员 123.35 万；共建少女协会（Kishori Sanghas）2.048 万个，
招募少女成员 45.38 万名。其中有 1.5 万名女性作为选举代表进入潘查雅
特，她们影响着村议会的规划和预算，并促其朝有利于女性的方向发展。

　　"初等教育普及项目"弥合了初等教育中存在的社会性别差异和社会
贫富差异。它试图把项目的辐射范围延伸至表列部落、表列种姓和穆斯林
等团体以及城镇地区和偏远地区那些被剥夺教育权利的孩童及外来劳工子
女的身上，尤其关注来自贫困家庭和弱势群体的女童以及残障女童的受教
育权利。项目实施的内容涉及向就读于学校 1—8 级的女生提供免费课本
及教学材料；为学校就读的女生修建女厕；征募女教师；敦促辍学女生返
校上课；提供公平的学习机会；提供交通补贴和读书补贴；新建培训机构
或给予已建培训机构资金支持等。自项目实施以来，在入学率提升的同
时，辍学率也大幅下降。属于表列种姓群体的孩子的辍学率从 2005 年的
8.2% 降至 2009 年的 5.9%；属于表列部落孩子的辍学率从 2005 年的
9.5% 降至 2009 年的 5.2%；属于穆斯林群体的孩子的辍学率则从 2005 年
的 10% 降至 2009 年的 7.7%。

　　"卡斯图巴·甘地女子学校"（Kasturba Gandhi Balika Vidyalaya）是为
来自表列种姓、表列部落、穆斯林群体、其他落后阶层以及生活在贫困线
下的女孩子设立寄宿学校的项目，其中至少 75% 的寄宿名额是为来自表
列种姓、表列部落及其他落后阶层的女孩预留，而 25% 的寄宿名额则为
生活在贫困线下的女孩子预留。这些寄宿女校主要设置在教育质量落后或
偏远的地区，旨在保障女孩权益使其免受因"走读"所带来的安全威胁。
该项目覆盖阿萨姆邦、安得拉邦、比哈尔邦、恰蒂斯加尔邦、古吉拉特

邦、哈里亚纳邦、喜马偕尔邦、卡纳塔克邦、中央邦、马哈拉斯特拉邦、旁遮普邦、拉贾斯坦邦、泰米尔纳德邦等 27 个邦。截至 2012—2013 年，全国共建"卡斯图巴·甘地女子学校"3528 所，约 36.65 万名女孩进入学校寄读，其中表列种姓女生入学率达到 28.88%，表列部落女生入学率 26.3%，其他落后阶层女生入学率 25.84%，少数民族女生入学率 9.18%，生活在贫困线下的女生入学率 9.81%。值得一提的是，寄读生实际入学率与预期入学率相差 1.7 个百分点。

"国家女童基础教育项目"（National Programme for Education of Girls at Elementary Level）主要覆盖教育落后地区，旨在关注校内就读女生和校外辍学女生的实际需要。至项目实施以来，共有 442 个县的 4120 万名女生被纳入该项目，她们或参与职业培训及生存技能培训，或获得了课外书籍及学校补充的教学设施设备等。

"午餐计划"是世界上最大的学校供餐项目，主要覆盖政府学校、政府资助的学校、地方机关学校、"国家童工项目学校"（National Child Labour Project schools）以及"教育担保计划"（Education Guarantee Scheme）下开设的教育中心和"替代性 & 创新性教育中心"［Alternative & Innovative Education (AIE) centres］等教育机构。截至目前，该项目共惠及 1212 万所小学，约占全国学校数量的 87%；惠及 1.04 亿名孩童，约占在校生人数的 92%。该项目在提升学校学生出勤率的同时，也保障了贫困学生的权益，使其免受因饥饿所带来的身体免疫力下降、营养摄入不足等各种问题的困扰，特别是在促进社会平等和性别公正方面做出了卓越贡献。

"国家中等教育委员会项目"（Rashtriya Madhyamik Shiksha Abhiyan）旨在提高中学入学率以及教育质量，排除因性别、经济、文化以及残障等因素给中等教育所带来的负面影响。该项目的融资方式按照中央与地方共同出资的模式进行，出资比例是 75%∶25%（在相对落后的东北部地区，中央与邦的出资比例提升为 90%∶10%）。此外，该项目还获得了世界银行、国际开发署、欧盟等组织和地区及国家的资金和技术支持，其中国际开发署承诺在项目实施期间（2012—2016 年）提供 8000 万英镑的经费资助。

"教育职业化项目"旨在通过构建模块化课程体系，按市场需求和专业技术岗位需求来实施培训和教学，在职业能力培训的基础之上弥合教育和就业之间的差距，进一步增强年轻人的就业能力。该项目重点关注来自表列部落、表列种姓、其他落后阶层以及生活在贫困线下的群体以及来自这些群体的女孩。在 2012—2013 年间，该项目共涉及喜马偕尔邦、北方邦、安得拉邦、卡纳塔克邦、锡金邦、哈里亚纳邦、西孟加拉邦和阿萨姆邦等 8 个邦的 540 所学校，项目资金投入达到 7.97 亿卢比。

"国家中等教育激励项目"由中央资助，始于 2008 年 5 月，旨在为来自表列部落和表列种姓群体的女孩创造有利环境，增加她们的入学率并降低辍学率。该项目为未婚且符合条件的女孩每人存入 3000 卢比现金，当她们年满 18 岁或通过 10 级考试后，将有权提取及使用这笔现金款项及其银行利息。该项目涉及对象包括属于表列部落或表列种姓，并通过 8 级考试的女生；或就读于"卡斯图巴·甘地女子学校"的，并通过 8 级考试后进入政府学校、政府资助学校、地方机关学校 9 年级就读的女生，无论其是否属于表列部落和表列种姓群体。在 2011—2012 年间，该项目共覆盖 25 个邦/中央直辖区，涉及符合条件的女生 54.35 万人，投入资金 16.31 亿卢比。

"语言教师任命项目"旨在满足政府学校对具备特殊语言技能的教师的需求，鼓励推广印地语、乌尔都语和其他任意一门除英语之外的现代印度语言（如坎纳达语、马拉雅拉姆语、泰米尔语、泰卢固语等）的使用。在 2012—2013 年间，在旁遮普邦和米佐拉姆邦分别任命了 42 名乌尔都语教师和 1305 名印地语教师，分别发放资金 1380 万卢比和 4300 万卢比。

"建设/开办中等教育和高等教育女生宿舍方案"始于 2008—2009 年，旨在提高女生的入学率。该项目针对的女生群体必须同时符合下列条件：就读于学校 9—12 级的女生；年龄在 14—18 岁间的女生；生活在贫困线下家庭的女生，或属于表列部落、表列种姓、其他落后阶层、少数民族等群体的女生。截至 2013 年 3 月末，该项目共批准在安得拉邦、梅加拉亚邦、旁遮普邦、泰米尔纳德邦、喜马偕尔邦、马哈拉斯特拉邦、米佐拉姆邦、拉贾斯坦邦、北方邦等 19 个邦建设女生宿舍 1155 所，项目投入资金 63.45 亿卢比。

"表列部落/表列种姓学生宿舍资助项目"旨在资助学院建设男女生宿舍（属于政府及政府资助的工学院），以向那些属于表列部落和表列种姓群体的男女生或男女研究人员提供住宿。

"英迪拉·甘地国立开放大学"通过设立"学院"、"性别发展研究中心"以及开发和实施"妇女专项项目"等措施来评估现存的两性差距，以向居住在偏僻和农村地区的女性学习者提供有效的帮助。

"残障孩子综合教育计划"旨在敦促所有的残障学生完成 8 年小学教

育后，能够继续接受 4 年的中等教育。2010—2011 年度、2011—2012 年度和2012—2013 年度，该项目的拨款金额分别达到 8.04 亿卢比、8.32 亿卢比和 1.55 亿卢比，惠及残障学生人数分别达到 14.63 万人、13.86 万人和 8.12 万人。

此外中央政府新增教育法案：《高等教育和研究法案，2011》；《教育法庭法，2011》（The Educational Tribunals Bill）；《禁止技术教育机构、医学教育机构和大学的不公平待遇法案，2010》（The Prohibition of Unfair Practices in Technical Education Institutions，Medical Educational Institutions，and Universities Bill，2010）；《国家高等教育机构认证监管局法案》（National Accrediation Regulatory Authority for Higher Educational Institutions Bill，2010）；《国家学术信托法案，2011》（The National Academic Depository Bill，2011）；《大学研究和革新法案，2012》（The Universities for Research and Innovation Bill，2012）；《外国教育机构（准入和运营规定）法案，2010》；《理工学院案（修正案），2012》；《国家理工学院案（修正案），2010》；《印度信息科技学院案，2013》等。

得益于政府的积极举措和大力推动，学校的教育资源及教育设施得到大幅扩增和有效使用，印度女性的受教育状况也有了极大的改善，她们不仅通过教育资源的获取重塑了自身的社会文化身份，同时也在教育管理和学术发展上发挥了重要作用。美国系统社会学的创始人华德是这样强调教育的导进功能的，"教育作为人类发展和社会发展的媒介，是改变社会的一个重要方法"。正如同印度《2005 年国家性别发展报告》就这样评述："教育是印度女性发展最重要的决定因素之一，教育对于女性所产生的经济和社会回报率远远高于男性。"① 截至 2010—2011 年度，全国共有女子高校 3982 所，较上年度同比增长 10.2%。值得一提的是，传媒在印度的全球化和文化转型中发挥了重要作用。它以电视和广播节目、网络、报纸、杂志等形式向民众传递着信息，成为引导正确舆论导向和价值观念的重要媒介，亦成为一股潜在的教育力量。

然而由于幅员辽阔，人口成分及宗教信仰复杂，印度社会仍普遍存在陈规陋习及传统社会价值观，社会分层、性别歧视、男权至上等现象随之出现，特别是在教育领域，出现了教育发展不均衡及教育资源配置差异过

---

① State Gender Development Report 2005，National Productivity Council.

大等问题,女性受教育权利在一定程度上遭到剥夺,其形势不容乐观。

第一,尽管女性的识字率增速明显高于男性,然而由于基数过低,男女识字率的差距依然显著。1981 年,印度男性的识字率为 46.9%,女性仅为 24.8%;1991 年,印度男性的识字率为 63.9%,女性仅为 39.2%;2001 年,印度男性的识字率为 76%,女性仅为 54%;2011 年,男性识字率为 82.14%,女性仅为 65.46%。尽管印度女性的识字率增速保持在 10 个百分点以上,远高于同期男性的识字率增速,然而女性的整体识字率水平仍远远低于印度全国的识字率水平和印度男性的识字率水平,教育领域的性别差距十分明显(见表 3 - 3)。同时国内的识字率存在较大的地区差异。南部地区人口的平均识字率普遍高于北部地区人口的平均识字率。喀拉拉邦平均识字率全国最高,达到 93.9%,其中男性识字率为 96%,女性为 92%;比哈尔邦的平均识字率全国最低,仅为 63.8%,其中男性识字率为 73.5%,女性为 53.3%(见表 3 - 4)。

表 3 - 3   1901—2011 年印度国民识字率

年份	国民识字率(%)	男性识字率(%)	女性识字率(%)
1901	5.3	9.8	0.7
1911	5.9	10.6	1.1
1921	7.2	12.2	1.8
1931	9.5	15.6	2.9
1941	16.1	24.9	7.3
1951	16.7	24.9	7.3
1961	24	34.4	13
1971	29.5	39.5	18.7
1981	36.2	46.9	24.8
1991	52.1	63.9	39.2
2001	65.38	76	54
2011	74.04	82.14	65.46

资料来源:2011 年印度人口普查数据。

表 3 - 4   2011 年印度各邦识字率

邦	识字率(%)	男性识字率(%)	女性识字率(%)
安达曼 & 尼科巴群岛	86.3	90.1	81.8
安得拉邦	67.7	75.6	59.7

续表

邦	识字率（%）	男性识字率（%）	女性识字率（%）
阿萨姆邦	73.2	78.8	67.3
比哈尔邦	63.8	73.5	53.3
昌迪加尔	86.4	90.5	81.4
恰蒂斯加尔邦	71	81.5	60.6
达德拉和纳加尔哈维利	77.7	86.5	65.9
达曼和第乌	87.1	91.5	79.6
德里	86.3	91	80.9
果阿邦	87.4	92.8	81.8
古吉拉特邦	79.3	87.2	70.7
哈里亚纳邦	76.6	85.4	66.8
喜马偕尔邦	83.8	90.8	76.6
查谟和克什米尔	68.7	78.3	58
贾坎德邦	67.6	78.5	56.2
卡纳塔克邦	75.6	82.8	68.1
喀拉拉邦	93.9	96	92
拉克沙群岛	92.3	96.1	88.2
中央邦	70.6	80.5	60
马哈拉斯特拉邦	82.9	89.8	75.5
曼尼普尔邦	79.8	86.5	73.2
梅加拉亚邦	75.5	77.2	73.8
米佐拉姆邦	92.6	93.7	89.4
那加兰邦	80.1	83.3	76.7
奥里萨邦	73.5	82.4	64.4
本地治里	86.5	92.1	81.2
旁遮普邦	76.7	81.5	71.3
拉贾斯坦邦	67.1	80.5	52.7
锡金邦	82.2	87.3	76.4
泰米尔纳德邦	80.3	86.8	73.9
特里普拉邦	87.8	92.2	83.1
北方邦	69.7	79.2	59.3
乌塔拉坎德邦	79.6	88.3	70.7
西孟加拉邦	77.1	82.7	71.2
印度	74.04	82.14	65.46

资料来源：2011 年印度人口普查数据。

　　第二，男女受教育程度存在较大差异。根据大学教育资助委员会公布的数据显示，全国接受高等教育的男女生数量在 2000—2001 年度共计 839.94 万人，其中女生所占比例仅为 39.4%；到了 2007—2008 年度，全国接受高等教育的男女生数量共计 1272.7 万人，其中女生所占比例仅为 40.6%；而在 2010—2011 年度，全国接受高等教育的男女生数量达到了 1697.49 万人，其中女生所占比例也仅为 40.5%。《全球教育要览》亦显示，印度高等教育的性别平等指数在 2010 年仅为 0.73，而同期世界高等教育的性别平等指数已达到 1.08。此外印度各邦女生的受教育程度也存在差异。全国高校女生入学比例最低的邦是比哈尔邦，仅为 31.2%；全国高校女生入学比例最高的邦是喀拉拉邦，达到 56.8%。两邦之间的高校女生入学比例竟相差 25.6 个百分点。

　　第三，城乡间的教育差距明显。由于优质教育资源分布尚不均衡，且利益需求多元，因此城市地区和农村地区间存在巨大的教育差距。1981 年城市女性识字率为 67.34%，而农村女性的识字率仅为 36.09%，两者之间相差 31.25 个百分点；1991 年城市女性识字率为 73.09%，而农村女性的识字率仅为 44.69%，两者之间相差 28.4 个百分点；2001 年城市女性识字率为 80.3%，而农村女性的识字率仅为 59.4%，两者之间相差 20.9 个百分点；2011 年城市女性识字率为 79.9%，而农村女性的识字率仅为 58.8%，两者之间相差 21.1 个百分点。值得注意的是，2001—2011 年十年间，城乡教育差距有进一步拉大的趋势；且有一部分女性属于文盲及被剥夺教育权利的群体。

　　第四，分科教学上存在性别差异。大学教育资助委员会的调查数据显示，教授艺术类的专职女教师占比 41.21%；理科类专职女教师占比 19.14%；金融/管理类专职女教师占比 16.12%；工程/技术类专职女教师占比 11.36%；医学类专职女教师占比 4.68%；教育类专职女教师占比 4.6%；农业类专职女教师占比 0.36%；兽医学专职女教师占比 0.1%，法律学专职女教师占比 0.19%。

　　第五，教育机构中，生活及卫生等配套设施严重滞后。2003 年、2004 年和 2005 年间，印度带有女卫生间的学校所占比例仅分别为 22.22%、28.24% 和 32.7%；同期初等教育学校（只设有初级阶段教学内容的学校）中，带有女卫生间的学校所占比例分别为 15.64%、20.16% 和 24.27%；在中等教育学校（只设有高级阶段教学内容的学校）中，带有女卫生间的学校所占比例分别为 33.89%、41.86% 和 46.76%。① 厕所本应具有卫生性、实用性、方便性和应急性等特点，而大量的印度学校缺乏女厕所的现实致使很多女学生不得不辍学在家或者在月经期间请假在家。这在很大程度上影响了女性的受教育水平。其次，随着教育程度的加深，辍学女生的数量逐渐增多。2009—2010年，小学初级 5 年班的女生辍学比例达到 27.25%，初级教育 8 年班的女生辍学比例达到 44.39%，中等教育班（包括小学初级 8 年 + 中等教育 2 年）的女生辍学比例则达到 51.97%；2010—2011 年，小学初级 5 年班的女生辍学比例达到 25.1%，初级教育 8 年班的女生辍学比例达到 41%，中等教育班的女生辍学比例则达到 47.9%。②

第六，女性接受教育后所产生的经济价值和社会效益未被客观认知。印度男性普遍认为"女人的职责是操持家务、清洁打扫、喂养家畜、照顾家人，而非读书认字"，这种男权观念以及宗教、文化、贫困、心理等众多负面因素的存在致使女性自小就被剥夺了相应的教育资源。她们那有限的受教育程度、匮乏的专业知识及实际操作经验又影响到她们日后的就业与经济独立。一旦受教育女性无法进入高收入群体，或者赚取与男性一样多的薪酬，或者仍然依附他人而生活，则家庭对女性接受教育将持否定和质疑态度，继而缩减对她们的教育投入。如此一来，女性接受教育或专业技术培训的机会相应减少，陷入贫困的概率随之增大，最终陷入教育的恶性循环而难以自拔。换句话说，女性受教育程度的高低，意味着女性可以有不同的机会接触不同的就业环境，从而对女性的经济地位起到自动分层作用。因此受教育程度越高的女性，更能掌握择业主动权，且选择的就业环境也更加理想；而就业机会的增加又意味着女性的经济活动范围更加宽松，有利于减少她们对家庭和丈夫的依赖程度，更有利于其社会地位的改变。反之受教育程度越低的女性，自主择业权和就业权的概率将会大幅降低，经济无法独立而对家庭和丈夫产生严重依赖性，继而丧失在家庭和社会中的话语权和决策权，其地位

① Development of Women Education in India; N Sharmila and Albert Christopher Dhas, The American College, Madurai; Munich Personal RePEc Archive, 15. February 2010.

② Gender Issues and Dropout Rates in India: Major Barrier in Providing Education for All; Nithiya Amirtham S & Saidalavi Kundupuzhakkal; Amirtham, N. S. & Kundupuzhakkal, S. / Educationia Confab, Vol. 2, No. 4, April 2013.

难有实质改变。值得注意的是，国家的教育投入和教育支出逐年上升，但在国家预算中的比例却增幅有限。因此尽管学校及其教学设施得以修建和扩建，但教学质量却难以保证，学生的辍学率反升不降，且形势不容乐观。

二　女性与婚姻家庭

早在 1949 年，印度制宪会议就通过《宪法》明确了女性与男性具有相同的权利与地位。特别是《童婚限制法》及《童婚限制法修正案》、《特别婚姻法》、《印度结婚和离婚法》、《印度婚姻法》、《印度继承法》、《印度未成年人与监护法》、《印度领养和赡养法》以及《穆斯林婚姻法》、《基督教徒婚姻法》、《拜火教徒结婚与离婚法》等多部法律的出台，针对性地强调及出台了"禁止一夫多妻"、"禁止童婚"、"禁止重婚"、"允许特殊婚姻形式"、"允许离婚"、"允许收养"等有利于维护女性权利的条款。尽管印度宗教传统观念认为女性出嫁后要从夫从子，女性要持有献身精神，女性要以谦卑和谦逊的姿态来对待丈夫和丈夫的姻亲，女性要……然而随着现代化进程的加速，女性的活动范围不再局限于家庭，她们积极参与社会公共活动，外出就业以期经济独立，更重要的是她们对于自身"附属性"和"屈从性"的认知有了较大的改观，减少了宗教等传统观念对女性人性的束缚，她们的人身与财产权利都得到了极大的保障。

印度女性的婚姻自主程度虽有所提高，但择偶动机仍受到客观因素的影响。她们可以自由地恋爱，可以自主选择结婚伴侣。然而不是所有的女性都如此，很多女性在择偶时总会考虑到宗教、阶层、家世、名誉、财富和种姓集团等各种因素和利益，因此在婚姻问题上仍听从或尊重父母或家中长辈的意见，对包办婚姻持认可态度。不可否认的是，对于那些贫困人群、低种姓群体及中下阶层群体的妇女来说，婚姻成为改变现状或实现流动的一种捷径。这部分女性只关心能否脱离现在生存的圈子，对己本身"选择"的权利并不上心。同时也不是所有的女性都可以逃脱嫁妆制度、童婚制度等传统习俗和传统文化对自身所造成的负面影响，因此嫁妆谋杀、婚内暴力、逼婚、早婚及童婚等事件时有发生，并连带性地引发了一系列社会问题。据印度媒体报道，印度西孟加拉邦一名 17 岁的女孩，因爱上了另外一个部落的男孩，被罚脱光了衣服裸体游街。游街时，一些小男孩甚至向女孩扔石头。这起事件持续了数个小时，女孩裸体游行了 8 公里，穿越了 3 个村庄，精神受到严重刺激。[①] 印度女性对丈夫通常抱有"从一而终"的传统观念，因此离婚、分居、遗弃等现象并不常见，根据印度国家家庭健康调查（2005—2006 年）的数据显示，在 15—49 岁年龄段印度女性的婚姻生活中，伴有上述三种现象的女性仅占该年龄段女性总数的 2%。而对于婚姻生活，女性性工作者的看法比较有趣，她们认为"婚姻关系有一些好处，比如可以带来社会地位、社会稳定和社会安全，而这些对于性工作者来说是无法得到的；其次，性工作者认为自己相较于已婚妇女来说，有着自己的优势。因为已婚妇女其实说直白了，就是丈夫的性奴隶，她们感恩于丈夫所提供的食物和住所"。[②]

　　印度政府大力发展社会福利事业，在城市社区及农村地区开展对家庭生活有直接影响的教育、咨询、保险、小额信贷、自主创业、营养及医疗保健等公共服务。在此背景下女性及其家庭成为社会福利事业的直接受益者；女性的就业领域和就业模式随之多元化。然而几千年来宗教、传统文化及其价值观的传承及禁锢，进一步扩大了性别之间的天然差异，这使印度女性在很长一段时间内屈从于印度男性的特权及权威成为一种必然。此外以性别为基础的劳动分工虽然没有彻底改变，但现代化的发展对女性所扮演的角色提出了新的要求，需要她们承担传统文化和现代文化所分配的双重职责，演绎"家庭主妇角色"和"家庭之外的社会角色"。如此一来，印度女性的负担将更为沉重，她们既是家庭职责的主要承担者，又是家庭经济来源的重要支柱。印度健康调查数据显示，自 1991 年印度实行经济改革及社会福利改革以来，印度已婚女性的就业人数占比从 1992—1993 年的 33% 上升至 2005—2006 年的 44%。

　　女性在家庭中行使话语权和决策权的程度明显提升，但印度社会父权制所表现出的等级结构在家庭生活中仍有所体现。传统上，女性主要扮演抚育孩子，料理家务、负责吃穿住行等角色，她们难以在除家庭之外的其他事务上发表意见，更不用说扮演什么重要的社会角色了。现在，女性接

---

① http：//news. online. sh. cn/news/gb/content/2010 - 08/11/content_ 3685510. htm.

② Excerpts from interviews with sex workers："The man gets free labour in the house from his wife. He also gets dowry, and children to carry his name. ""We can refuse to sleep with a man if we don't want to, a wife can't"：Quoted in Delhi. Prostitution and Beyond：An Analysis of Sex Work in India；Edited by Rohini Sahni, V. Kalyan Shankar, Hemant Apte；SAGE Publications India Pvt Ltd. , 2008.

受了教育及参与了培训和各种社会活动，她们掌握了新的科技、新的职业人生、新的育儿观念等，成为新形势下的新女性，继而在家庭中及社会中都有了自己的发言权。她们中的一些人可以对孩子的教育、家庭成员的开销以及自己的行程安排、卫生保健等进行决断，甚至有的女性掌控着家庭的土地权及财政权。印度家庭健康调查数据（2005—2006 年）显示，1992—1993 年，女性户主占比 9%；1998—1999 年，女性户主占比 10%；2005—2006 年，女性户主占比 14%（女性户主的年龄分布详见表 3－5）。尽管如此，印度社会父权制所表现出的权力或身份的等级结构在家庭生活中仍有所体现，因此性别差异在家庭中依然显著，女性在获取资源及决策机会上面对着一系列的阻碍，而男性则在大部分的事务中掌控着绝对的主导权和决策权。又据印度家庭健康调查数据（2005—2006 年）显示，被允许去市场、卫生保健院及本社区外等地方的女性仅占印度女性总数的 36.8%；而持有银行账户或储蓄账户，可自由支配开支的女性仅占印度女性总数的 16.2%；在已婚妇女（15—49 岁）中，能够自行决定购买家庭大件物品的女性仅占 8.5%，能够自行决定购买家庭日常必需品的女性仅占 32.4%，能够自行决定探亲访友的女性仅占 10.7%；在已婚妇女（15—49 岁）中，不能够独自做出决定的女性占 53.4%，能够独自做出"一个"决定的女性占 24.7%，能够独自做出"二个"决定的女性占 12.3%，能够独自做出"三个"决定的女性占 4.5%，能够独自做出"四个"决定的女性占 3.2%，而能够独自做出"五个"决定的女性仅占 1.9%。

表 3－5　　　　　　　　　　　女性户主的年龄分布

年龄＼年份	1992—1993	1998—1999	2005—2006
<20 岁	1.0	0.7	0.8
20—29 岁	7.0	5.8	9.7
30—39 岁	19.4	18.5	21.6
40—49 岁	23.5	22.6	19.9
50—59 岁	20.6	19.5	18.7
60 岁以上	28.4	32.9	29.2
缺失	0.1	0	0

资料来源：印度家庭健康调查（2005—2006 年）。

　　值得注意的是，为了提升自身的社会地位，加大在家庭中行使决策能力的筹码，印度中产阶级家庭的女性主动选择外出就业，以此方式减少自身对丈夫的经济依赖，并借此摆脱传统家庭伦理关系及传统文化给自身施加的压力；下层及底层劳动妇女则面临更为恶劣的生活环境，她们被迫选择外出就业来补贴家用，而非通过就业来捍卫自身的家庭决策的权利；上层妇女生活相对安逸，且顾及名誉和颜面的关系，较少外出就业，同时她们的家庭职责也通过"雇请及支付报酬"的方式转嫁到家庭仆人的身上。对这些女性来说，在很长一段时间内，社会上阶级和父权制的等级界限不可逾越，她们皆具有压迫和被压迫的双重性。

　　依法保障女婴、女童及妇女的生存发展权利。印度宪法强调"促进在印度全体人民中提倡超越宗教、语言、地区和派别差别的和谐和兄弟般的友爱精神；摒弃有损妇女尊严的习惯"；"一切男女公民平等享有适当谋生手段权利"；"努力消除个人之间，居住于不同地区，或从事不同职业的个人或公民集团之间在地位、设施和机会方面的不平等"；"不得仅仅由于宗教、种族、种姓、性别、出生地点等理由，而使任何公民在商店、公共饭店、旅社及公共娱乐场所之出入，全部或部分由国库维持，或供大众使用之井泉、水池、浴场、道路及公共场所之使用等方面丧失资格，承担责任，遭受限制或接受附加条件"……其他相关政策法规及项目等也从教育、婚姻、赋权、医疗卫生等多角度和多层面来维护和保障女性的合法权益，以提高女性的家庭和社会地位。特别是政府积极采取措施控制出生男女婴儿性别比失衡的现象，除积极制定计划生育政策和开展计划生育项目外，还于1971年和1994年分别通过了《医学终止妊娠法》和《产前诊断技术（监管和预防滥用）条例》，并于2002年对这两个法案进行了修订。其禁止非医学需要的选择性别的人工流产以及禁止利用羊膜穿刺术和超声诊断等技术手段进行非医学需要的胎儿性别鉴定及筛选，并对违犯法案及条例者给予相应的罚款及拘役。近年来，印度政府还在全国范围内启动了"女性赋权国家政策，2001"以及开展了"行动计划"，关注性别预算及女性的综合性发展，强调提升女性的社会经济收益，从而全面赋权女性。同时需要指出的是，尽管国家立法来保障女性的各种相关权益，但法律法规的执行过程却并不严谨，特别是在偏远的农村地区和某些种姓及宗教社团中，传统风俗经常凌驾于法律条例之上，这也是时至今日，童婚、收受嫁妆、跨种姓婚姻遭受排斥等现象仍屡禁不止的原因。

积极发展老龄事业，重视保护老年妇女的合法权益。从地方到中央，印度政府严格执行"马德里老龄问题行动计划"，并于 1999 年制定"老年人国家政策"，关注老年妇女问题的解决及其权益的维护和保障。政府在社会正义和赋权部下设立国家老年人理事会，强调向老年人提供税收减免、养老金发放、医疗保险等金融性保障措施以及向老年人提供保护性住所、医疗保健、信息咨询等社会或社区服务，保障老年人（特别是妇女）的身心健康及福利权益，使老年人免受虐待和剥削，从而平等享有社会发展的红利而安享晚年。值得一提的是，城镇化的快速发展，加之越来越多的家庭或个人因为教育、工作、家庭的需要而移居城市，高强度的生活节奏和渐增的经济压力迫使这些移居的群体选择性地把老年人安置在原有居住地。这部分老年人成为"留守成员"中的一员。甚至因为居住地偏远，或者鳏寡的身份，或者性别年龄，或者阶层及种姓地位低下等众多原因，他们中的一部分老年人的生产生活不受重视及关注，已成为国家福利事业发展的盲点。

积极开展促进"以性别平等和边缘化群体发展为主题"的国际交流与合作。印度政府积极参与及协同联合国开发计划署、美国国际开发署、世界卫生组织、联合国教科文组织、亚发行、国际开发研究中心等国际组织以及非政府组织承办及开展相关活动和项目，通过经验借鉴及信息分享的方式来消除资源和服务获取及使用上的性别差异，努力使国家为女性制定的针对性政策法规及项目能够有效开展，从而确实改善女性在家庭和社会生活中的不利处境，实现女性的赋权及可持续发展。

区域经济一体化及全球化，科技的进步及创新，城市化和工业化的发展，促使印度社会原有的文化观念、伦理价值、传统习俗等在"现代和发展"的背景下遭遇着全新的挑战，更促使印度社会和家庭对其自身进行"再调整"。但需要指出的是，约翰·苏拉特·米尔（John Stuart Mill）在与其妻子海伦·泰勒共同撰写的《论妇女的附属地位》一书中曾指出"婚姻使女性成为合法的奴隶"。笔者认为这种观点对于总结今天印度妇女所面临的婚姻困境，依然具有一定的现实指导意义。那是因为印度女性的家庭地位和社会地位尽管在社会化和现代化的发展进程中被适当地调整，甚至较之以往发生了翻天覆地的变化，然而男性统治的社会结构却未发生根本变化，性别权力仍呈现不平衡状态。女性在家庭生活中所承担的职责及付出被视为是一个"未被承认的工作领域"，她们通常没有正常工作时间，没有固定工资，也不享有任何福利。简言之，包办婚姻、父系血统（印度东北部的某些地区除外）、男权至上、性别歧视、性暴力、劳动性别分工等现象仍层出不穷，女性在男性权威及其特质被过度强调的背景下，其自身的价值及角色难以获得正确定义及定位。社会上开展的轰轰烈烈的女性赋权运动，固然对女性的发展和进步起到了积极的促进作用。但是女性的赋权过程却是在父权社会的背景下完成的，这就意味着女性不得不屈从及受制于男权社会，且必须服务于男权社会，尊重男权社会所倡导的规则。

三　针对女性的暴力

在 1993 年的维也纳世界人权大会上，国际社会首次承认对妇女的暴力行为属于人权问题；当代女性主义者认为对女性的贬抑是社会上暴力泛滥的原因，换言之暴力与男性气质构建是相关的，暴力行为根植于权利不平等和男性至上的思想；[1] 而人们也逐渐意识到，"对妇女的暴力"已是妇女和社会可持续发展的障碍。同年，联合国发表《消除对妇女的暴力行为宣言》，作为对联合国大会 1979 年第四十八届会议通过的《消除对妇女一切形式歧视公约》的补充，致力于消除针对妇女一切形式的暴力行为。在宣言中，联合国首次把"针对妇女的暴力"定义为"无论是在公共场合或私人生活中，任何基于性别的、对妇女造成或可能造成身体、性或精神伤害或痛苦的暴力行为，包括威胁进行这类行为、强迫或任意剥夺自由"。并在其出版物《停止针对女性的暴力：从话语到行动》中明确表示，"暴力有不同表现，其因种族、阶层、年龄、性取向、民族及宗教等多种因素决定"。尽管印度也在《刑法》、《民权法》、《反家庭暴力法》等法律中一再谴责"对妇女暴力"，但其并未引起印度政府及公众的足够重视。直至 2012 年印度发生黑公交事件后，"针对女性的暴力"才再次闯入公众视野。对此，表列种姓国家委员会副主席拉杰·库马·维尔卡（Raj Kumar Verka）表示：

> 女性在一些邦更受压制。男性天生就是多疑的，因此更易怀疑女性。他们虚荣、酗酒和冲动挑衅，而女性则缺乏敏锐性及认知性，同时缺乏良好的外界环境，致使针对女性的暴力事件数量不断上升。

---

[1]　Militarism and Women in South Asia; Anuradha M. Chenoy; Kali for Women, 2002.

　　为更好地遏制对女性暴力事件的发生，印度政府采取"强化法律监督，促进法律有效实施，特别是那些针对女性以及有助于改善女性状况的法律"；"社会治安综合治理及树立良好监督意识，并增加维持治安的警务人员数量，特别是增加女性警务人员的数量"；"设立女性警局"；"设立女性免费救助热线"；"建立'针对女性暴力案件'快速处理机制"；"增加法官数量"；"加大财政投入和法律援助，帮助女性打官司"；"性别预算及女性赋权"；"为女性在国会和议会中预留33%的席位"等措施来确实保障女性权益。[①] 但同时需要指出的是，尽管政府开展了大量的工作来保障妇女权益，但某些问题仍不容忽视。以1986年《反不道德妇女和女孩交易法》举例说明。该法案表述说，其旨在解救那些"堕落"的妇女和女孩，同时向这些"堕落的受害者"提供机会使其可以成为社会上的"正派"公民。注意该法案对从事性工作的女性的法律表述，首先是定义其为"堕落的群体"或"堕落的受害者"。其次是接受政府的帮助后，成为"正派"公民。这就意味着，该法案简单地认定这些女性的行为是"非正派"和"堕落"的，其法律措辞存有明显的歧视性。[②] 这样不利于民众道德价值观地正确和积极引导，相反民众会把性工作者视为社会伦理道德败坏的群体，而忽略了这个群体在提供性服务的过程中，是否在身体和心理上遭受了剥削和暴力，也忽略了这个群体在提供性服务的过程中，是主动参与还是被动参与，更没有考虑这个群体是因何进入这一行业，是城镇化或工业化进程所催生的一种社会现象，还是高失业率、贫困、迁移、或脱离大家庭所导致的一种病态生活方式。

　　（一）婚姻暴力

　　2006年10月，印度首部《反家庭暴力法》生效，这一法律的实施主要是为了保护与具有暴力倾向的男性一同居住或生活的女性不受侵犯和虐待。其认定的家庭暴力是指家庭成员（通过婚姻或收养的方式共同生活在一个家庭之中）一方给另外一方在身体、精神、情绪、经济等方面造成一定伤害后果的行为，表现为殴打、掌掴、捆绑、踢打及其他手段，其

---

　　① Engaging Male Politicians From Youth and Student Organisations on Violence Against Women，National Consultation by National Commission for Women；India Habitat Centre，New Delhi，India，28 JAN 2013.

　　② Delhi，Prostitution and Beyond：An Analysis of Sex Work in India；Edited by Rohini Sahni，V. Kalyan Shankar，Hemant Apte；SAGE Publications India Pvt Ltd. ，2008.

中因嫁妆发生的骚扰或阻止妻子外出工作及强迫妻子辞职等行为亦属于该法案规定的家庭暴力范畴。对此新德里社会研究中心人员兰加纳·库马里说："该法案是印度妇女运动的胜利，妇女们已经为此斗争了许多年。"她还说，"妇女团体将很快发起一项运动，在妇女中普及关于这一新法的知识"。不过她同时警告说，"光是立法还不足以结束虐待妇女的问题，保护妇女工作需要得到政府足够的财政支持，从而为保护妇女提供法律咨询及援助"。① 其中，婚姻暴力成为该研究中心的关注点。

婚姻暴力是婚姻关系中，男性采用威胁、恐吓、虐待、踢打或捆绑等手段，妄图惩罚、纠正女性的错误或表现男性权威的一种极端形式。男性通常认为暴力有助于让女性认识到男性的权威及其权力的无可挑战性与不容置疑性，从而巩固男性的"家长地位"；也可以让女性放弃自身/或不从流的主张和选择，从而顺从男性的价值观和社会观。在旁遮普邦和哈里亚纳邦的农村，男性们通常认为，"妇女在很多时候给男人带来了麻烦。最为常见的是丈夫工作归来，希望安静片刻之时，妻子却拍打孩子，让孩子的哭声惊扰了丈夫（他们认为这本可以在丈夫外出之时才实施）；妻子延迟给地里干活的丈夫送饭；妻子烹饪坏了给丈夫的食物；妻子的话太多了；妻子没有料理好家务；妻子对丈夫不够尊重，让丈夫在外人面前丢脸。如果不高兴，男人们能做什么？只有抽打妻子，除此而外，就没有别的办法了"。②

外界强制力以及家庭暴力的实施有可能使女性放弃自身本应享有的权利，因此男性作为既得利益者不愿意女性因为获取相应权利而"翻天"，或者"骑到我们（男性）的头上去"，故对使用暴力乐此不疲。以土地继承举例。传统观念认为，只有女子不结婚，才享有对父母财产的继承权；父母必须与儿子而不是女儿同住，且其财产必须为儿子所持有。实际上，印度的继承法及修正案中已肯定了女儿（不论婚配与否）对祖产及土地等资源享有与男性同等的继承权，虽然允许父母通过遗愿的方式剥夺女儿的继承权。随着城市化、商业化和工业化的发展，印度各地都出现了土地价格暴涨及土地资源弥足珍贵的情况。根据印度人口普查的数据显示，1999—2001

① http：//news. sina. com. cn/o/2006 - 10 - 30/084310358546s. shtml.

② Reduction of Violence Against Women：Property Ownership & Economic Independence in Rural Haryana；Prem Chowdhry；The views expressed in this publication are those of the author and do not necessarily represent the views of UN Women, the United Nations or any of its affiliated organizations.

年两年间，哈里亚纳邦的城市区域面积增长了33.23%；同时哈里亚纳邦的19个县中的7个县被列为首都辖区。① 如此一来，利益的驱使让男性异常排斥女性获取土地资源或与他们抢夺土地资源。因此尽管有法律做后盾，人们仍普遍遵守传统理念，认为女性结婚后会把其获得的父亲家庭的财产转给丈夫的家庭，于是女性被谨慎地排除在财产获取或财产继承的序列之外，因此仍有众多女性在受访时表示"土地或财产是导致我们死去的原因"。② 阿纳斯帕蒂（Anaspati）结婚多年后，决定要回父母财产中属于自己的那部分财产。这一做法让她的兄弟们极为憎恶。他们甚至威胁到即使她死了，他们也不过问。阿纳斯帕蒂年幼的妹妹也认为她要求财产的做法是错误的，从而断绝了与她的联系。③ 需要指出的是，中国国内有学者提出"隐性暴力"的概念，即把对生女孩妇女的歧视，如产后营养差、休息少、指桑骂槐等间接伤害女性精神和健康的行为视作"隐性暴力"。④ 而在印度国内，精神折磨则被明确认定为暴力的一种表现形式。

　　女性认为婚姻暴力与众多因素有关。第一，与男性事业失意及吸毒、酗酒不无关系。印度女性在谈及暴力的根源时经常表示"Bekar hain, peevain hain aur peet-tain hain"（意思是男人们失业时，就会喝酒，然后暴打我们）。⑤ 第二，与女性占有资产的多寡有关。如若女方家支付的嫁妆满足了男方家姻亲的需要，或者女方持有丰厚的土地或其他资产，或者女方娘家的家世和权势深厚，就可减少女性在夫家遭受暴力侵袭的机会。第三，与男性成长的家庭环境和社会环境有关。如若男性成长在"女性不受尊重，常被视作二等公民"、"女性常遭受暴力"、"女性只是取悦男性的物品"、"离异家庭"、"小时候受过心理创伤"、"小时候被冷落或被语言辱骂或暴力侵袭"的这样一个环境中，则男性将对女性形象形成一种消极的认知，甚至对女性产生负面的价值判断，从而具有某些暴力倾向的

---

① Reduction of Violence Against Women: Property Ownership & Economic Independence in Rural Haryana; Prem Chowdhry; The views expressed in this publication are those of the author and do not necessarily represent the views of UN Women, the United Nations or any of its affiliated organizations.

② Ibid..

③ Ibid..

④ http://www.66law.cn/laws/9706.aspx.

⑤ Reduction of Violence Against Women: Property Ownership & Economic Independence in Rural Haryana; Prem Chowdhry; The views expressed in this publication are those of the author and do not necessarily represent the views of UN Women, the United Nations or any of its affiliated organizations.

特质。研究表明，家庭暴力至少从三个方面影响到孩子，即健康、教育绩效、在生活中使用暴力。① 第四，与印度社会父权制的存在及旧有宗教文化习俗对女性的否定有关。父权制及旧有宗教文化习俗的存在确定了男性至高无上的地位，致使社会和家庭的权力结构极不平等，表现为女性对男性权威的屈从以及社会对女性歧视的长期存在，这种不平等的男女关系最终可能演化成为暴力，且被视为对女性理所当然的管教。对此，女性只能选择屈从和忍耐。例如，女性对自身的发展持有某种独立思想或女性价值观与男性权威倡导的传统理念相悖时，则女性就有可能被视为"掀房揭瓦"或"不守规矩"的"坏女人"，此时暴力就成为让其"长记性"的最佳手段。第五，与夫妻双方的教育差距有关。第六，与夫妻双方的信任程度有关。印度社会普遍要求妻子对丈夫的绝对忠诚，如果妻子与别的男人说话或谈笑，则其贞洁将受质疑，从而引发婚姻暴力。第七，与女性经济不独立有关。女性经济不独立就有可能让男性在婚姻关系中保有绝对的发言权和权威性，女方提出的任何一项要求都可能成为引发暴力的导火索。第八，与丈夫姻亲的挑唆有关。第九，与联姻目的有关。如果婚姻是建立在社会关系或经济利益之上，或者属于政治联姻，那么女性较少受到暴力侵袭。第十，与罪犯惩罚机制不完善有关。

多数女性对婚姻暴力保持忍耐和沉默的态度。在婚姻暴力过程中，女性通常是受害者，而男性通常是施暴者。但大多数的她们并未就此寻求法律援助，相反却视暴力为一个妻子理应承受的婚姻生活的一部分。究其原因，不外乎——顾虑夫妻双方的家庭关系，孩子的感受等；男权社会对男性宽容和积极的社会评价以及对女性苛责和歧视性的态度；遭受暴力是"家丑"，不足为外人道；单身女性或寡妇或离异女性，如若没有合适的监护人难以找到合适的房子而居无定所；担心反抗丈夫的暴力可能招致更为严重的报复等。有一位被丈夫用皮带抽打的女性就表示，"被打这件事教会我不要与他（丈夫）争论"。遗憾的是，其他女性家庭成员未能与暴力受害者站在同一阵线来质疑男性权威，相反却参与了"压迫和剥削"这一过程，甚至为男性的施暴行为编造各种借口，或者她们自身就成了引

---

① Campbell, J. C., "Health consequences of intimate partner violence", Lancer, Vol. 359, No. 9314 (April 2002). pp. 1331 – 1336. Quoted in "Ending violence against women: from words to action"; study of the secretary-general; United Nations Pubucation.

发婚姻暴力的诱因。在 1983 年人民院的一次"针对妇女暴力"的激辩中，拉姆·拉尔·拉赫（Ram Lal Rahi）先生这样说："难道女性不应该对被打和被杀的那些女性负责吗？婆婆和小姑子就是女性。难道不是她们激怒和鼓励男性，从而让其犯下罪行吗？"

马克思认为，"经济基础决定上层建筑，经济因素是决定性别不平等的根本因素"。有文章指出，"贫困与暴力以复杂的因果循环关系相互作用。贫困可以是暴力的诱因，也可以是暴力的结果"。① 换句话说，尽管妻子就业或经济独立可能让男性心里不平衡，或让男性自尊受损，甚或男性提出的无理金钱要求未能满足都可能引发婚姻暴力，但不容置疑的是经济独立确实有助于女性逃离暴力婚姻的桎梏，并能够降低女性遭受暴力侵袭的概率。作者普雷姆·乔杜里在她的著作《减少对女性的暴力侵害：哈里亚纳邦农村的财产所有权和经济独立》中给出的女性访谈内容就很能说明问题。

> 我嫁入了一个大家庭，不得不做着大量的家务。当我不能按时完成工作之时，我必须承受来自丈夫和婆婆的责难及虐待，而这种情况并没有因为孩子的出生而有所好转。之后为缓解家庭的压力，我开始外出工作，而丈夫及婆婆也因此不再对我施以暴力。婆婆以前不会帮我照看小孩，现在开始承担起照顾孩子的责任；丈夫也开始变得合作起来，会在我身体不舒服的时候体谅我，我们之间的争吵越来越少。我有了自己的银行账户，可以随心所欲的花费一部分收入。②

因此在印度女性之间，常流传着这样的话，"Apani kamai se kisi ke age hath nahin phfailane padte"（如果你有自己的收入，你不需要向任何人乞讨钱财），"Apni kamai ya apni sampati se man mein ek atam-samman ho jaata hai"（你的收入或你拥有的财产给你自信），"Agar kamati hai to kisi ka munh nahin dekhana padata"（如果你有自己的收入，你不需要别人的施舍），"Jab mein us se paisa hi nahin leti to mein us ka virodh bhi kar sakti hun. Apna paisa kamati thi to apne dum per reh pai"（当我不从我丈夫那拿

---

① http：//www.360doc.com/content/11/0613/16/6749408_ 126662253.shtml.

② Reduction of Violence Against Women：Property Ownership & Economic Independence in Rural Haryana；Prem Chowdhry；The views expressed in this publication are those of the author and do not necessarily represent the views of UN Women, the United Nations or any of its affiliated organizations.

钱时，我可以面对他。如果我能自己挣钱，我可以独自生活)。①

另外，女性还可以通过接受教育或培训、拓展社交网络、参与公共活动等多种方式来认识自身权利，从而使自身不再是暴力的受害者。拉穆卡里（Ramkali）在结婚之初，就已经遭受了婚姻暴力，且暴力的频度与日俱增。婚后，拉穆卡里孕育了二子二女。为维护家庭的收支平衡，她与丈夫每天都到邻居家的地里或建筑工地干活。丈夫饮酒的量越来越大，每次酒后都会扇打拉穆卡里。为了躲避暴力袭击，拉穆卡里常常带着孩子躲到田地里或者邻居家的屋顶。拉穆卡里在这种充满暴力的婚姻中度过了大部分的时间。一次，拉穆卡里向警察诉苦，但警察却拒绝为她写一手情况报告，之后又问她要钱来写这份报告。还有一次，她甚至想过自杀，但却因为孩子而放弃。婚后 18 年，拉穆卡里决定让自己接受教育。她通过参与学习班，认识到了自身的权利，加之收入稳定，拉穆卡里已经能够独自抚养孩子了。她变得自信了起来，不再对丈夫逆来顺受，甚至敢对丈夫还手了。对此，她被其婆婆和邻居非议，认为其改变的原因是工作使其成为强势的女人。拉穆卡里的丈夫并不承认被打的事件，唯恐被他人嘲笑。② 此外，政府也应该加大法律的执行力度以及与非政府组织或自愿组织的合作力度，同时针对婚姻暴力设立相应的处理机构和服务机构，并加大对女性的经济赋权和政治赋权的力度，以确保女性免受暴力侵害并维护其权益。

（二）性暴力

性暴力指的是通过武力胁迫、威胁、恐吓等手段，违背他人意愿的伤害性或侮辱性的性接触，包括强奸、性骚扰、猥亵、调戏、性攻击等行为。女性主义组织则表示与其意愿相悖的亲吻、爱抚、触摸、被迫发生性行为等均为性侵犯。③ 20 世纪 80 年代，印度的妇女运动高度关注嫁妆谋杀、荣誉死、家暴、性暴力、性骚扰、杀婴、性别检测等"针对妇女的暴力"，她们通过抗议、请愿、游行等方式敦促国家采取适当措施来保障妇女的权益。特别是由此引发的关于强奸的激辩引发了公众对性别压迫的

---

① Reduction of Violence Against Women: Property Ownership & Economic Independence in Rural Haryana; Prem Chowdhry; The views expressed in this publication are those of the author and do not necessarily represent the views of UN Women, the United Nations or any of its affiliated organizations.

② Ibid..

③ Indian Feminisms: Law, Patriarchies and Violence in India; Geetanjali Gangoli; University of Bristol, UK, 2007.

高度关注，妇女们也因为这场讨论变得空前团结。① 2012 年 12 月，印度新德里一名医学系的女大学生与其男性友人在看完电影返家的途中，错搭上一辆属于民营业者的"黑公交"。车上包括司机在内的几位男性开始骚扰这名女学生，并对其实施了强奸，之后她与男性友人被强行脱了衣服扔至车外，受害人随即报警。此事件之后，大批民众和非政府组织成员走上街头，借抗议集会来表达公众极度愤慨的心情，他们呼吁政府快速处理此类案件，迫使政府通过法律，对暴力袭击者和骚扰女性者予以加重量刑，以保障妇女的安全。自此暴力问题再次引起公众的广泛关注，各种组织也积极开展抵制暴力的运动予以声援。反暴力运动的再次开展让深入其中的人们意识到，性暴力的发生是有其深层次的原因的。

　　因存在宗教、种姓和阶级的差异性，性暴力被塑造为一种打击政敌、异己、敌人的最佳工具。因为宗教的原因，在印度古吉拉特邦、北方邦等多地爆发了多起教派冲突事件。印度传统观念普遍认为女性是男性的附属财产，因此实施对女性的性暴力袭击或性侵害是对攻占他方男性心理防线的最有效手段，也是对他方男性荣誉损毁的最致命武器，更是对他方男性贪婪和掠夺本性的惩戒。甚至有的时候，它不再仅仅关乎个人，而关乎一个集体或集团，是对另一种宗教/种姓/阶层荣誉的伤害或重挫。故而强奸、性攻击等犯罪行为在教派冲突中时常发生。印度的种姓观念即使到了今天也依然存在，那些属于表列部落和表列种姓的团体在今天依旧遭受歧视及排斥，甚至成为教派主义势力的直接攻击对象。特别是达利特阶层的女性因为"贫困"、"女性"、"贱民女性"等三重原因而遭受着最深层次的压迫，换句话说她们遭受着"性别"、"阶层"和"种姓"的压迫。② 她们的教育权、就业权、健康权、甚至生存权都遭受着严重的挑战，因此对这些地位低下的女性实施性暴力犯罪，除了满足男性自我的生理欲望、征服欲望和控制欲望外，还可以通过威胁、利诱等手段免去很多不必要的麻烦。国家犯罪记录局的资料显示，2012 年共发生强奸案件 24923 起，其中有 2305 起就是直接针对表列部落女性和表列种姓女性的。巴拉特布尔（Bharatpur）的昌德拉·贾黛（Chanda Jatay）35 岁，在她居住的村子

　　① Prostitution and Beyond: An Analysis of Sex Work in India; Edited by Rohini Sahni, V. Kalyan Shankar, Hemant Apte; SAGE Publications India Pvt Ltd., 2008.

　　② A Study on Violence Against Dalit Women in Rajasthan; Dr Sudhir Varma; Project supported by National Commission for Women, New Delhi, May 14, 2006.

中共有 300 户居民，其中的 150 户居民属于达利特阶层，在当地掌权的集团是塔库种姓（Thakurs）的成员。达利特在村中的公共场所活动及取用水都遭受严重的歧视。昌德拉·贾黛在森林放牧时被两个男孩拦了下来。他们开始对她做一些下流的举动，并强奸了她，之后还把她的金耳环和银项链抢走了。这两个男孩离去前威胁说，如若昌德拉·贾黛去报警的话，他们将不让她在村中立足，甚至要杀了她及其家人。在立案的过程中，昌德拉·贾黛碰到了经济和社会方面的一系列问题。尽管她的家人及其所属的种姓集团都支持她，但是高种姓集团却反对她，甚至威胁让她撤诉。[①]
此外性暴力亦存在阶层分化，意指暴力具有针对性，即属于中下阶层群体的女性更易遭受暴力侵袭。她们或因为缺乏相应的法律知识，或经济基础，或申述的渠道，或社会的声援间接性地掩盖了罪犯的罪行等原因，而常常成为罪犯有恃无恐实施性暴力的侵害对象。有一位 19 岁的已婚妇女尼赫妮（Nehni）做的是计件工作。一天一名妇女叫她到屋里做点活计，报酬是 50 卢比。尼赫妮进屋后，那名妇女关上了屋门，她被事先藏在床下的一名男性强奸了。事后，这名男性表示如果尼赫妮上诉，将杀了她。尽管尼赫妮之后成功立案，但是警察都声援被告，且尼赫妮的律师也不断施压，让她与被告达成和解。迫于外界的压力，她不得不撤诉，获得了一点补偿金。在进行申诉的过程中，尼赫妮的父母支持她的行为，但是其公婆却厌恶她，甚至把她赶出了家门。

　　权力型性侵犯是男性"控制欲望"和"威权欲望"结合后的表现，已被塑造为一种恐吓和麻痹妇女的器具。随着社会的进步和发展，女性的角色亦多样化了起来，她们不再仅限于塑造自身为合格的妻子和母亲，而是通过扮演职业角色来满足社会对女性迈出家庭参与社会政治与经济公共活动的期望，以期借此改变父系文化对女性所持有的负面态度。在女性扮演相应职业角色的过程中，常常会出现权力型性暴力，即处于层级关系和等级关系顶端的男性上层人士、男上司或男前辈借助其掌握的权力，对中下层女性、女下属或女后辈实行的性骚扰或性暴力。如在医院这一职场机构中，护士处于层级关系或等级关系的中下层，成为"唯一可以为所有人骚扰的群体；他们（实施性骚扰和性暴力的群体）是医生、非医护人

---

　　① A Study on Violence Against Dalit Women in Rajasthan; Dr Sudhir Varma; Project supported by National Commission for Women, New Delhi, May 14, 2006.

员、病人、病人家属以及外来人士等"。① 一位政府医院的医生在受访时这样表示，"病人被送来了我们这……我们立即对其进行了检查。如果我们动作慢了一点，病人及其家属就开始辱骂我们或者威胁我们，甚至说出一些不受欢迎的冒犯和侮辱性言辞"。② 需要说明的是，权力型性暴力还表现在监禁生活和婚姻生活中。"马图拉强奸案"就是发生在 20 世纪 70 年代一名女性在监禁期间遭受性暴力侵袭的典型案例。马图拉是一名处于社会和经济地位底层的部落女孩。她是家庭帮佣，偶然的机会下，她遇见了女主人的侄子阿索科（Ashok）。阿索科想要娶马图拉，但她的哥哥却不同意，并前往警局报案，声称自己的妹妹是一名未成年人，被阿索科及其家人所绑架。受理了该案后，警察当局把阿索科及其家人带往警局。1972 年 3 月 26 日，在与马图拉及其兄长核实情况后，一干人等被释放回家。但他们在离开的时候，马图拉被单独要求留下来，其亲戚则在警局外等候。在此期间，马图拉遭到了两名警察的强奸。事后，最高法院的法官柯沙尔（Koshal）表示，在医疗报告中没有出现受伤性的描述，这意味着女孩关于抵抗的说辞是虚假的，而所谓的强奸指控则是"和平的事件"。该案是男性权力及男性权威的极致表现。在婚姻生活中，女性已被视为男性的财产，只能屈从于男性，寻求男性的保护，因此婚内强奸就是权力型性暴力，它在很多时候被合法化，法律对其多表现出包容的态度。有一个案件是这样的，在旁遮普邦，一位女教师因为工作的关系，不得不与丈夫异地而居。她本人不愿辞去这份工作与丈夫待在一起。于是丈夫上诉法庭，要求恢复夫妻同居权。妻子申述表示愿意维持夫妻关系，自己愿意偶尔去探望丈夫或丈夫偶尔探望自己。但是法官却驳回了这份申述请求，坚持印度教妻子理应肩负起自己应承担的职责，法官是这样表述的："在印度教法中，妻子对其丈夫所肩负的责任是服从丈夫的权威，与丈夫在同一屋檐下生活，并寻求丈夫的保护。因此妻子是没有资格独居的，除非妻子能够证明独居是因为丈夫的行为不当，或丈夫拒绝让妻子与其共同生活，或提供相应证据证明妻子是被迫离家。本法庭不赞成工作是使妻子离开丈夫异地而居的理由。如果妻子不愿意辞去工作，丈夫应该满足于这种状

---

① Sexual Harassment in the Workplace: EXPERIENCES OF WOMEN IN THE HEALTH SEC-TOR; Paramita Chaudhuri; Health and Population Innovation Fellowship Programme Working Paper, No. 1, 2006.

② Ibid. .

况，即依据自身意愿，随时去探望妻子或让妻子随时探望自己。"在该案中，法院的判决忽视了维护女性的经济独立权，同时拒绝重新定义婚姻关系，即丈夫对其妻子是否具有无限的性接触权利。[①] 该案是男性控制欲与权威欲相结合的表现。

值得一提的是，印度社会出现了一种新的性暴力形式"报复型或复仇型性暴力"，即为惩罚某人或某个家庭而对其女性亲属实施性暴力。据《独立报》报道，2014 年 7 月，奉村委会的命令，犯罪嫌疑人把一名 14 岁的女孩拖入林中后对其实施了犯罪行为。犯罪嫌疑人的妻子表示，这是对女孩兄长行为不端的惩戒，他试图在前一天强奸自己。这些村委会，背着警方和法院，用自己"独特"的方式维持正义。2015 年 1 月，一名女子因与印度东部一名男子恋爱而被逮捕，这名女子遭受的惩罚是被十名部落评议会的成员性侵。[②]

政府未能打造一个安全的宜居环境。尽管政府多方举措竭力维护女性的荣誉和尊严，使其免受暴力侵袭，但它们却未能从根本上触动男女之间不平等的权力关系，相反基础设施建设的滞后（街道亮化工程及女性厕所匮乏等）、传统文化对男性强奸潜规则的默许或包庇、司法改革程序的裹足不前、信息及咨询服务的匮乏、法律法规不够严谨完善、社会正能量及道德教育的缺失、执法机构及执法个人的执法不公、信用及监管建设的迟滞等众多因素却使政府难以构建"无缝隙化"公共安全服务体系，它们依然是女性在公共场所遭受性暴力袭击的社会隐患。例如，在调查 23 岁女大学生被轮奸案时，警方抵达现场，所做第一件事不是救援，而是用半个小时争论案件属于哪个片区管辖，路人则是围观，没有伸出援助之手。一些印度官员甚至国会议员都有强奸女性的劣迹。就在"少女轮奸案"令印度举国震惊之际，印度阿萨姆邦一名政府高官、执政党国大党议员比克拉姆·辛格·布拉马还顶风作案，于 1 月 3 日凌晨潜入阿萨姆邦桑提普拉村一名女子房间中将其强奸。[③] 2012 年 10—11 月间，国际妇女研究中心进行了入户调查，其研究结果显示——只有 5% 的女性认为德里的公共区域是安全的，置身其中不会遭受性暴力的威胁；有 73% 的女性

---

① Indian Feminisms: Law, Patriarchies and Violence in India; Geetanjali Gangoli; University of Bristol, UK, 2007.

② http://news.ifeng.com/a/20140711/41115967_0.shtml.

③ http://opinion.china.com.cn/opinion_59_62359.html.

表示曾在居住地遭到性暴力威胁；超过 50% 的女性认为公共区域和居住地任何时候都是不安全的，其中最不安全的公共区域是街道，其次是市场、公园和公共汽车站；至少 63% 的女性表示当她们在天黑后独自外出时感到恐惧和极度恐惧；20% 的女性表示她们不敢冒险独自外出；78% 的男性表示他们在过去的 6 个月中，亲眼看见过公共场所发生的性骚扰或性暴力事件，其中仅有 15% 的男性予以干涉。[①]甚至有的官员在被问及如何解决性侵案件之时，竟然回答说，"尽早嫁掉家中的女孩以免发生强奸案件"。印度中央调查局局长辛哈在该局成立 50 周年的纪念活动中也用了一个非常不恰当的类比来说明问题，他套用 "既然赌博禁不了，何妨让它合法化"，然后这样说："既然阻止不了强暴，那就享受吧。"[②]

　　印度社会对女性遭受的性暴力或性侵犯保持模棱两可的态度。一方面印度社会对遭受性暴力或性侵犯的女性持同情态度，认为她们是无助和无奈的，应给予谅解、同情和包容，施暴者则应予以严惩，性暴力或性侵犯或性骚扰需要被严厉禁止。另一方面又认为女性或因举止不当或衣着暴露或言辞暧昧或深夜外出或前往一些容易给予罪犯可乘之机的场所等多种原因引发了性侵害，因此女性在行为上或道德上理应受到鄙视或谴责。如印度的强奸案多发生在深夜及僻静的地方、郊外或酒吧间等场所，而印度社会的道德观就认为 "体面" 女孩既不会在这一时间段外出，亦不会光顾这些地方。反之，女性在不合适的时间前往不安全的地方，说明女性本身就有诱使男性堕落的目的（如妓女），或女性本身的行为就较为放荡，不值得以礼相待和尊重，其所遭受的性侵犯是不值得同情的。民族志工组织的负责人莫汉·巴格瓦特（Mohan Bhagwat）暗示说："西方散漫的道德观念正在潜进印度的城市，女人们胡乱地穿上牛仔裤，这驱使男人们对她们充满了不纯洁的情感。"[③]马哈拉施特拉邦妇女委员会的一名女性委员阿莎·米尔热在印度中部城市那格浦尔参加一场女性运动集会发表演讲时

---

① Safety of Women and Girls from Sexual Violence in Public Spaces in Delhi; Findings are from a cross sectional household survey conducted by the International Center for Research on Women (ICRW) between October and November 2012 among a representative sample of 2001 women and girls and 1003 men and boys ages 16 – 49 years in Delhi.

② http：//www. indiancn. com/news/shehui/21509. html.

③ http：//www. thenational. ae/thenationalconversation/comment/mainstream-views-on-gender-e-quality-dont-match-reality#page2.

说："女孩子应当注意她们的穿着和外出时间，不要做出招引附近的强奸犯的动作。"米尔热以 2012 年 12 月触发全国大规模示威的新德里"黑公交车轮奸案"为例，质疑受害者"为何要在深夜与朋友外出……真的有必要在夜里 11 点出去看电影吗？"她继而列举 2013 年 8 月一名女摄影记者在孟买一个废弃厂房遭轮奸事件，质疑受害者为何前往如此偏僻的地点。① 国际妇女研究中心的调查也显示，尽管众多男性都曾实施过性骚扰和性暴力，但是男性却把这种行为归罪为女性的行为过失。3/4 的男性认可观点——"女性因为着装不当而招惹了男性"；40% 的男性完全或部分认可观点——"如果一名妇女在公共场合被调戏，这通常是妇女自己的问题"；56% 的男性认为女性应该避免接受要求女性晚上外出的工作；2/5 的男性完全和部分认可观点——"晚上外出的女性活该被性骚扰"。② 而现任印度总统穆克吉的儿子阿比吉特·穆克吉（Abhijit Mukherjee）公开嘲弄说："那些抗议强奸的女示威者们，晚上都浓妆艳抹去迪斯科舞厅，白天又去印度门那表示自己的愤怒。"

如此一来，女性及其家人都会担心女性因为遭受性侵害而受到外界的非议及责难，传统文化氛围下的"污名效应"致使女性婚姻伴侣的选择及事业和学业的发展随之遭受严重影响。法新社报道一名遭受性侵害的印度女学生事后这样表述说：

> 强奸不同于其他任何一种形式的罪行。你不得不接受你那被侵害过的身体，你不得不接受你那痛苦的记忆，你不得不接受这无可奈何的事实。③

在羞耻心理、畸形贞洁观及道德观等多重因素的作祟下，女性及其家人或者成为帮助罪犯掩盖其罪行的帮凶，甚或出现亲朋好友对受害人晓以利弊，劝说其嫁给施暴者的行为。有的低种姓和中下层女性遭受性暴力袭击后，被外界指责为妄图通过"诬陷"使男性丧失名誉地位或妄图以此种方式谋取钱财等。也有的女性为了保有现有的职位和工作以及为了保有

---

① http：//gzdaily. dayoo. com/html/2014 – 01/31/content_ 2529538. htm.

② http：//www. safedelhi. in/sites/default/files/reports/Safety-of-Women-in-Delhi. pdf.

③ http：//www. thenational. ae/news/world/south-asia/rape-outcry-shines-light-on-indias-misogyny.

颜面和荣誉，常常采取放低姿态、默不作声，或改变着装及行为方式，或与男性保持距离，或与友人结伴同行，或躲避等方式来处理性骚扰的问题，借此使自己的生存法则符合男权社会对女性道德品质和行为方式的评价，从而被迫屈从于男性权威、权势或暴力。对曾在公共场所遭受骚扰侵袭的事件，大多数女性通常羞于启齿，对该行为常采取默认态度。一位政府医院的受访女医生表示，"仅有为数不多的人进行一些不必要的碰触，因此这没什么"。国际妇女研究中心给出的数据显示，9/10 的妇女和女孩表示曾在公共场合遭受过性暴力侵害；6/10 的妇女和女孩表示过去 6 个月中，她们至少在德里遭受过一种形式的性暴力侵害；1/3 的妇女和女孩表示过去 6 个月中，她们在公共场合都目击过性暴力事件；51% 的男性表示他们曾在德里的公共场合对妇女和女孩实施过性骚扰和性暴力侵害；1/4 的男性表示他们曾在过去的 6 个月中，对妇女和女孩实施过性骚扰和性暴力侵害。[①] 还有的时候，女性会顾及反抗所产生的消极后果或恐惧反抗后遭到新的报复，而不得不屈从于骚扰行为，她们不敢或鲜有拿起法律武器来保护自己。一位私人医院的医生在受访时就表示，"一位男医生不断地触碰我们，我的一位同事对此进行了反抗。这位医生就问她，'你还纯洁？你应该离开这个行业，去穿上寿衣，然后坐在家里'。至那之后，这位男医生完全忽视我的那位女同事，最后她不得去另外的医院寻找工作"。[②]

（三）杀婴和嫁妆谋杀

印度社会普遍认为"儿子是父母去世后送父母进入天国的人，能够给家庭带来荣誉和地位；而女儿则是家庭的负担，是需要仰仗家中男性生活的人"；"被尊重的母亲是生养儿子的母亲，而非生养女儿的母亲"。因此很多时候，大多数家庭都更为珍视儿子，而非女儿，特别是在哈里亚纳邦、旁遮普邦、北方邦、德里、拉贾斯坦邦、查谟 & 克什米尔、马哈拉斯特拉邦等地区则更是如此。2010—2012 年，上述地区的男女性别比分别为 1000：857、1000：863、1000：874、1000：884、1000：893、1000：895、1000：896；同期印度全国男女性别比为 1000：908。[③] 该数

---

① http：//www. safedelhi. in/sites/default/files/reports/Safety-of-Women-in-Delhi. pdf.

② Sexual Harassment in the Workplace, EXPERIENCES OF WOMEN IN THE HEALTH SECTOR; Paramita Chandhuri; Health and Population Innovation Fellowship Programme Working Paper, No. 1, 2006.

③ "SRS Report 2012". Registrar General & Census Commissioner, Ministry of Home Affairs, Government of India. 19 April 2014.

据说明印度性别比例失衡严重。原因之一就是父母亲偏爱儿子，部分家庭在母亲妊娠之初，就选择采用羊膜穿刺术和超声诊断等技术手段进行胎儿性别鉴定及筛选，发现是女儿后，进行选择性的人工流产；甚或在婴儿降生后，采取活埋、溺婴等方式残忍地杀害女婴。尽管这些杀婴方式已经触及了《医学终止妊娠法》、《产前诊断技术（监管和预防滥用）条例》、《刑法》等法律法规，但是这些父母仍然为了获得儿子铤而走险。根据研究数据显示，大多数妇女相信她们的地位高低依据生育儿子的数量来判定。因此在农村地区，妇女们为获得男胎而增加怀孕的次数。在受访的农村妇女中，有34%的女性表示曾怀孕5—9次；16%的女性表示曾怀孕10次以上；而在城市地区，城镇妇女会做产前性别筛查，如果腹中胎儿是女孩，则将终止母亲的妊娠反应。虽然受访者多不愿直接承认曾做过人工流产手术，但是据对十几岁的青少年问卷调查后的数据显示，大多数男孩有2个以上的兄弟，其中20%的男孩有3个兄弟，20%的男孩有4个兄弟，这暗示妇女倾向于怀孕多次以生下男婴。[①] 可以这样说，杀婴案的发生是社会因素、文化因素和经济因素综合作用的结果。

经济因素是堕胎案或杀婴案发生的诱因之一。社会传统观念认为女性的高度依附性"从父、从夫、从子"及"结婚需要父母陪嫁高额嫁妆"等原因使然，女性只能是二等公民，只能屈从于男性。而对于父母来说，女儿是夫家的财产，因此养女儿就如同在"浇灌别人花盆中的植物"。因此在某些重男轻女的地区或种姓集团中，女性不论在教育、保健、食物等各方面都遭受严重歧视，且还必须料理各种各样的家务，如烹煮食物、洗涮餐具、清洁打扫等活动。她们未能因任劳任怨的付出而在家庭和社会中享有较高的地位。例如，有高达48.53%的家庭会选择男性用餐完毕后、女性方可就餐的生活方式，而女性先就餐的家庭仅占2.5%。[②] 如此一来，不能够给家庭带来任何贡献或实惠，相反却要求父母在衣食住行及嫁妆上不断付出的女孩就成了被蓄意阻止生存的对象。2012年10月9日的《印度教徒报》刊登了这样一篇文章《印度在杀婴案中丢失了300万女童》。文章指出印度中央统计局开展的2012年儿童数据评估调查显示，2001

---

① Study on "Discrimination of the Girl Child in Uttar Pradesh"; Conducted by Social Action Forum for Manav Adhikar, New Delhi.

② "Towards equality Report of the Committee on the Status of Women in India", edited and introduced by Kumud Sharma, C. P. Sujaya, general editor Vina Mazumdar; Published by Dorling Kindersley 2012. .

年，女孩占印度女性总人数的 15.88%，2011 年占比为 12.9%；0—6 岁阶段的女童人数则从 2001 年的 7883 万降至 2011 年的 7584 万。[①]

以父权价值观为基础的文化规范是堕胎案或杀婴案发生的另一诱因。印度社会仍普遍流行以男性为中心、男性权威至上的文化价值观。换句话说，父亲或丈夫对家庭事务具有无上的权力，而女性仍属于家中财产，这就意味着这种对女性观念上的歧视致使女性成为"家庭待决事务"的一部分，男性对之具有生杀予夺的权利。帕米拉和杰妮芙二人就曾在文章中这样表述说，"父权制粉饰了家庭、法律、身份、宗教；实际上父权制的影响已深入方方面面。它被认为是引发针对印度妇女暴力的内在原因"。[②]因此，印度女性常常会因为头胎生下男孩而松口气。一位受访的上层女性表示自己在头胎生了女儿后，多次去往庙宇虔诚的祷告就为了能生下个男孩，并为此做过 5 次流产手术。然而事情的发展不如期望的那样顺利，她仍然在为孕育一个男孩做着各种努力。2014 年 9 月 15 日的《印度教徒报》载文表示达马尔布里县的梅德乌哈里（Medhuhalli in Dharmapuri）的一位 35 岁的母亲帕拉尼（Palani）被指控毒杀其三岁的幼女。原因是她已经有了三个女儿，第四个孩子仍然是女儿，为此帕拉尼向孩子的饭食中投毒。这已经是近三个月来，警察调查的第七例儿童非正常死亡案件。勒杀、窒息、溺毙、投毒、掩埋等是谋杀女婴或幼儿所采取的最常见方式。一位女警察报告说，一对身无分文的夫妻把他们六岁的女儿带往印度首都亚穆纳河一处偏僻的地方，然后把女儿推入水中淹死了。他们的理由是家里太穷、攒不起给女儿的嫁妆，而且身有残疾的女儿可能需要更多的嫁妆。[③] 此外，为避免担负谋杀婴幼儿后的刑事问责，父母还通常遗弃女性婴幼儿。《印度教徒报》刊载的数据显示，至 2002 年来，共有 1344 名女性婴幼儿被遗弃在政府抚育中心。早先，被遗弃的女孩子数量每年达到

[①]　http：//www. thehindu. com/news/national/india-loses-3-million-girls-in-infanticide/article3981575. ece.

[②]　The Oppression of Women in India；Pamela S. Johnson（University of Ottawa），Jennifer A. Johnson（University of Toronto at Scarborough）；Violence Against Women，Vol. 7 No. 9，September 2001 1051 - 1068，Sage Publications.

[③]　The Oppression of Women in India；Pamela S. Johnson（University of Ottawa），Jennifer A. Johnson（University of Toronto at Scarborough）；VIOLENCE AGAINST WOMEN，Vol. 7 No. 9，September 2001 1051 - 1068，Sage Publications.

140—150 名，孩子每月的抵达比例为 10%—15%；现在情况有所好转，每年被遗弃女孩子的数量为 30—40 名，每月的抵达比例为 3%—4%。

　　遗风旧俗及古老的社会体系规则是堕胎案或杀婴案发生的又一诱因。为保有既得利益，既得利益者往往忽视甚至抵制国家为移除遗风陋习所制定或采取的种种规则及措施。如 1961 年，国家出台《禁止嫁妆法》旨在摒弃这种向女方索要嫁妆的陈风旧俗。尽管印度社会普遍赞同"嫁妆制"是印度文明进步的阻碍，然而它从社会传统文化的角度来看，是一种可被接纳的合理补偿行为，因此屡禁不止。数据显示，有 42.78% 的被调查者表示男孩是挣钱的人；58.33% 的被调查者表示男孩是父母的依靠；45.56% 的被调查者表示女孩需要保护；55% 的被调查者表示需要支付昂贵的嫁妆给女儿。① 这种对女性身份的否定以及歧视是产前性别检测以及堕胎案或杀婴案发生的诱因。田野调查的数据显示，在被调查的人群中，18.3% 的上层人士承认性别检测后，因为是女婴而终止了母亲的妊娠；23.2% 的中层人士承认性别检测后，因为是女婴而终止了母亲的妊娠；15.5% 的下层人士承认性别检测后，因为是女婴而终止了母亲的妊娠。值得注意的是，因城市性别检测手段相对发达，城市发生的堕胎案件的数量相较于半城市地区或农村地区多。进行产前性别筛查的城市女性占进行产前性别筛查的女性总数的 51.2%，其中 11.4% 的女性终止了妊娠；而进行产前性别筛查的半城市地区的女性占进行产前性别筛查的女性总数的 31.2%，其中 7.69% 的女性终止了妊娠。②

　　20 世纪 80 年代前后，印度各地都爆发了"反针对女性暴力运动"，其中"嫁妆谋杀"或"嫁妆引发的暴力"案件成为女性主义者"反家暴运动"的主要关注对象，它们指的是新娘因嫁妆不够而被谋杀或被暴力袭击。印度各地纷纷报道大批年轻的新婚妇女在家庭发生火灾后死亡，通常称为"厨房事件"。这些意外的神秘死亡案件引起了女性活动家们的注意，她们意识到，这些案件都有一些共同点："发生在中产阶级家庭的厨房中"；"厨房中的煤油炉发生爆炸，烧着了女子的衣服和她们自己"；"女性都很年轻，有时是新婚新娘，有时是年轻的母亲"；"这些因意外事

---

① Identifying and Controlling Female Foeticide and Infanticide in Punjab; Rainuka Dagar; Institute for Development and Communication, Chandigarh; January, 2002.

② Ibid..

件死亡的女子都屈从于骚扰和暴力，成为婆家要求财物的对象"；"在大部分案件中，警察没有迅速封锁现场，从而给予珍贵证据被焚毁的时间"；"女子的临终陈述通常都不会牵连丈夫，而表示自己是自杀"。女性活动家相信绝大多数死亡案件事实上都属于冷血谋杀。① 警察局数据也显示，1979—1983 年间，新德里发生的索奁焚妻案件达到 2755 起；1987 年和 1988 年卡纳塔克邦发生的索奁焚妻案件分别达到 792 起和 922 起。② 然而这种针对妇女的极端暴力形式并没有随着印度现代化进程的加速及社会文明程度的提升消失，相反人们的消费需求及物欲需求的攀升及刺激导致索奁焚妻案件反增不减。国家犯罪记录局的数据显示，每小时就有一名印度妇女死于索奁焚妻案件。2001 年发生的索奁焚妻案件 6851 起；2004 年为 7026 起；2007 年为 8093 起；2008 年为 8172 起；2009 年为 8383 起；2010 年为 8391 起；2011 年为 8618 起；2012 年为 8233 起。从另一个方面说，索奁焚妻是对女性极度的贬抑及其价值的低估。

有学者认为，"嫁妆是强化家庭社会地位以及增加家庭财富数值的一种工具"，或者"嫁妆是支付给男方家的补偿金（照顾其女儿饮食起居）"，或者"嫁妆是寻找到心仪男人和组建良好婚姻家庭的直接手段"，或者"女方家给予的嫁妆是补贴男方家中姐妹嫁妆的一种途径"，因此印度社会的各个阶层都奉行收受嫁妆，且不会对女方给予的嫁妆存有任何异议。因此尽管有反嫁妆法的存在，但男方及其姻亲会主动索取嫁妆，而且随着中产阶级日渐富裕，消费水平不断提高，给予嫁妆的行为还将不断扩大。③ 如若丈夫及其姻亲婚前婚后要求的嫁妆数额未被满足或遭到拒绝，则"嫁妆谋杀或暴力案件"便时有发生，且所占比例不低。其中索奁焚妻案件多集中在印度的北部地区，如德里、哈里亚纳邦、旁遮普邦、北方邦西部地区以及古吉拉特邦的索拉什特拉（Saurashtra）地区。④ 多萝西·

① Writing the Women's Movement：A Reader；Ed. Mala Khullar；Zubaan，2005.

② The Oppression of Women in India；Pamela S. Johnson（University of Ottawa），Jennifer A. Johnson（University of Toronto at Scarborough）；Violence Against Women，Vol. 7 No. 9，September 2001 1051 – 1068，Sage Publications.

③ 《南亚简报》；2014 年 31 期总第 91 期。

④ The Oppression of Women in India；Pamela S. Johnson（University of Ottawa），Jennifer A. Johnson（University of Toronto at Scarborough）；Violence Against Women，Vol. 7 No. 9，September 2001 1051 – 1068，Sage Publications.

斯坦因（Dorothy Stein）在其文章中表示"嫁妆谋杀"案中的被害人通常是全身被浸满煤油，然后被点上火活活烧死。案件发生以后，如果有调查机构涉入，则死者夫家的家人通常表示这是由于"厨房意外失火"或"自杀"引起的死亡案件，而非他人暗指的谋杀事件。1979 年 7 月，在新德里繁华市郊的一所房子里，一位年仅 24 岁的年轻妻子在其公公家中被烧死，群众要求警察调查该"意外事件"。那晚的早些时候，该女子曾前往她自己父母的家，告诉他们自己的丈夫想要一辆轻便摩托车。她还告诉父母其姻亲虐待她。当该女子的丈夫来带她回家的时候，她进行了反抗，她的丈夫便在她兄弟面前殴打了她。她的兄弟叫来了警察，但警察们却没有介入。数小时后，她因厨房失火被烧死。很多邻居不愿相信这是一个意外事故，那些抗议的人群指控死去妇女的姻亲犯了"嫁妆谋杀"罪。[①] 随着现代化进程的加速及消费主义的流行，嫁妆已经成为扼杀女性生命的刽子手。换句话说，嫁妆谋杀是传统性和现代性作用的结果。[②] 苏拉卡（Surekha）嫁给了南达克索（Nandakishore）。南达克索及其父母经常因嫁妆问题从身体上和精神上来折磨苏拉卡。南达克索曾向苏拉卡的父母要求 5 万卢比作为自己开设家禽饲养所的启动基金。据目击证明，苏拉卡不断遭受丈夫和公婆的暴虐行为。结婚仅 3 个月，她就因为烧伤被送入医院，最后医治无效死亡。在临终陈述中，苏拉卡表示自己的死亡是意外事件。法院在案件审理过程中，质疑苏拉卡的临终陈述。法院表示，他们不明白垂死之人如何能够给出 3 页纸张的临终陈述？而且化验员和烧伤状态的报告也反对该案关于意外事件的陈述。[③] 妻子明知道自己因为嫁妆的缘故可能招致丈夫及其姻亲的怨恨、仇视、暴力，甚至谋杀，但是女性对此却无能为力，只能选择默默承受发生或可能发生在自己身上的一切事件。其原因可能是婚姻对她来说不只是夫妇二人之间的结合，还关系着他们各自背后的家庭及其家庭成员，且印度的传统文化也强调"只有死亡能够分开夫妇二人"。因此女性担心自己的反抗或逃离夫家的举动可能加速事件的恶化，或者给家中父母及其兄弟姊妹抹黑，致使他们名誉受损，难以抬头做人或者难以找到合适的结婚对象；甚至有的时候接到报案的警察也会劝

①　Suaina Low, "The Gentle Stirrings of their Discontent," Imprint（May 1983）, p. 38. Quoted in "Women in Modern India"; Geraldine Forbes; Cambridge University Press, 1996.

②　"Women in Modern India"; Geraldine Forbes; Cambridge University Press, 1996.

③　Women's Rights: Access to Justice, P. D. Kaushik; D. K. Fine Art Press（P）Ltd. , 2007.

说她们回家，并威胁说逃离的行为有可能让她们失去孩子的监护权。与此相反，妻子"被蓄意"谋杀后，丈夫则可以安然再婚，重新赚取另外一份嫁妆。因此有学者分析称，至今仍然实行的嫁妆制度其实是作为一种压迫和折磨女性及其父母的工具而存在。在印度各大媒体上不乏这样的案例：女儿为帮助父亲或家里摆脱嫁妆背后那沉重的经济债务或负担，而选择自杀。

对此，有学者提出教育是一种有效遏制暴力事件发生的途径，但同时也有学者对教育遏制暴力的有效性表示质疑。在笔者看来，"嫁妆谋杀"或"嫁妆引发的暴力"并不单纯地与教育有关，它更与社会现存的价值观及其宗教文化休戚相关。当今印度社会仍然是男权社会，其话语权仍然由男性把持，这就意味着男性会根据自身个体的需要对教育做出调整，使其与男性尊奉的价值观及其宗教信仰相协调和配合，在发挥教育促进人类和社会发展的媒介作用之时维护自身的权威和权益。换句话说，在这种教育深受印度现存价值观及宗教信仰影响的背景下，受过教育的女性仍然具有某些根深蒂固的传统观念，她们并不能利用已受教育来改变自身的处境。印度小学一年级的教材中有这样一篇课文"罗摩在放风筝。悉多从井中打水。妈妈在做饭，父亲在田间工作"。这很形象地说明学校教授的东西没有因为女性的发展而有所改变。女性在某些时候甚至可能成为暴力的推手或默默地承受暴力。甘古丽说："对于身处父权社会的妇女来说，她们的行为、衣着、外表、婚姻状况等都有着一套固定的指标。因此妇女惩罚那些威胁或违反父权社会规范或集团凝聚力的女性，这不失为提升自身地位或加强自身地位的一种方式。嫁妆谋杀就是如此。"[①]

值得注意的是，印度《嫁妆法》曾明确规定"任何人因为嫁妆而致他人死亡，则应判处七年以上监禁，甚至终身监禁"。那么"嫁妆谋杀"或"嫁妆引发的暴力"何以屡禁不止，何以不同程度地存在？国家的法律法规在此过程中究竟扮演什么样的角色？笔者认为如本书第二章所述，印度的法律固然在实现性别平等及维护女性权益中表现出了积极的意义，然而因深受文化传统等多重因素的影响，法律在某些时候难以贯彻执行，只能起到威慑和恐吓的作用。同时并不是所有的女性都愿意遵守嫁妆法，

---

① Quoted in Indian Feminisms: Law, Patriarchies and Violence in India; Geetanjali Gangoli; University of Bristol, UK; 2007.

因为印度的"传统文化"及"继承法"剥夺了女性对父母财产的继承权，而嫁妆是她们可以维持自身今后在夫家生计的重要资助和保障，也是确保她们在夫家地位的重要工具和手段。此外，政府利用非政府组织或民间团体等机构以项目等形式来保障女性的经济和社会权益，这种责任和义务承担主体的改变也不利于有效监管及遏制暴力事件的发生。换句话说，印度表面上的民主、平等和法治其实是有缺陷的民主、平等和法治，或者说是没有落实到实处的民主、平等和法治。① 对此笔者认为拉达·库马尔（Radha Kumar）在《行动的历史：1800—1900 年印度妇女权利运动的阐释》一书中的表述就很能说明问题："警察和政治家建议女性主义者，对因嫁妆而犯谋杀罪的人员应该给予其社会压力，而非依赖法律救助。"可喜的是，嫁妆制所引发的谋杀、贫困、暴力等问题已经引发了社会的广泛关注，如马哈拉斯特拉邦的坦吉姆·库达姆·E·米拉特（Tanzeem Khuddam E Millat）就发起了"简约婚礼运动"。他提出"No band；No Bajaa；No Baraat；And No Dowary"，即不要乐队、不要狂欢、不要喜宴、不要嫁妆。尽管该运动所倡导的理念在短时间之内难以大面积普及，但是其潜存的示范效应将在今后起到良好的引领作用。

总之，印度社会发生了各种各样针对女性的暴力案件，它们不只是法庭上一个个具体的待审案件，也不只是一个个展现女性遭受暴力侵害的案例。它们指向的是社会对待女性的一种态度，其一，难以适应印度女性在现代社会中角色地位的转变；其二，女性仅是男性幻想和欺侮的对象。这种观念侵蚀着整个印度社会，也使印度多年来的成绩黯然失色。同时它们也反映出女性缺乏掌控资源的权力及获取资源的有效途径，这导致女性的主动性、能动性及其创造性都难以在现代化的进程中得到真实体现。它们亦是对"平等"、"理性"和"人性"的一种深切拷问。现在的社会现实是侵犯妇女权益的现象仍然不同程度地存在，女性依然受到贬抑与轻视；父权制、陈规陋习及宗教文化的存在确定了印度男性至高无上的地位，也间接性地肯定了大男子主义及女性二等公民身份的合理性，而这些都难以在短时间之内得到纠正。在《民主之负担》（The Burden of Democracy）一书中，作者普拉塔普·巴努·梅塔（Pratap Bhanu Mehta）引用了亚力克西斯·托克维尔（Alexis de Tocqueville）关于 19 世纪美国"主人"和

---

① http：//opinion. china. com. cn/opinion_ 59_ 62359. html.

"仆人"间的职业价值观的描述："在合同期内，一个人是仆人，另一个是主人；此外，他们是两种公民，两种人。"对此梅塔表示，在印度这个传统社会中，主人和仆人之间的这种约束适用于任何背景中。无论在办公室里还是办公室外，"主人就是主人"。在印度的民主背景下，不平常的是，封建社会关系具有持久性。① 此外，正如众多学者认为的那样，印度是一个庞大且多元的国家，女性群体的社会分层日益复杂，要对身处不同阶层、不同种姓集团、不同地区、不同群体的她们做一个全面客观公正的评价十分困难。此外，受经济和社会发展水平等众多因素的制约和限制，印度女性的发展面临着诸多问题和挑战。因此难以确定实现性别平等和社会公正所需要的具体时间，印度政府及社会各阶层的责任依然任重道远。但值得肯定的是，随着女性赋权工作稳步有序地展开，女性维权能力和意识的增强，国家法律法规的实施及其体系的完善，地区或区域妇女发展合作机制的建立，网络媒体的积极正面宣传，相信印度女性的发展将会迈上新的台阶。

---

① in Spite of the Gods: The Strange Rise of Modern India; Edward Luce; Little, Brown Book GroupBrettenham HouseLancaster Place London WC2E 7EN; 2006.